Direito Fraternal

Uma Visão do Direito para o Enfrentamento de Crises

Nei Calderon

LACIER

LACIER

Lacier Livraria e Editora
www.livrarialacier.com.br

Rua Doutor Quirino, 808 – Centro
CEP 13015-081 – Campinas, SP – Brasil

Novembro, 2021

Diretor: *Lacier José de Rezende*
Diretor assistente: *Eduardo Soares Aureliano*
Coordenação: *Isabella Sanches*
Projeto de capa: *Marcos Feliciano Cardoso de Souza*
Projeto gráfico e editoração eletrônica: *Peter Fritz Strotbek – The Best Page*

Ficha Catalográfica

Dados Internacionais de Catalogação na Publicação (CIP)
(Câmara Brasileira do Livro, SP, Brasil)

Calderon, Nei

Direito fraternal / Nei Calderon. — Campinas, SP : Lacier Editora, 2021.

Bibliografia

ISBN 978-65-88805-25-1

1. Coronavírus (Covid-19) — Aspectos jurídicos 2. Direitos fundamentais 3. Direitos humanos I. Título.

21-83331 CDU-342.7

Índices para catálogo sistemático:

1. Direitos fundamentais : Direito constitucional
342.7

Aline Graziele Benitez – Bibliotecária – CRB-1/3129

Dedico essa obra ao Movimento Estadual da População em Situação de Rua de São Paulo, em especial ao Robson Mendonça, Presidente fundador do Movimento, por dedicar-se com muito amor, compaixão, lealdade e respeito aos nossos irmãos em situação de rua.

As ações desenvolvidas pelo Movimento acolhem fraternalmente aqueles que são "invisíveis" pela sociedade, colocando em prática o que Jesus nos ensinou: 'amai-vos uns aos outros, como eu vos amei'.

Todos os frutos semeados e colhidos através dessa obra,
eu os entrego unicamente nas mãos de Jesus, já que a Ele pertencem.

Sumário

O Mistério de Roseto[1]

"Aquelas pessoas estavam morrendo de velhice. Nada mais."

1.

Roseto Valfortore situa-se 160 km a sudeste de Roma, nos contrafortes dos Apeninos, na província italiana de Foggia. No estilo das aldeias medievais, a cidade organiza-se em torno de uma grande praça central. Diante dela está o *Palazzo Marchesale*, o palácio da família Saggese, no passado a maior proprietária de terras da região. Uma arcada lateral conduz a uma igreja, a *Madonna del Carmine* — Nossa Senhora do Monte Carmine. Degraus de pedra estreitos sobem as encostas dos montes, flanqueados por grupos de casas de pedra de dois andares e telhas vermelhas.

Durante séculos, os *paesani*, ou camponeses, de Roseto trabalharam nas pedreiras de mármore das montanhas em torno da cidade ou cultivaram os campos no vale abaixo, descendo de 6 a 8 km de manhã, e, depois, fazendo o longo percurso de volta à noite. A vida era dura. Os moradores desse lugar mal sabiam ler, eram paupérrimos e não tinham muita esperança de melhorar economicamente. Foi quando no final do século XIX chegou à região a notícia de que havia uma terra de oportunidades do outro lado do oceano.

Em janeiro de 1882, um grupo de 11 moradores da cidade — 10 homens e um menino — zarparam para Nova York. Passaram a primeira noite nos Estados Unidos dormindo no chão de uma taverna em Mulberry Street, na Pequena Itália de Manhattan. Depois se aventuraram para o oeste,

(1) Nota do Editor. GLADWELL, Malcolm. *Fora de Série — Outliers.* 1. ed. Rio de Janeiro: Editora Sextante, 2011. ISBN: 8575424483/978-8575424483.

até encontrarem trabalho numa pedreira de ardósia a 145 km da cidade, perto de Bangor, Pensilvânia. No ano seguinte, mais 15 pessoas de Roseto trocaram a Itália pela América, e vários membros desse grupo foram se juntar aos que já haviam chegado. Esses novos imigrantes, por sua vez, enviaram notícias a Roseto sobre a promessa do Novo Mundo. Em pouco tempo, outros grupos de conterrâneos seus começaram a fazer as malas e rumar para a Pensilvânia. O pequeno fluxo inicial de imigrantes acabou se transformando numa torrente. Em 1894, cerca de 1.200 habitantes de Roseto solicitaram passaporte aos Estados Unidos, deixando ruas inteiras de sua cidade natal, completamente, abandonadas.

Essas pessoas começaram a comprar terras numa encosta rochosa, ligada a Bangor por apenas uma trilha de carroça íngreme e sulcada. Construíram grupos de casas de pedra de dois andares, com tetos de ardósia, em ruas estreitas que se estendiam de alto abaixo na encosta. Ergueram uma igreja e batizaram-na de Nossa Senhora do Monte Carmelo. A via principal onde ela se localizava ganhou o nome de Avenida Garibaldi, em homenagem ao grande herói da unificação italiana. No princípio, chamaram sua cidade de Nova Itália. Mas logo mudaram o nome para Roseto, que pareceu mais apropriado, pois quase todos os seus moradores eram procedentes da mesma aldeia na Itália.

Em 1896, um jovem e dinâmico sacerdote — padre Pasquale de Nisco — assumiu a Igreja de Nossa Senhora do Monte Carmelo. De Nisco criou sociedades espirituais e organizou festas. Incentivou as pessoas a limpar os terrenos e a plantar cebola, feijão, batata e árvores frutíferas nos grandes quintais de suas casas. Distribuiu sementes e mudas. Roseto ganhou vida. A população passou a criar porcos e a cultivar uvas para o vinho caseiro. Escolas, um parque, um convento e um cemitério foram construídos. Pequenas lojas, confeitarias, restaurantes e bares começaram a se instalar ao longo da Avenida Garibaldi. Mais de 12 fábricas surgiram, produzindo blusas para o comércio de roupas.

Na vizinha Bangor, a população era predominantemente galesa e inglesa. Na outra cidade mais próxima, a concentração era de alemães. Dadas as relações hostis entre ingleses, alemães e italianos naquela época, Roseto continuou a abrigar exclusivamente sua própria população. Quem subisse e descesse suas ruas nas primeiras décadas do século XX ouviria apenas italiano, mas não qualquer italiano — somente o típico dialeto sulista de Foggia, falado na Roseto europeia. A Roseto americana era seu próprio mundo minúsculo e autossuficiente — praticamente desconhecido pela sociedade em volta. E poderia ter permanecido assim não fosse um homem chamado Stewart Wolf.

Wolf era médico. Especialista em estômago e digestão, ele lecionava na Faculdade de Medicina da Universidade de Oklahoma. Passava os verões numa fazenda na Pensilvânia, não longe de Roseto — embora isso não significasse grande coisa, pois a cidade estava tão concentrada em seu próprio mundo que era impossível morar ao lado e não saber muito sobre ela. "Certa vez — acho que no final da década de 1950 —, eu estava lá e fui convidado para dar uma palestra na sociedade médica local", Wolf contou, anos depois, numa entrevista. "Após a apresentação, um dos médicos me chamou para tomar cerveja. Enquanto bebíamos, ele disse: 'pratico a medicina há 17 anos. Recebo pacientes de toda a região, mas raramente encontro alguém de Roseto com menos de 65 anos que tenha doença cardíaca'."

Wolf ficou surpreso. Tratava-se da década de 1950, anos antes do advento dos remédios que reduzem o colesterol e das rigorosas medidas de prevenção de problemas cardíacos. Os infartos constituíam uma epidemia nos Estados Unidos — eram a principal causa mortes em homens com menos de 65 anos. A experiência mostrava que era impossível ser médico naquela época e não se deparar com esse tipo de doença.

Wolf decidiu investigar. Conseguiu o apoio de alguns alunos e colegas da Universidade de Oklahoma. Eles reuniram os atestados de óbito dos moradores da cidade, procurando os mais antigos que conseguissem obter. Analisaram os registros médicos, leram os históricos e traçaram as genealogias das famílias. "Decidimos fazer um estudo preliminar. Começamos em 1961. O prefeito permitiu que usássemos a sala do conselho municipal. Instalamos pequenas cabines para coletar sangue e fazer eletrocardiogramas. Ficamos lá durante quatro semanas. Depois, as autoridades nos cederam a escola, onde trabalhamos durante o verão. Convidamos a população inteira de Roseto para ser testada", conta Wolf.

Os resultados foram surpreendentes. Em Roseto, quase ninguém com menos de 55 anos havia morrido de ataque cardíaco ou mostrava sintomas de problemas no coração. Para homens acima de 65 anos, a taxa de mortalidade por doença cardíaca era cerca de metade da que se registrava nos Estados Unidos de modo geral. Além disso, a taxa de mortalidade por todas as causas naquela cidade era, espantosamente, 30 a 35% menor do que o estimado.

Wolf convidou para ajudá-lo o amigo John Bruhn, sociólogo da Universidade de Oklahoma. "Contratei estudantes de medicina e alunos de sociologia como entrevistadores. Fomos de casa em casa em Roseto. Conversamos com toda pessoa maior de 21 anos", Bruhn se lembra. Embora isso tenha acontecido há mais de 50 anos, ele deixou escapar uma sensação de espanto ao mencionar o que descobrira. "Não havia suicídios, alcoolismo nem vícios de drogas. O número de crimes era mínimo. Ninguém dependia da previdência social. Então, procuramos casos de úlcera péptica. Não havia. Aquelas pessoas estavam morrendo de velhice. Nada mais."

Os colegas de profissão de Wolf tinham um nome para um lugar como Roseto – uma cidade que estava à margem da experiência do dia a dia, onde as regras normais não se aplicavam. Roseto era uma *outlier.*

2.

A primeira hipótese imaginada por Wolf foi a de que os habitantes de Roseto seguiam práticas alimentares do Velho Mundo que os tornavam mais saudáveis do que os demais americanos. Mas, em pouco tempo, ele constatou que isso não era verdade. Aquelas pessoas cozinhavam com banha de porco, e não com azeite de oliva, a saudável opção usada na cozinha mediterrânea. Na Itália, a pizza era uma crosta fina com sal, azeite e talvez anchovas, tomate e cebola. Na Pensilvânia, ela combinava massa de pão com salsicha, *pepperoni*, salame, presunto e, às vezes, ovos. Doces como *biscotti* e *taralli*, que na Itália costumavam ser reservados para o Natal e a Páscoa, em Roseto eram consumidos o ano inteiro. Quando Wolf pediu que nutricionistas analisassem os hábitos alimentares da população local, constatou-se que 41% das calorias — uma porcentagem imensa — eram provenientes de gorduras. E nenhum morador daquela cidade acordava de madrugada para praticar ioga ou correr 10 km. Muitos eram fumantes inveterados e enfrentavam a obesidade.

Se a causa daquela saúde acima da média não estava na dieta nem na prática de exercícios físicos, estaria então na genética? Como aquelas pessoas constituíam um grupo coeso originário da mesma região da Itália, Wolf passou a considerar a possibilidade de que elas pertencessem a uma estirpe particularmente robusta, com grande resistência a doenças. Então, rastreou parentes desses indivíduos em outras regiões dos Estados Unidos para ver se eles compartilhavam a saúde notável dos primos da Pensilvânia. Não foi o caso.

Wolf examinou em seguida a própria região de Roseto. Será que viver nos contrafortes do leste da Pensilvânia poderia oferecer algum benefício à saúde? As duas cidades mais próximas dali eram Bangor, situada um pouco abaixo dos montes, e Nazareth, a alguns quilômetros de distância. Ambas tinham mais ou menos o tamanho de Roseto e eram habitadas por imigrantes europeus também muito trabalhadores. Wolf examinou os registros médicos das duas cidades. Para homens acima de 65 anos, as taxas de mortalidade por doenças cardíacas em Nazareth e Bangor eram cerca de três vezes mais altas do que em Roseto. Outra pista falsa.

Wolf passou a desconfiar de que o segredo de Roseto não era nada que haviam imaginado, como dieta, exercícios físicos, genes e geografia — *tinha que ser a própria Roseto*. À medida que começaram a caminhar pela cidade e a falar com os moradores, Wolf e Bruhn descobriram o motivo. Observaram como as pessoas interagiam, parando para conversar em italiano na rua ou cozinhando umas para as outras nos quintais. Tomaram conhecimento dos clãs familiares que se mantinham sob a estrutura social do lugar. Viram como em muitas casas três gerações moravam sob o mesmo teto — e o respeito dedicado aos avós. Foram à missa na Igreja Nossa Senhora do Monte Carmelo e observaram o efeito unificador e calmante daquele ambiente. Contaram 22 organizações cívicas em uma cidade com pouco menos de 2 mil pessoas. Perceberam o espírito igualitário particular da comunidade, que desestimulava os ricos a ostentar o sucesso e ajudava os malsucedidos a encobrir os seus fracassos.

Ao transplantarem a cultura *paesani* do sul da Itália para os montes do leste da Pensilvânia, aquelas pessoas criaram uma estrutura social altamente protetora que era capaz de isolá-las das pressões do mundo moderno. Elas eram saudáveis por causa do lugar onde viviam, do mundo que haviam criado para si mesmas em sua minúscula cidade nas montanhas.

"Ainda me lembro de quando fui a Roseto pela primeira vez. Naquela época, víamos três gerações reunidas nas refeições em família. Havia todas aquelas padarias, as pessoas subindo e descendo as ruas, sentando-se nas varandas para conversar umas com as outras, as fábricas de blusas onde as mulheres trabalhavam durante o dia enquanto os homens se ocupavam nas pedreiras de ardósia. Aquilo era mágico", diz Bruhn.

Quando Bruhn e Wolf apresentaram suas descobertas à comunidade médica, enfrentaram uma grande reação de ceticismo. Eles participaram de conferências em que seus colegas estavam exibindo longas relações de dados, dispostos em gráficos complexos, para se referir a um tipo específico de gene ou de processo fisiológico. Eles, por sua vez, estavam falando dos benefícios misteriosos e mágicos de parar para conversar com as pessoas nas ruas e dos efeitos positivos de familiares de três gerações viverem sob o mesmo teto. Segundo o pensamento convencional da época, uma vida longa dependia, em grande parte, de quem éramos, ou seja, dos nossos genes. E também das decisões que tomávamos em relação à escolha dos alimentos, da nossa opção quanto à prática de exercícios físicos, e, ainda, da eficácia do sistema médico. Ninguém estava acostumado a associar a saúde à *comunidade.*

Wolf e Bruhn tiveram que convencer a área médica a pensar na saúde e nas doenças cardíacas de um modo totalmente diferente. Afinal, não dá para entender por que alguém é saudável analisando apenas suas opções ou ações pessoais. É necessário olhar *além* do indivíduo. E também conhecer a cultura da qual ele faz parte, saber quem são seus amigos, sua família e a cidade de origem de seus familiares. É preciso ainda aceitar a ideia de que os valores do mundo que habitamos e as pessoas que nos cercam exercem um grande efeito em quem nós somos. Neste livro, quero fazer por nossa compreensão do sucesso o que o Stewart Wolf fez pelo entendimento que agora temos da saúde.

Prefácio

Liberté, Egalité, Fraternité. O famoso lema revolucionário francês, cantado em verso e prosa pelo mundo afora, nunca foi realmente implementado. Aliás, muito provavelmente a sua real concretização não fora realmente nunca almejada pelas classes dominantes.

Primeiro, a liberdade já era uma ideia mais forte em França, e em boa parte do solo europeu, e se concretizou por lá, realmente, em 27 de abril de 1848, ou seja, 49 anos após o fim da Revolução Francesa, que teve início em 1789, com a queda da Bastilha, e terminou em 1799. Primeiro, Robespierre foi executado em 1795, e, quatro anos depois, Napoleão Bonaparte assume o consulado, que substituiu o Diretório após a queda dos jacobinos, sacramento então, o fim da revolução francesa, mas não dos seus ideais.

A liberdade, e até o seu próprio sentido hermenêutico já era discutida desde os gregos, pelo menos. Mas será em França que o conceito de liberdade ganhará contornos essenciais. Primeiro, com a Declaração dos Direitos do Homem, depois com a evolução do direito e da própria sociedade, começavam a eclodir os chamados direitos fundamentais de primeira dimensão, ou geração como alguns ainda afirmam.

Por esses direitos, também conhecidos como direitos negativos, o Estado deveria se abster de interferir na vida do seu cidadão, ou interferir minimamente. Era até natural, pois a França saía de um regime absolutista monárquico, e a sociedade se ressentia de maior liberdade, especialmente a nova classe dominante, os burgueses, queria que o Estado francês se intrometesse o mínimo possível em suas atividades comerciais.

Os anos, as décadas e até séculos foram passando, e novas demandas foram surgindo na sociedade. Uma delas, a igualdade de gênero, que existe há séculos, mas que ganhou realmente força principalmente no século XX, com as lutas pelos direitos das mulheres e sua igualdade perante o gênero masculino nas relações laborais, civis e comerciais. Junto dessas reivindicações da década de 60 do século passado nos legou também a busca pela liberdade sexual, trazendo a reboque uma nova postura feminina, que passava agora a se impor também nessa questão sexual, após milênios de domínio masculino sobre seus corpos, pelo menos na maioria das sociedades. E isso sem falar da busca pela liberdade em termos de orientação sexual, que até hoje é motivo de tanta controvérsia por parte dos mais conservadores e membros de religiões mais dogmáticas.

Além da luta pela igualdade de gênero, a luta pela igualdade racial também foi marcante. A liberdade não foi suficiente para trazer a igualdade, que também precisou de muita luta para ser conquistada. Nessa etapa, destaca-se a luta pelos direitos civis dos afrodescendentes norte-americanos no final dos anos 50 e durante toda a década seguinte do século passado, com destaque para personalidades e grupos marcantes como a do pastor Martin Luther King Jr., Malcom X (Al Haji Malik Al-Shabazz), os Panteras Negras dentre outros.

A luta surtiu efeito, mas a duras penas, pois tanto Luther King quanto Malcom X acabaram perdendo suas vidas, dentre inúmeros outros afrodescendentes. Contudo, a Suprema Corte norte-americana modificou um antigo entendimento, conhecido como "*separados, mas iguais*", que garantia direitos aos afrodescendentes, mas admitia a segregação racial, ainda na década de 1950, sob a chefia do juiz Earl Warren. Mas foi apenas em 1969, no caso *Alexander versus Holmes County Board of Education*, que ficou estabelecido não apenas decisões de casos concretos e sem imposição de concretização geral, mas sim estabelecido definitivamente o fim o dualismo racial na educação norte-americana, que produziria seus efeitos imediatamente, não mais admitindo-se qualquer ação para postergar seus efeitos.

Importante mencionar que nenhum direito "caiu do céu". Todos eles foram conquistados a duras penas, com "sangue, suor e lágrimas". E assim, a luta pela igualdade racial ganhava cada dia maior força, e mesmo que ainda hoje não haja uma igualdade absoluta em alguns seguimentos, especialmente, relacionada a salários e empregos, caminhamos muito nos dois últimos séculos, em que pese a estrada da igualdade ainda esteja longe de chegar ao fim.

Contudo, um dos lemas revolucionários franceses parece que ficou muito que de lado, esquecido. Muitos lutaram e morreram defendendo o ideal da liberdade. Outros tantos também lutaram e morreram defendendo a igualdade. Mas poucos bradaram a necessidade de um mundo não apenas livre e igual, mas também fraterno. O *Fraternité* ficou esquecido em algum canto, sem grande relevância para a sociedade.

E por que falar de fraternidade? Porque é exatamente essa a proposta do presente livro! E exatamente por isso que esse livro precisa ser lido com atenção, pois a humanidade caminha para uma extinção em massa. Os avisos e perspectivas ambientais e humanitários feitos pela Organização das Nações Unidas — ONU são alarmantes. Uma mudança do capitalismo, centrado no consumo em massa, que mais exclui do que inclui, é absolutamente necessário. Na verdade, não podemos mais nos dar ao luxo de esperar. Essa mudança não é para ser implementada paulatinamente, mas imediatamente, pois caso contrário, as futuras gerações talvez não tenham mais muito para ver, diante de possíveis catástrofes ambientais e humanitárias.

E o Direito, enquanto ciência e mecanismo essencial para manutenção da paz em sociedade, não pode se fechar em uma espécie de torre de marfim, sem se aperceber desses acontecimentos, pois terá uma importância enorme.

A modernidade trouxe de volta o lema do sofista Protágoras, onde o homem seria o fim de todas as coisas. Entretanto, essa ideia ficou mais no plano ideológico, filosófico, do que no político-econômico-social. E chegou o momento de darmos a concretude que esse pensamento merece, ou seja, que o ser humano passe a ser realmente a medida e o centro de todas as coisas. Isso quer dizer repensar absolutamente tudo, de propor novos paradigmas para a sociedade. Chega um momento em que não dá mais para querer remendar ideias velhas, conceitos antigos, pois o momento exige o novo, exige ideias que tenham o condão de transformar, como ensina Thomas Kühl.

E assim, se faz necessário um novo capitalismo, um novo Direito, e uma nova sociedade, que tenham na fraternidade o seu grande norte, a sua grande meta. E para isso, o Direito precisará dar o caminho a ser seguido, as balizas pelas quais a sociedade irá caminhar para concretizar a última, e mais importante lema revolucionário francês!

E sendo assim, a presente obra, *Direito Fraternal – uma visão do direito para enfrentamento de crises*, se torna uma preciosa contribuição do Dr. Nei Calderon. Aliás, a proposta é uma verdadeira revolução copernicana!

Essa obra passará, portanto, mesmo que de forma resumida, por uma contextualização político-econômica, desde o antigo Egito, passando pela antiguidade clássica, medievo, modernidade e chegando até os dias atuais.

No capítulo 2, o autor irá discorrer sobre os principais marcos jurídicos da história. Será discutido o jusnaturalismo, o positivismo jurídico, o nascimento do humanismo como paradigma existencial humano, até chegar realmente no nascimento dos direitos humanos e a instauração de um novo paradigma hermenêutico. Depois, esses direitos humanos serão analisados em sua perspectiva histórica, até chegar na constituição brasileira de 1988 para, enfim, chegar em outra inovação do autor, denominada por ele de direito quântico.

Nos capítulos 3 e 4 talvez se encontre um dos momentos nevrálgicos da obra. O autor procurará discutir o capitalismo, procurando não apenas contextualizá-lo e entendê-lo em perspectiva histórica e filosófica, mas a sua influência em toda a sociedade, especialmente a partir da CRFB/88. E a partir dessa reflexão, procurará repensá-lo dentro de um novo viés, o fraterno. E com essa visão, a partir do direito fraterno, repensará todo o ordenamento jurídico interno sem esquecer-se de suas repercussões em âmbito internacional.

O capítulo 5 fala de um tema complexo, que são as crises pelas quais o mundo passou. Primeiro, o autor fala das crises sanitárias e suas repercussões no mundo. Depois, das crises militares, com destaque para as guerras mundiais que marcaram o século XX. E por fim, as crises ambientais, que pouco a pouco vão mudando o planeta e se não forem sanadas, poderão se tornar o grande motivo para uma extinção em massa da humanidade.

No capítulo 6, o autor abordará a atual crise de saúde pública que passa a humanidade, a crise do Coronavírus, chamado de Covid-19. Nesse capítulo, o autor explicará a possível origem, histórico e tecer alguns comentários sobre as modificações econômicas e sociais que esse vírus causou no Brasil e em toda a humanidade.

Por fim, o capítulo 7 será destinado para que o autor exponha como o direito pode e deve ser um importante e essencial mecanismo para enfrentar todas essas crises mencionadas, como sendo a grande baliza a nortear as condutas humanas, pois apenas com essa nova forma de pensar o direito, proposta pelo autor, a fraternidade conseguirá sair do papel e se tornar o grande norte hermenêutico de uma sociedade global.

Merece ser mencionada a coragem do autor ao desenvolver seu pensamento. Em um mundo cada dia mais egoísta, hedonista e consumista, falar em fraternidade requer enorme coragem, pois muitos ainda vivem em verdadeiras bolhas de ignorância, ou para usar a expressão platônica, vivem em cavernas, onde todo aquele que "ousa" mostrar os erros dessa forma de viver, acaba correndo sérios riscos de ter seu pensamento ridicularizado, diminuído, zombado.

Contudo, tenho certeza que o Dr. Nei Calderon não possui esse temor e seguirá firme nesse projeto do Direito Fraterno, que pode ser visto como revolucionário. A força e o exemplo de perseverança ele tira de própria fé, pois assim escreveu Alan Kardec, que enfrentou zombarias e perseguições em França, ao codificar o Evangelho segundo o Espiritismo, e nos legou mensagens sublimes como essa mensagem psicografada: *"Seja mais forte a vossa fé do que os sofismas e as zombarias dos incrédulos, visto que a fé que não afronta o ridículo dos homens não é fé verdadeira"*[(1)].

E se já foi gritado *Vive la France*, hoje devemos gritar, sem medo do que iremos enfrentar: *Vive la Fraternité!*

Cascais, 12 de agosto de 2021.

Thiago Rodrigues-Pereira[(2)]

---

(1) KARDEC, Allan. *O Evangelho segundo o Espiritismo*. Trad. de Guillon Ribeiro da 3. ed. francesa. 131. ed. Brasília: FEB, 2018. p. 258.

(2) Pós-Doutor em Direito pela Universidade Católica de Petrópolis — UCP, com bolsa pelo CAPES. Doutor e Mestre em Direito pela Universidade Estácio de Sá — UNESA/RJ, com bolsa pela FAPERJ e CAPES, respectivamente. Doutorando em Filosofia pela Universidade do Minho. Professor Associado na Universidade Autónoma de Lisboa — UAL. Diretor Acadêmico do Novo Liceu <http://www.novoliceu.com>.

Introdução

O objeto da presente obra é o estudo da importância do Direito como instrumento auxiliar para o enfrentamento dos grandes desafios sociais, políticos e econômicos contemporâneos.

Nesse contexto, o primeiro passo é analisar a evolução das diversas escolas do Direito ao longo do tempo para — ao final — discorrer acerca do Direito Fraternal e do impacto dessa nova visão em relação à realidade.

Serão estudadas as principais formas de organização política, econômica e social, os sistemas jurídicos e a evolução do conceito de capitalismo humanista, bem como o impacto do humanismo e do capitalismo humanista no Direito.

A organização social primitiva era fundamentada em um poder divino, superior, que por si era suficiente para legitimar o exercício da autoridade, ainda que mediante a aplicação de normas não sistematizadas, muitas vezes sequer escritas, fundadas em crenças imateriais.

A evolução e o crescimento dos grupos sociais, o incremento de relações comerciais, bem como a diversidade cultural e de crenças, gerou a necessidade de um estado laico.

Surge, então, o direito como reflexo da vontade do Governante, e a voz do Governante como a maior expressão do direito, confundindo-se, assim, na mesma pessoa as tarefas de criar e aplicar as normas, "dizer o direito".

Nos primórdios esse conjunto de normas tinha um caráter punitivo, objetivando infligir temor social e, por consequência, legitimar e fortalecer o exercício do poder pelo Governante.

Com o desenvolvimento e a maior complexidade das relações sociais, surgiu a necessidade de estabelecer garantias legais, mediante um Direito sistematizado, como forma de evitar a sujeição das pessoas ao mero desígnio do Governante, criando assim um sistema de direitos e de obrigações, revestindo as relações de segurança e de previsibilidade jurídica.

Assim, caminharam juntos o desenvolvimento das formas de organização da sociedade, dos regimes de governo, das relações sociais e econômicas e, consequentemente, do Direito como sistema e ciência propriamente dita, o que explica a importância dos temas que serão explorados nesta obra.

O Direito sistematizado serve ainda de instrumento para preservar o Estado como Instituição, para garantir a estabilidade social, política e econômica, possibilitando ainda o melhor desenvolvimento e distribuição de riquezas, bem como o acesso aos benefícios tecnológicos, o que em última análise interfere na própria preservação da dignidade da pessoa humana, diante dos conflitos e desafios cada vez mais frequentes.

Assim, firma-se a noção de que o Direito deve ser um instrumento auxiliar na busca — em última análise — da melhor qualidade de vida dos seus cidadãos, bem como na materialização de grandes "acordos" — nacionais e internacionais — para a solução de conflitos e enfrentamentos de situações de crise.

Para citar exemplos de grande repercussão, a Primeira e a Segunda Guerra Mundial foram encerradas mediante tratados firmados pelas partes envolvidas, estabelecendo obrigações e penalidades para as nações derrotadas.

O Tratado de Versalhes(3) (1919) encerrou oficialmente a Primeira Guerra Mundial — em que pese não ter efetivamente logrado êxito em pacificar o ambiente conflituoso que originou posteriormente a Segunda Guerra Mundial. No entanto, marcou uma nova fase do capitalismo, ao enfrentar a hegemonia econômica da Alemanha.

Ao término da Segunda Guerra Mundial, ocorreu a Conferência de Potsdam(4) (1945), na qual os países ganhadores (URSS, Inglaterra e EUA)

(3) Disponível em: <https://jornal.usp.br/cultura/tratado-de-versalhes>. Acesso em: 24 maio 2021.

(4) Disponível em: <https://history.uol.com.br/hoje-na-historia/conferencia-de-potsdam-impoe-sancoes-de-aliados-contra-alemanha>. Acesso em: 24 maio 2021.

impuseram obrigações aos derrotados e organizaram um tribunal internacional para o julgamento dos envolvidos com o nazismo, o Tribunal de Nuremberg[(5)], que trabalhou com o conceito jurídico inédito do "crime de guerra".

Assim, o Direito ganhou expressão e relevância como instrumento de pacificação de conflitos e regulamentação de relações internacionais, com o desenvolvimento de organizações e ordenamentos cada vez mais voltados ao bem-estar da humanidade, tais como a Organização das Nações Unidas – ONU.

No século XX, após o término da Segunda Guerra Mundial, os regimes capitalista e socialista evoluíram em polos diversos e conflitantes, com ápice durante a denominada Guerra Fria[(6)] (em que URSS e EUA buscavam mostrar a força de seus regimes a partir de seu poderio bélico).

Observe-se que o recrudescimento das tensões da Guerra Fria ocorreu mediante a celebração de vários acordos bilaterais, objetivando em especial a redução do arsenal militar, demonstrando assim a importância do Direito como elemento materializador da pacificação de conflitos.

O século XXI trouxe à evidência grandes mudanças. A Rússia e a China, embora possuam regimes políticos com limitações às liberdades individuais, objetivando também garantir o sistema de governo e os poderes dos partidos governantes (no caso da China, partido único), passam a adotar princípios capitalistas na economia. A China passa a concorrer com as maiores potências capitalistas, ao mesmo tempo que reprime qualquer clamor por democracia em Hong Kong.

O capitalismo está passando por uma transformação, dando ênfase não somente às leis de mercado, tal como preconizado por Adam Smith, mas também à democracia, aos direitos e às garantias individuais. Surge assim, sob o aspecto político, a denominada social-democracia, que no início do século XXI traz a Alemanha como principal expoente.

---

(5) Disponível em: <https://infoescola.com/historia/julgamento-de-nuremberg>. Acesso em: 24 maio 2021.

(6) Disponível em: <https://www.historiadomundo.com.br/idade-contemporanea/guerra-fria.htm>. Acesso em: 24 maio 2021.

A Coreia do Norte é uma experiência extrema de socialismo. Possui um regime tão fechado que dificulta o estudo de seu sistema jurídico — que a princípio pode ser caracterizado como mero reflexo da vontade do Governante, em um misto de idolatria e ditadura, e de limitação do acesso à informação exterior por parte de sua população, bem como do acesso exterior a informações do país[7].

Os Estados Unidos da América, por sua vez, até então modelo do capitalismo e da democracia, estão sendo levados à prova, diante do crescimento de movimentos ultranacionalistas, dos efeitos do mandato conservador exercido pelo republicano Presidente Donald Trump, do crescimento das tensões raciais e da competição econômica com a China, que cada vez mais está ocupando mercados mundiais — inclusive no âmbito tecnológico (como exemplo: desenvolvimento e exploração da tecnologia 5G). Nesse cenário, será testada a força do sistema jurídico norte-americano como garantidor das liberdades individuais, do crescimento do setor econômico e de tecnologia e do regime político, de forma a apaziguar as tensões.

Outro aspecto a se considerar é o Direito como instrumento de tutela de direitos individuais e de enfrentamento de grandes crises.

Desde 2019/2020 o mundo está enfrentando a Pandemia do Coronavírus (Covid-19), e o Direito deve atuar como um instrumento na garantia de igualdade de oportunidades de tratamento à sociedade no enfrentamento dessa crise humanitária, seja na prevenção e no tratamento da doença, seja no enfrentamento da crise econômica — e da fome — decorrente da redução da atividade econômica.

O Direito terá a função de materializar a igualdade e a busca da dignidade da pessoa humana, considerando as diferenças econômicas e sociais entre as pessoas e as diversas nações.

---

(7) A Coreia do Norte não registrou um único caso de Covid-19. A maioria dos especialistas considera essa afirmação suspeita. O recluso país testou apenas uma fração de sua população de quase 26 milhões de habitantes e tem uma fronteira compartilhada com a China, onde a pandemia começou. Disponível em: <https://www.cnnbrasil.com.br/internacional/2021/03/05/coreia-do-norte-tanzania-e-turcomenistao-onde-a-pandemia-virou-ficcao>. Acesso em: 24 maio 2021.

No início do século 20, o mundo enfrentou a Gripe Espanhola. No entanto, os recursos tecnológicos eram escassos. Não existiam vacinas, exames de diagnóstico, antibióticos, leitos e equipamentos eficazes de oxigenação, por exemplo, de sorte a se impossibilitar que a garantia ao acesso a determinados meios. Além disso, em muitos países os corpos dos mortos eram deixados nas ruas e coletados com carroças para então serem enterrados.

O Direito não conseguiu atuar para compartilhar instrumentos para enfrentamento da crise, por um motivo simples: não existiam recursos a serem compartilhados. A Gripe Espanhola teve término, ao que se imagina, quando alcançada a dita imunidade de rebanho[(8)].

Atualmente, existem mais recursos para o enfrentamento da nova crise que se apresenta, a Pandemia do Coronavírus (Covid-19). Embora não exista — ainda — uma vacina totalmente testada e eficaz, nem tampouco um tratamento eficaz, existe a tecnologia para o desenvolvimento de medicamentos.

No entanto, diante de um mundo globalizado, onde os diversos insumos e a tecnologia para o desenvolvimento e a produção de uma vacina são de domínio de determinadas nações, exige-se o espírito colaboracionista, com a participação de entidades mundiais como a Organização das Nações Unidas (ONU), a Organização Mundial da Saúde (OMS), e de organizações como a Comunidade Europeia, para que se busque o enfrentamento conjunto dessa crise.

Assim, haverá a necessidade de celebração de contratos para aquisição de insumos e de vacinas, transferência de tecnologia, entre outros aspectos. Em especial, existirá a necessidade de solidariedade entre as nações, de um espírito fraternal, o que exige o estudo de uma vertente do Direito Humanista, que prioriza garantir, possibilitar e fomentar o bem-estar social, nos diversos âmbitos e esferas de poder.

---

(8) Disponível em: <https://jornal.usp.br/artigos/o-que-e-imunidade-de-rebanho-e-quais-as-implicacoes>. Acesso em: 24 maio 2021.

Dentro de um país, o Direito deve estabelecer e prever medidas que garantam o acesso ao tratamento digno, às tecnologias disponíveis e, inclusive, à dignidade de um sepultamento que respeite a respectiva religiosidade.

Assim, o Direito Fraternal pode — e deve — se transformar em um instrumento de garantia e melhoria da qualidade de vida, da dignidade da pessoa humana, de forma a possibilitar a universalização da proteção à vida em detrimento à busca pela mera lucratividade da atividade capitalista empresarial, de forma que a Pandemia do Coronavírus (Covid-19) seja enfrentada com a defesa do maior bem de valor transnacional: a VIDA.

Além disso, outra questão relevante a ser avaliada é a crise ambiental, que também deve ser enfrentada dentro de uma visão integrada e colaboracionista entre os diversos países, com um espírito fraternal. Como exemplo, em que pese ter aderido ao Acordo de Paris (2015), os Estados Unidos da América, durante a gestão do Partido Republicano, abandonaram os compromissos assumidos, supostamente em benefício de sua atividade econômica (mas em prejuízo de todas as demais nações). Atualmente, com uma gestão do Partido Democrata, os Estados Unidos da América buscam rever seu posicionamento.

Nesse cenário, fica evidenciado o objetivo maior da presente obra: estudar a evolução de regimes de governo, dos sistemas políticos e dos sistemas jurídicos, bem como da sua importância para garantir a qualidade e o direito à vida, inclusive no enfrentamento de questões ambientais e da crise humanitária representada pela Pandemia do Coronavírus (Covid-19), trazendo a ideia e o conceito do capitalismo humanista, do direito humanista de cunho fraternal, do direito fraternal, para que a sociedade tenha instrumentos legais de garantir a própria dignidade da pessoa humana.

Capítulo 1

Cenário Político e Econômico

Será considerada na presente obra a evolução dos sistemas de governo, da forma de organização político e social e dos sistemas jurídicos após o feudalismo, considerando que o principal objetivo não é apresentar a evolução detalhada ocorrida em cada período histórico, mas sim as mudanças que, em linhas gerais, demonstram a importância do Direito como sistema, como instrumento auxiliar para propiciar o desenvolvimento da humanidade, bem como a defesa dos interesses dos integrantes da sociedade, a igualdade e a liberdade de cada qual e, ao fim, a fraternidade entre os povos, tal como embrionariamente preceituado na Revolução Francesa (liberdade, igualdade e fraternidade[9]).

No entanto, o conceito de direito é muito anterior. Sempre que existe um conflito, ainda que em um grupo familiar, existe uma análise de conduta, um julgamento e uma penalidade aplicada. Pode-se afirmar que em tal momento pode-se falar no embrião do direito, que então surgirá como ciência quanto mais complexas tornarem-se as relações abrangidas.

Assim, é de suma importância tecer algumas considerações em relação ao "direito", tal qual identificado em algumas sociedades.

1.1. Egito Antigo (3000 a.C.)

A arqueologia descobriu documentos jurídicos do Egito Antigo, datados de 3000 a.C., a partir da unificação do Alto e Baixo Egito sob imposição do faraó Narmer.[10]

O Egito emergia como uma sociedade que recebia povos das mais diversas origens e culturas. As normas possuíam um fundamento místico

(9) Disponível em: <https://www.ime.usp.br/~vwsetzer/liberdade-igualdade-fraternidade.html>. Acesso em: 24 maio 2021.

(10) Disponível em: <https://tiagofachini.jusbrasil.com.br/artigos/366939115/como-era-o-direito-no-egito-antigo>. Acesso em: 24 maio 2021.

e divino, guiadas por Maat, a deusa egípcia da verdade e da justiça, que era utilizada como um princípio filosófico da ordem e da harmonia cósmica do povo. Maat representava o conjunto de valores para a aplicação do direito. A partir de 2500 a. C, o direito era aplicado pelo Vizir, segundo homem mais poderoso do reino e responsável pelos julgamentos, que era chamado de "sacerdote de Maat". O faraó tinha por dever a "manutenção de Maat", ou seja, preservar a aplicação da justiça.

O Direito Romano clássico, que surgiria dois mil anos após, reproduz algumas características presentes no direito egípcio(11). Como exemplo, a noção de propriedade privada já era desenvolvida e os contratos faziam parte das relações. Os contratos inicialmente eram assinados apenas pelas duas partes contratantes. Com o tempo passou a ocorrer intermediação de um escriba, que além de redigir o contrato o assinava para certificá-lo, como uma espécie de "testemunha".

O Egito Antigo também tinha seus tribunais(12). A partir do Império Novo (período entre 1550 a.C. e 1070 a.C.), os egípcios contavam com o *Kenbet*, um conselho de anciãos responsável por decidir pequenas causas. Para crimes mais graves, envolvendo assassinato e roubos de túmulos, os acusados eram direcionados ao *Kenbet att*, outro conselho presidido pelo faraó e pelo vizir. Acusadores e acusados compareciam em nome próprio. Para acusações recorrentes ou muito sérias, os escribas da corte documentavam a denúncia e o veredito do caso era guardado para referência futura (jurisprudência). Os culpados de crimes menores eram punidos com multas, espancamentos, mutilações faciais ou exílios, enquanto os responsáveis por crimes maiores eram decapitados, afogados ou empalados em uma estaca.

Não foi encontrado pelos arqueólogos um código egípcio propriamente dito, sendo certo que o conhecimento sobre o direito da época é baseado em excertos de contratos, decisões judiciais, testamentos e atos administrativos, além de referências à lei em textos sagrados e na literatura.

(11) Disponível em: <https://ambitojuridico.com.br/edicoes/revista-150/direito-comparado-uma-analise-comparativa-acerca-do-direito-no-egito-antigo-e-o-direito-nos-dias-atuais>. Acesso em: 24 maio 2021.

(12) Disponível em: <https://tiagofachini.jusbrasil.com.br/artigos/366939115/como-era-o-direito-no-egito-antigo>. Acesso em: 24 maio 2021.

1.2. Código de Hamurabi (1772 a.C.)

Durante o governo de Hamurabi, no primeiro império babilônico, organizou-se um dos mais conhecidos sistemas de leis escritas da antiguidade: O Código de Hamurabi. Outros códigos, como o Código de Ur-Namu, haviam surgido entre os sumérios que viveram entre 4000 e 1900 a.C. na Mesopotâmia(13).

O Código de Hamurabi é um conjunto de leis escritas, sendo um dos exemplos mais bem preservados desse tipo de texto oriundo da Mesopotâmia. Acredita-se que foi escrito pelo rei Hamurabi, aproximadamente em 1772 a.C.

O Código ficava inicialmente no templo de Sipar (uma das cidades mais antigas da Mesopotâmia), sendo que diversas cópias suas foram distribuídas pelo reino de Hamurabi. No topo do monólito (monumento construído a partir de um só bloco de rocha) encontra-se uma representação de Hamurabi em frente ao deus sumeriano do sol Samas.

É constituído por um monumento monolítico talhado em rocha de diorito, sobre o qual se dispõem 46 colunas de escrita cuneiforme acádica, com 282 leis em 3 600 linhas. A numeração vai até 282, mas a cláusula 13 foi excluída por superstições da época. A peça tem 2,25 m de altura, 1,50 m de circunferência na parte superior e 1,90 m na base(14).

Os artigos do Código de Hamurabi descreviam casos que serviam como modelos a serem aplicados em questões semelhantes. Para limitar as penas, o Código anotou o princípio de Talião, sinônimo de retaliação. Por esse princípio, a pena não seria uma vingança desmedida, mas sim proporcional à ofensa cometida pelo criminoso. Tal princípio é resumido no ditado popular "olho por olho, dente por dente" (15).

---

(13) Disponível em: <https://www.conteudojuridico.com.br/consulta/Artigos/34804/direitos-humanos-analise-do-surgimento-do-estado-como-sociedade-e-a-heranca-das-antigas-civilizacoes>. Acesso em: 24 maio 2021.

(14) Disponível em: <https://www.sohistoria.com.br/biografias/hammurabi>. Acesso em: 24 maio 2021.

(15) Disponível em: <https://www.significados.com.br/olho-por-olho-dente-por-dente>. Acesso em: 24 maio 2021.

Em síntese, o Código de Hamurabi buscava disciplinar situações corriqueiras, tais como: não cumprimento de contrato; lei de talião (olho por olho, dente por dente); falso testemunho; roubo e receptação; estupro; família; escravos e ajuda a fugitivos(16), com o objetivo de unificar o reino sob o aspecto jurídico, de forma a garantir uma cultura comum. No seu epílogo, Hamurabi afirma que elaborou o conjunto de leis "para que o forte não prejudique o mais fraco, a fim de proteger as viúvas e os órfãos" e "para resolver todas as disputas e sanar quaisquer ofensas" (17). Constata-se que o objetivo ainda é atual e que, passados séculos, ainda não foi plenamente alcançado pela sociedade.

Durante as diferentes invasões da Babilônia, o Código foi transferido para a cidade de Susa (no Irã ou Irão atual) por volta de 1 200 a.C.. Foi nessa cidade que ele foi descoberto, em dezembro de 1901, pela expedição dirigida por Jacques de Morgan. O abade Jean-Vincent Scheil traduziu a totalidade do código após o retorno a Paris, onde hoje ele pode ser admirado no Museu do Louvre, na sala 3 do Departamento de Antiguidades Orientais(18).

O Código de Hamurabi é indicado como o primeiro exemplo do conceito legal de que algumas leis são tão básicas que mesmo um rei não pode modificá-las, o que equivaleria, de certa forma, ao atual conceito de cláusulas pétreas. De forma simbólica, ao escrever as leis na pedra, elas se tornaram imutáveis. Este conceito existe em vários sistemas jurídicos modernos e deu origem à expressão em língua inglesa *written in stone* (escrito na pedra). No entanto, para alguns investigadores da história, o fato de gravar escritos em pedras não implica propriamente a perpetuação da mensagem e sim na facilidade oferecida pelo autor aos menos letrados de reproduzirem esses textos fiel e rapidamente.

---

(16) Disponível em: <https://www.pravaler.com.br/codigo-de-hamurabi-o-que-e-e-seu-significado/>. Acesso em: 24 maio 2021.

(17) Disponível em: <https://jus.com.br/artigos/35028/direitos-humanos-e-o-direito-internacional-do-desenvolvimento/3>. Acesso em: 24 maio 2021.

(18) Disponível em: <https://pt.wikipedia.org/wiki/C%C3%B3digo_de_Hamurabi>. Acesso em: 24 maio 2021.

No caso da estela de Hamurabi em questão, viajantes de outras regiões, quando em passagem por Susa, tinham a oportunidade de obter cópias para serem lidas por escribas em suas aldeias e para isso normalmente utilizavam o processo similar ao de xilogravura, transcrevendo diretamente da estela para o papel ou papiro, que com o passar do tempo e o uso, por se tratar de material perecível, se perderam, permanecendo apenas essas matrizes de pedra para contar a origem das leis.

1.3. Império Romano (753 a.C. a 565 d.C.)

O Direito Romano deve ser objeto de estudo, pois algumas de suas soluções jurídicas — destaque no direito privado — provaram-se atemporais, sendo adotadas até hoje por vários sistemas jurídicos.

O Direito Romano compreende as ideias e as experiências surgidas desde o momento da fundação da cidade de Roma (753 a.C.) até a desagregação do Império, após a morte de Justiniano (565 d.C.)[19]. Abrange o conjunto de princípios, preceitos e leis utilizados na antiguidade pela sociedade de Roma e seus domínios, que vigorou por mais de doze séculos, desde o edito do primeiro rei até a última constituição imperial. Constituiu um dos mais importantes sistemas jurídicos já criados, influenciando diversas culturas em tempos diferentes.

A expansão do Império Romano não se limitou a uma simples conquista territorial, mas envolveu um verdadeiro processo de colonização, que impôs seus usos e costumes a todos os habitantes do império.

O Direito teve um papel fundamental, pois estabeleceu as normas que regiam as relações humanas daquela sociedade que surgia da incorporação de novas culturas, que muitas vezes sequer possuíam normas estabelecidas e aplicáveis.

O estudo do Direito Romano foi decisivo para entender a evolução da mentalidade europeia, proporcionando uma série de ferramentas que ainda hoje são úteis para os juristas modernos.

---

(19) Disponível em: <https://jus.com.br/artigos/65952/direito-romano>. Acesso em: 24 maio 2021.

O esforço de colecionar todo o Direito clássico vigente foi obra de Justiniano. Sob suas ordens, produziram-se o Digesto, com três milhões de linhas redigidas por jurisconsultos clássicos; o Código, das constituições imperiais; as Institutas, manual de direito para estudantes; e as *Novellae*, do grande número de novas leis justinianeias. Juntos, o Código, o Digesto, as Institutas e as *Novellae* formam o *Corpus Iuris Civilis*, assim nomeados ao fim do século XVI d.C. Foi mérito dessa codificação de Justiniano a preservação do direito romano para a posteridade (MADEIRA, 2014).

1.4. Estruturas de organização sociais, políticas e econômicas

É de suma importância destacar que, a medida em que as relações sociais se tornam mais complexas, busca-se desenvolver um conjunto de normas para legitimar os governantes e assegurar a paz social, conceitos a serem aplicados em graus diversos, a depender do regime político.

Não obstante, o fato é que as relações tornaram-se mais complexas ao longo do tempo, os sistemas de comunicação e de acesso à informação ficaram mais acessíveis e o risco de crises mundiais mais efetivo, em virtude da globalização — que traz repercussões econômicas, sanitárias e jurídicas, aspectos objeto da presente obra.

Assim, o Direito pode auxiliar no enfrentamento — pela humanidade — de uma crise sanitária como a pandemia da Covid-19, e até mesmo de questões ambientais, que causam cada vez mais impacto humanitário.

Nesse cenário, passa-se a discorrer acerca de crises já enfrentadas e de todo o contexto histórico que envolveu as respectivas situações, ao seu tempo. Será considerado, como marco inicial, o Feudalismo.

1.4.1. Feudalismo (V a XV d.C.)

Feudalismo é o nome dado à forma de organização política, econômica e social vivenciada na Europa Centro-Ocidental durante o período histórico conhecido como Idade Média, entre os séculos V e XV[20].

(20) Disponível em: <https://www.significados.com.br/feudalismo/>. Acesso em: 24 maio 2021.

Os senhores feudais respondiam pela feitura, execução e imposição das leis. A Igreja era a única instituição que rivalizava em poder com os senhores feudais, e lhes impunha, por vezes, limites. Os reis, quando havia, não se impunham em relação aos senhores feudais.

O Feudalismo era baseado na posse da terra — o feudo. As terras e títulos de nobreza eram doadas pelo rei como recompensa aos líderes por terem participado de batalhas.

Uma das principais características do Feudalismo era o controle dos senhores feudais, que eram donos de todas as terras de cada feudo. A sociedade era dividida em três grupos sociais: o clero, a nobreza e os servos. Na falta de comércio, a unidade econômica principal era o feudo.

As origens do feudalismo remontam ao século III, quando o sistema escravista de produção no Império Romano entrou em crise. Esses centros rurais, conhecidos por vilas romanas, deram origem aos feudos medievais. Muitos romanos menos ricos passaram a buscar proteção e trabalho nas terras desses grandes senhores[(21)].

A maioria da população feudal era composta por camponeses. Eles eram responsáveis pelo trabalho nas terras e pela produção agrícola. Os camponeses trabalhavam em regime de servidão e se submetiam às exigências do senhor feudal.

A economia feudal, inserida contexto do feudalismo, era uma economia agrária e de subsistência baseada na posse de terras (feudos).

Durante o feudalismo a concessão de terras era feita por meio do acordo estabelecido entre o suserano, que concedia o controle das terras, e o vassalo, que era quem recebia estas terras, na cerimônia de vassalagem[(22)].

O Feudalismo era um sistema político e econômico e, como tal, tinha por principal objetivo organizar a vida social e produtiva na Europa Ocidental depois da Queda do Império Romano do Ocidente[(23)].

---

(21) Disponível em: <https://www.historiadomundo.com.br/idade-media/feudalismo.htm>. Acesso em: 24 maio 2021.

(22) Disponível em: <https://pt.wikipedia.org/wiki/Feudo>. Acesso em: 24 maio 2021.

(23) Disponível em: <https://www.historiadomundo.com.br/idade-media/feudalismo.htm>. Acesso em: 24 maio 2021.

Pode-se dizer que os excluídos da idade média, eram os servos e os camponeses, já que eram a camada mais pobre da sociedade e sobre eles recaíam além dos impostos, o trabalho mais duro de toda a sociedade.

Durante um longo período de tempo o comércio feudal foi uma atividade errante, na qual o mercador seguia a rota dos produtos, sendo a venda feita através da exposição direta dos artigos em lojas, mercados e feiras.

De fato, o comércio perdeu bastante espaço nesse contexto. No entanto, as poucas trocas comerciais que aconteciam se davam através das trocas naturais. Gêneros agrícolas eram raramente utilizados para a obtenção de ferramentas ou outros tipos de alimento em falta em determinado feudo.

Não existia, no Feudalismo, um sistema jurídico propriamente dito, sendo o direito declarado pelo senhor feudal, pelo rei ou mesmo, de forma concorrente, pela igreja.

1.4.2. Capitalismo (a partir do século XV d.C.)

O capitalismo é um sistema econômico e social baseado na propriedade privada dos meios de produção e na acumulação de capital, mediante obtenção de lucro. Surgiu no século XV, na passagem da Idade Média para a Idade Moderna, a partir da decadência do sistema feudal e do nascimento de uma nova classe social, a burguesia(24).

As características centrais do sistema incluem o trabalho assalariado, a troca voluntária, um sistema de preços e mercados competitivos. A divisão de classes é um dos pontos mais polêmicos do capitalismo(25).

A Revolução Industrial do século XVIII representou o momento de consolidação do capitalismo. Apesar de restrita à Inglaterra, ela foi responsável pela reordenação da economia mundial durante o século XIX, pois

(24) Disponível em: <https://www.politize.com.br/sistema-capitalista-origem/>. Acesso em: 25 maio 2021.

(25) Disponível em: <https://iscagz.org/as-classes-sociais-no-capitalismo/>. Acesso em: 25 maio 2021.

representou a nova dinâmica capitalista, responsável por superar o mercantilismo. O Capitalismo Financeiro ou Monopolista corresponde a terceira fase do sistema econômico capitalista que surge em meados do século XX, com a Terceira Revolução Industrial(26).

Desde seu surgimento, pode-se citar as seguintes etapas de capitalismo: comercial ou mercantil, industrial ou industrialismo, financeiro e informacional(27).

- Capitalismo comercial ou mercantil: o capitalismo comercial, também chamado de pré-capitalismo ou capitalismo mercantil, é considerado o primeiro modelo de capitalismo adotado no mundo após a crise do feudalismo. Nesse período ainda não existia uma forte industrialização nos países da Europa, sendo quase inexistente;

- Capitalismo industrial ou industrialismo: o capitalismo industrial é uma nova fase do sistema econômico, surgido em meio a um processo de revoluções políticas e tecnológicas na segunda metade do século XVIII. A partir daí ocorre a lenta superação do capitalismo comercial, mais conhecido como mercantilismo, que surgiu no final do século XIV e vigorou até então;

- Capitalismo financeiro ou monopolista: é a fase do sistema capitalista caracterizada pelo crescimento da especulação financeira em torno de ações de empresas, juros, títulos de dívidas e outras formas de crédito que se transformaram em mercadorias, sendo comercializadas como tais;

- Capitalismo informacional: o capitalismo informacional corresponde ao conjunto de transformações provocadas pela revolução tecnológica sobre a dinâmica socioeconômica mundial. O capitalismo informacional é um termo criado pelo sociólogo espanhol Manuel Castells (CASTELLS, 2013).

---

(26) Disponível em: <https://pt.wikipedia.org/wiki/Revolu%C3%A7%C3%A3o_Industrial>. Acesso em: 25 maio 2021.

(27) Disponível em: <https://www.educamaisbrasil.com.br/enem/matematica/capitalismo-comercial>. Acesso em: 25 maio 2021.

O capitalismo é um sistema que objetiva a garantia do lucro. Sendo assim, todo aquele que detém o capital e os meios de produção busca obter o maior lucro possível por meio da atividade econômica exercida.

Uma das vantagens capitalistas é que nessa organização econômica as empresas tendem a ser mais eficientes e oferecer produtos de melhor qualidade, uma vez que a competição leva as empresas a buscarem serviços melhores e com mais agilidade.

Após a Segunda Guerra Mundial, o sistema capitalista foi defendido principalmente pelos Estados Unidos da América e seus aliados, como os principais países da Europa; já o socialismo passou a ser defendido pela então União Soviética e seus aliados.

O capitalismo e o socialismo correspondem a dois tipos distintos de sistemas político-econômicos. Como se verá, o capitalismo tem como objetivo principal a acumulação de capital através do lucro. Já o socialismo tem como base a socialização dos meios de produção, o bem comum a todos e a extinção da sociedade dividida em classes como objetivo final a ser alcançado.

Os grandes problemas do capitalismo relacionam-se com a busca excessiva por lucro, disputa por matérias-primas e recursos naturais, bem como a visão excessivamente individualista.

O capitalismo afeta a sociedade em muitos aspectos. Exige o trabalho para que se obtenha o sustento para a sobrevivência e o consumo — sua principal mola propulsora — para alimentar o próprio sistema. Existem países capitalistas em que há forte intervenção do Estado na economia, que busca desenvolver as forças produtivas, opondo-se assim ao liberalismo da acomodação da força de mercado.

O crescente processo de industrialização, urbanização, êxodo rural, concentração de massa nos grandes centros e trabalho assalariado foram fatores que mudaram radicalmente as concepções e estilos de vida nos últimos anos.

O conceito de sociedade de consumo[28] está ligado ao de economia de mercado, aquela que encontra o equilíbrio entre oferta e demanda através da livre circulação de capitais, produtos e pessoas, sem intervenção estatal, e, por fim, ao conceito de capitalismo.

Marx ativamente argumentava que a classe trabalhadora deveria realizar uma ação revolucionária organizada para derrubar o capitalismo e provocar mudanças socioeconômicas.

1.4.2.1. Capitalismo no Brasil

O capitalismo surgiu no Brasil a partir da colonização portuguesa, partindo da premissa que o mercantilismo foi a primeira forma de capitalismo no mundo. Porém o Brasil colonial era utilizado apenas como fonte de receita[29] e não usufruía dos benefícios que a metrópole detinha para si.

No que tange à configuração atual do capitalismo no Brasil, face ao exposto, pode-se dizer que ela é marcada por um elevado grau de concentração de capitais nos setores que produzem valor (capital produtivo) e que portam juros (capital financeiro).

O conceito de Capitalismo de Estado abrange dois significados distintos.

O primeiro significado referia-se aos países designados de socialistas (Cuba, por exemplo), que se caracterizavam por manter a exploração dos trabalhadores via extração da mais-valia[30], tal como no capitalismo privado, mas onde o Estado se transformava no principal proprietário. O Estado possuía o monopólio dos meios de produção, extraía a mais-valia e a redistribuía, além do investimento no processo de acumulação de capital, entre

---

(28) A sociedade de consumo é um termo bastante utilizado para representar os avanços de produção do sistema capitalista, que se intensificaram ao longo do século XX notadamente nos Estados Unidos e que, posteriormente, espalharam-se — e ainda vem se espalhando — pelo mundo. Disponível em: <https://mundoeducacao.uol.com.br/geografia/o-capitalismo-sociedade-consumo.htm>. Acesso em: 25 maio 2021.

(29) Disponível em: <https://www.gov.br/receitafederal/pt-br/acesso-a-informacao/institucional/memoria/memoria-fazendaria/arrecadacao-de-impostos-no-brasil-colonial>. Acesso em: 25 maio 2021.

(30) Disponível em: <https://www.politize.com.br/mais-valia/>. Acesso em: 25 maio 2021.

os burocratas, que passavam a usufruir de diversos privilégios, formando uma burguesia de Estado. Atualmente tal modelo sofre alterações, em virtude da incorporação do conceito de propriedade privada.

O segundo conceito envolve países capitalistas com forte intervenção do Estado na economia, onde este se esforça para desenvolver as forças produtivas, opondo-se assim ao liberalismo.

O Brasil é considerado pela doutrina internacional um país com modelo de capitalismo de estado do segundo tipo. O estado brasileiro tem participações em mais de 630 (seiscentos e trinta) empresas, envolvidas em um terço do PIB nacional(31).

1.4.3. Socialismo

O termo socialismo aplica-se às várias teorias de organização econômica que advogam a administração e propriedade pública ou coletiva dos meios de produção e distribuição de bens, objetivando construir uma sociedade com igualdade de oportunidades para todos os indivíduos, que assim serão compensados de forma isonômica.

O socialismo moderno surgiu no final do século XVIII(32), tendo origem na classe intelectual e nos movimentos políticos da classe trabalhadora, que criticavam os efeitos da industrialização e da propriedade privada sobre a sociedade. Karl Marx afirmava que a luta de classes(33) era responsável pela realidade social, e que este conflito inevitavelmente resultaria no socialismo através de uma revolução do proletariado, tornando-se uma fase de transição do capitalismo para um novo modelo de sociedade que não seria dividido em classes sociais hierárquicas, mas sim num novo modelo, essencialmente comunista.

---

(31) Disponível em: <https://economia.estadao.com.br/noticias/geral,governo-descobre-ter-fatia-em-637-empresas,70003036336>. Acesso em: 25 maio 2021.

(32) Disponível em: <https://mundoeducacao.uol.com.br/geografia/o-socialismo.htm>. Acesso em: 25 maio 2021.

(33) Disponível em: <https://www.estudopratico.com.br/entenda-o-termo-luta-de-classes-segundo-karl-marx/>. Acesso em: 25 maio 2021.

Os socialistas defendem, em síntese, que o capitalismo concentra injustamente a riqueza e o poder nas mãos de um pequeno segmento da sociedade — denominado por Marx de burguesia — que assim controla o capital e deriva a sua riqueza da exploração de outras classes sociais, criando uma sociedade desigual, que não oferece oportunidades iguais a todos os seus integrantes.

Friedrich Engels, um dos fundadores da teoria socialista moderna, e o socialista utópico Henri de Saint-Simon, defendem a criação de uma sociedade que permita a aplicação generalizada das tecnologias modernas de racionalização da atividade econômica, eliminando o caos na produção do capitalismo[(34)]. Isto permitiria que a riqueza e o poder fossem distribuídos com base na quantidade de trabalho despendido na produção, embora não haja concordância entre os socialistas sobre como e em que medida isso poderia ser alcançado.

O socialismo não é uma filosofia de doutrina e programa fixos; seus ramos defendem um certo grau de intervencionismo social e racionalização econômica (geralmente sob a forma de planejamento econômico), às vezes opostas entre si, como o socialismo de estado e o socialismo libertário[(35)]. Uma característica da divisão do movimento socialista é entre os reformistas, chamados de socialistas democráticos, e revolucionários sobre como uma economia socialista deveria ser estabelecida. Alguns socialistas defendem a nacionalização completa dos meios de produção, distribuição e troca, outros defendem o controle estatal do capital no âmbito de uma economia de mercado.

A reação operária aos efeitos da Revolução Industrial fez surgir críticos ao progresso industrial que propunham reformulações sociais e a construção de uma sociedade mais justa. Os primeiros socialistas, ao formularem profundas críticas ao progresso industrial, ainda estavam impregnados de valores liberais. Atacavam os grandes proprietários, mas tinham, em geral, muita estima pelos pequenos, acreditando ser possível haver um acordo

(34) Disponível em: <https://pt.wikipedia.org/wiki/Socialismo>. Acesso em: 25 maio 2021.

(35) Disponível em: <https://www.infoescola.com/politica/socialismo-libertario/>. Acesso em: 25 maio 2021.

entre as classes sociais. Elaboraram soluções que não chegaram, porém, a constituir uma doutrina, e sim modelos idealizados, sendo por isso chamados de utópicos.

Um dos principais teóricos dessa fase inicial do socialismo era o conde francês Claude de Saint-Simon, que havia aderido à Revolução de 1789. Um racionalista, como a maioria de seus contemporâneos, propôs, em Cartas de um Habitante de Genebra (1802), a formação de uma sociedade em que não haveria ociosos (como ele considerava os militares, os religiosos, os nobres e os magistrados) nem a exploração econômica de grupos de indivíduos por outros. Propôs, ainda, a divisão da sociedade em três classes: os sábios, os proprietários e os que não tinham posses. O governo seria exercido por um conselho formado por sábios e artistas[(36)].

Outro teórico da fase inicial do socialismo foi o francês Charles Fourier, que, ao lado de Pierre Leroux, teria sido um dos primeiros a utilizar a palavra "socialismo"[(37)]. Filho de comerciantes, era herdeiro da ideia de Jean-Jacques Rousseau de que o homem é naturalmente bom, mas a sociedade e as instituições o pervertem. Acreditava ser possível reorganizar a sociedade a partir da criação de *falanstérios*, fazendas coletivas agroindustriais. Nunca conseguiu o apoio de empresários para levar o projeto adiante, apesar de alegar que os *falanstérios* superariam a desarmonia capitalista, surgida da divisão do trabalho e do papel anárquico exercido pelo comércio na sociedade. Após sua morte, alguns *falanstérios* surgiram no continente americano, como os de Réunion e da Falange Norte-americana nos Estados Unidos[(38)] e o do Saí no Brasil[(39)].

---

(36) Disponível em: <https://www.ebiografia.com/conde_de_saint_simon/>. Acesso em: 25 maio 2021.

(37) Disponível em: <https://www.sabedoriapolitica.com.br/economia-politica/socialismo/>. Acesso em: 25 maio 2021.

(38) Disponível em: <https://pt.wikipedia.org/wiki/Falange_Norte-Americana_(falansterio)>. Acesso em: 25 maio 2021.

(39) Disponível em: <https://pt.wikipedia.org/wiki/Falanst%C3%A9rio_do_Sa%C3%AD>. Acesso em: 25 maio 2021.

A expressão "socialismo" foi consagrada por Robert Owen na anglofonia a partir de 1834[(40)]. Jovem administrador de uma fábrica de algodão em Manchester, observou de perto as condições desumanas de trabalho e se revoltou com as perspectivas vislumbradas a partir do desenvolvimento industrial. Defendendo a impossibilidade de se formar um ser humano superior (o "Novo Homem") no interior de um sistema egoísta e explorador como o capitalismo, buscou a criação de uma comunidade ideal, de igualdade absoluta.

Na Escócia, onde assumiu o controle de algumas fábricas de algodão em New Lanark por 25 anos, Owen chegou a aplicar suas ideias, implantando uma comunidade de alto padrão, na qual as pessoas trabalhavam dez horas por dia e tinham acesso à instrução de alto nível. O sucesso da cooperativa e suas críticas à propriedade privada e à religião levaram Owen a abandonar a Grã-Bretanha e a se refugiar nos Estados Unidos, onde fundou a comunidade de New Harmony no estado da Indiana. Após presenciar, em seu retorno ao Reino Unido, a falência de suas cooperativas, dedicou-se, no fim da vida, à organização de sindicatos.

O socialismo é um sistema político e econômico baseado na igualdade, que visa uma sociedade sem classes, onde bens e propriedades passam a ser de todos. O objetivo é acabar com as grandes diferenças econômicas entre os indivíduos, ou seja, a divisão entre pobres e ricos.

É um sistema econômico e social baseado no fim dos meios de produção privados e na centralização do poder nas mãos do Estado. Com o sistema socialista, a renda torna-se igualitária, indiferente da função, e se acaba com a divisão de classes. Neste caso, o Estado socialista decide tudo por todos. Suas principais características[(41)] são:

• intervenção do Estado;

• distribuição equilibrada de renda;

---

(40) Disponível em: <https://brasilescola.uol.com.br/biografia/robert-owen.htm>. Acesso em: 25 maio 2021.

(41) Disponível em: <https://brasilescola.uol.com.br/geografia/as-caracteristicas-socialismo.htm>. Acesso em: 25 maio 2021.

- socialização dos meios de produção;
- inexistência de sistema de classes;
- economia planificada;
- oposição ao capitalismo; e
- subordinação do interesse individual ao interesse geral.

Em tese a principal vantagem do Estado socialista seria evitar oscilações na economia, em virtude do controle central do governo. Assim, parte-se da premissa que a economia seria mais constante e sustentável, com maior oferta de emprego.

No entanto, na prática não existem exemplos de experiências socialistas de sucesso, talvez porque o sistema seja incompatível com os princípios fundamentais do comportamento humano. O fracasso do socialismo em países do mundo inteiro pode ser remontado a um defeito crítico: não existem incentivos, não se valoriza a eficiência. Em uma economia capitalista, ao contrário, os incentivos têm a maior importância[(42)].

1.4.4. Comunismo

Comunismo (do latim *communis*, comum, universal) é uma ideologia política e socioeconômica, que pretende promover o estabelecimento de uma sociedade igualitária, sem classes sociais e apátrida, baseada na propriedade comum dos meios de produção[(43)].

Um dos seus principais mentores filosóficos, Karl Marx, postulou que o comunismo seria a fase final do desenvolvimento da sociedade humana e que isso seria alcançado através de uma revolução proletária, isto é, uma revolução encabeçada pelos trabalhadores das cidades e do campo[(44)].

(42) Disponível em: <https://ambitojuridico.com.br/edicoes/revista-171/intervencao-do-estado-na-economia/>. Acesso em: 25 maio 2021.

(43) Disponível em: <https://www.stoodi.com.br/blog/historia/comunismo/>. Acesso em: 25 maio 2021.

(44) Disponível em: <https://www.politize.com.br/comunismo-o-que-e/>. Acesso em: 25 maio 2021.

Nos termos formulados por Friedrich Engels, o comunismo é a doutrina das condições de libertação do proletariado[45].

No sentido marxista, refere-se portanto a uma sociedade sem classes (sociedade regulada), sem Estado (ácrata ou apátrida) e livre de quaisquer tipos de opressão, onde as decisões sobre o que produzir e quais as políticas devem prosseguir são tomadas democraticamente e permitindo dessa maneira que cada membro da sociedade organizada possa participar do processo, tanto na esfera política e econômica da vida pública e/ou privada[46].

Marx nunca forneceu uma descrição detalhada de como o comunismo poderia funcionar como um sistema econômico (tal foi feito, por Lenin), mas subentende-se que uma economia comunista consistiria na propriedade comum dos meios de produção, culminando com a negação do conceito de propriedade privada do capital, que se refere aos meios de produção na terminologia marxista.

No uso moderno, o comunismo é, muitas vezes, usado para se referir ao bolchevismo, na Rússia[47]. Como um movimento político, o sistema comunista teve governos, em regra, com uma preocupação de fundo para com o bem-estar do proletariado, segundo o princípio "de cada qual segundo as suas capacidades, a cada qual segundo as suas necessidades"[48].

Como uma ideologia política, o comunismo é via de regra considerado como a etapa final do socialismo. Já o socialismo consiste num grupo amplo de filosofias econômicas e políticas ligadas a vários movimentos políticos e intelectuais e a trabalhos de teóricos da Revolução Industrial e da Revolução Francesa. O socialismo seria uma fase prévia necessária de acumulação de capital, antes do advento do comunismo. O comunismo pode-se dizer que é o contrário do capitalismo, oferecendo uma alternativa para os problemas da economia de mercado capitalista e do legado do imperialismo e do nacionalismo.

(45) Disponível em: <https://pt.wikipedia.org/wiki/Comunismo>. Acesso em: 25 maio 2021.

(46) Disponível em: <https://conteudojuridico.com.br/consulta/artigos/55272/a-abolio-do-estado-na-concepo-marxista>. Acesso em: 25 maio 2021.

(47) Disponível em: <https://pt.wikipedia.org/wiki/Comunismo>. Acesso em: 25 maio 2021.

(48) Disponível em: <https://pt.wikipedia.org/wiki/Comunismo>. Acesso em: 25 maio 2021.

Marx afirma que a única maneira de resolver esses problemas seria pela classe trabalhadora (proletariado), que, segundo Marx, são os principais produtores de riqueza na sociedade e são explorados pelos capitalistas de classe (burguesia). A classe trabalhadora substituiria a burguesia, a fim de estabelecer uma sociedade livre, sem classes ou divisões raciais.

As formas dominantes de comunismo, como o leninismo e o maoísmo, são baseadas no marxismo, embora cada uma dessas formas tenha modificado as ideias originais(49). Também existem versões não marxistas do comunismo, como o comunismo cristão(50) e o anarcocomunismo(51).

As doutrinas comunistas mais antigas, anteriores à Revolução Industrial, punham toda a ênfase nos aspectos distributivistas, colocando a igualdade social, isto é, a abolição das classes e estamentos, como o objetivo supremo.

Com Karl Marx (1818-1883) e Friedrich Engels (1820-1895), fundadores do chamado socialismo científico(52), a ênfase deslocou-se para a plena satisfação das necessidades humanas, possibilitada pelo desenvolvimento tecnológico: mediante a elevação da produtividade do trabalho humano, a tecnologia proporcionaria ampla abundância de bens, cuja distribuição poderia deixar de ser antagônica, realizando-se a igualdade numa situação de bem-estar geral.

A partir dessa formulação, que teve uma profunda influência sobre o comunismo contemporâneo, a sociedade comunista seria o coroamento de uma longa evolução histórica. Os regimes anteriores, principalmente o capitalismo e o socialismo, cumpririam o seu papel histórico ao promover o aumento da produtividade e, portanto, as pré-condições da abundância, que caberia ao comunismo transformar em plena realidade. Enquanto o

---

(49) Disponível em: <https://pt.wikipedia.org/wiki/Marxismo-Leninismo>. Acesso em: 25 maio 2021.

(50) Disponível em: <https://pt.wikipedia.org/wiki/Comunismo_crist%C3%A3o>. Acesso em: 25 maio 2021.

(51) Disponível em: <https://pt.wikipedia.org/wiki/Anarcocomunismo>. Acesso em: 25 maio 2021.

(52) Disponível em: <https://pt.wikipedia.org/wiki/Socialismo_científico>. Acesso em: 25 maio 2021.

capitalismo desempenha esse papel mediante a emulação da concorrência, o socialismo deveria manter, em certa medida, essa emulação ao repartir os bens ainda escassos "a cada um segundo o seu trabalho"[(53)]. Só o comunismo, que corresponderia ao pleno "reino da liberdade e da abundância", poderia instaurar a repartição segundo o princípio de "a cada um segundo sua necessidade".

1.4.5. Social-democracia

A social-democracia[(54)] é uma ideologia política que apoia intervenções econômicas e sociais do Estado para promover justiça social dentro de um sistema capitalista, e uma política envolvendo Estado de bem-estar social, sindicatos e regulação econômica, assim promovendo uma distribuição de renda mais igualitária e um compromisso para com a democracia representativa.

É uma ideologia política originalmente de centro-esquerda, surgida no fim do século XIX dentre os partidários de Ferdinand Lassalle, que acreditavam que a transição para uma sociedade socialista deveria ocorrer sem uma revolução, mas sim, em oposição à ortodoxia marxista, por meio de uma gradual reforma legislativa do sistema capitalista, com a finalidade precípua de o tornar mais igualitário[(55)].

O conceito de social-democracia tem mudado com o passar das décadas desde sua introdução. A diferença fundamental entre a social-democracia e outras formas de ideologia política, como o marxismo ortodoxo, é a crença na supremacia da ação política em contraste à supremacia da ação econômica ou do determinismo econômico-socioindustrial[(56)].

Historicamente, os partidos sociais-democratas advogaram o socialismo de maneira estrita, a ser atingido através da luta de classes. No início do século XX, entretanto, vários partidos socialistas começaram a rejeitar a

(53) Disponível em: <https://www1.folha.uol.com.br/fsp/1996/8/12/opiniao/9.html>. Acesso em: 25 maio 2021.

(54) Disponível em: <https://www.politize.com.br/social-democracia-o-que-e/>. Acesso em: 25 maio 2021.

(55) Disponível em: <https://revistas.ufg.br/revfd/article/view/9801>. Acesso em: 25 maio 2021.

(56) Disponível em: <https://pt.wikipedia.org/wiki/Social-democracia>. Acesso em: 25 maio 2021.

revolução e outras ideias tradicionais do marxismo como a luta de classes, e passaram a adquirir posições mais moderadas. Essas posições mais moderadas incluíram a crença de que o reformismo era uma maneira possível de atingir o socialismo.

Dessa forma, a social-democracia moderna se desviou do socialismo científico, aproximando-se da ideia de um Estado de bem-estar social-democrático, e incorporando elementos tanto do socialismo como do capitalismo.

Os social-democratas tentam reformar o capitalismo democraticamente através de regulação estatal e da criação de programas que diminuem ou eliminem as injustiças sociais inerentes ao capitalismo, tais como Rendimento Social de Inserção (Portugal), Bolsa Família (Brasil) e *Opportunity NYC*(57). Esta abordagem difere significativamente do socialismo tradicional, que tem, como objetivo, substituir o sistema capitalista por um novo sistema econômico, que possuiria assim como principal característica a propriedade coletiva dos meios de produção pelos trabalhadores.

Atualmente em vários países os sociais-democratas atuam em conjunto com os socialistas democráticos, que se situam à esquerda da social-democracia no espectro político. No final do século XX, alguns partidos sociais-democratas, como o Partido Trabalhista britânico e o Partido Social-Democrata da Alemanha, começaram a flertar com políticas econômicas neoliberais, originando o que foi caracterizado de "Terceira Via". Isto gerou, além de grande controvérsia, uma grave crise de identidade entre os membros e eleitores desses partidos(58).

A social-democracia se distingue do liberalismo econômico. Enquanto a social-democracia defende benefícios sociais universais e uma extensa regulação econômica, o liberalismo apoia benefícios sociais pontuais e a liberdade econômica mais ampla(59).

(57) Disponível em: <https://repositorio.utfpr.edu.br/jspui/handle/1/4793?mode=full>. Acesso em: 25 maio 2021.

(58) Disponível em: <https://www.passeidireto.com/arquivo/90700523/trabalho-socialdemocracia>. Acesso em: 25 maio 2021.

(59) Disponível em: <https://brasilescola.uol.com.br/sociologia/social-democracia.htm>. Acesso em: 25 maio 2021.

1.4.5.1. A social-democracia no Brasil

No Brasil, o Partido Democrático Trabalhista (PDT) integra a Internacional Socialista, órgão que reúne partidos identificados como representantes da ideologia social-democrata em todo o mundo. O PDT foi fundado por Leonel Brizola, após ter perdido na Justiça o direito de usar a sigla do Partido Trabalhista Brasileiro (PTB) — partido de Getúlio Vargas extinto após o golpe de 1964 — para Ivete Vargas, sobrinha de Getúlio.

O Partido da Social Democracia Brasileira (PSDB), assim como o Partido Social Democrático (PSD), traz a nomenclatura social-democracia em sua legenda. É representante da terceira via, atuando em defesa de uma proposta social-democrata de menor controle estatal sobre a economia. Entre suas ações enquanto governo, pode-se destacar a defesa da privatização de alguns setores estatais, o fortalecimento das agências reguladoras, a redução de gastos públicos, a defesa do direito à propriedade intelectual e a implementação do Bolsa Escola no âmbito federal. Por influência de Brizola, o PSDB foi rejeitado na Internacional Socialista, sob a alegação de que se aliara à direita (PFL) para governar.

No cenário político brasileiro, o Partido dos Trabalhadores (PT) se distanciou da ideologia política do PSDB. Ao contrário do PSDB, o PT, ligado à Central Única dos Trabalhadores (CUT), nasceu com ampla base operária. Histórico defensor do socialismo por vias democráticas, a atuação do PT no governo federal, onde fez a defesa de maior controle estatal sobre a economia e de programas de assistência social, fez com que especialistas identificassem o PT como um partido social-democrata, apesar da resistência de membros do partido de se auto intitularem como tal. De fato, durante os últimos anos do governo Lula, cresceu novamente a força do grupo dentro do partido que ainda defende a "utopia socialista" como objetivo final de sua luta[60].

(60) Disponível em: <https://mundoeducacao.uol.com.br/sociologia/social-democracia.htm>. Acesso em: 25 maio 2021.

1.5. Impacto das Grandes Guerras Mundiais

O cenário político, social e econômico contemporâneo foi fortemente impactado ainda pela Primeira e pela Segunda Guerras Mundiais. Tais conflitos trouxeram grande impacto na forma de buscar soluções diplomáticas, evitando assim grandes confrontos e suas consequências.

Após a Segunda Guerra Mundial, a Guerra Fria protagonizada pelos Estados Unidos da América e pela então União Soviética alcançaram níveis de tensão e uma verdadeira corrida armamentista, em níveis nunca vistos. Entre outros eventos, a instalação de misseis soviéticos na Baía dos Porcos, em Cuba(61), quase levou o mundo a uma nova Grande Guerra, evitada por muita diplomacia — e ameaças — e pela interferência de organismos internacionais.

Assim, é de suma importância tecer algumas considerações acerca do cenário que envolveu tais conflitos de efeitos mundiais.

1.5.1. Pré-Primeira Guerra Mundial

Na segunda metade do século XIX, muitos partidos políticos europeus se definiam como sendo sociais-democratas. Como exemplo, pode-se citar a Associação Geral dos Trabalhadores Alemães, o Partido Social Democrata dos Trabalhadores da Alemanha (que se fundiram para dar origem ao Partido Social-Democrata da Alemanha ou SPD), a Federação Social Democrata Britânica e o Partido Operário Social-Democrata Russo(62).

Na maioria dos casos, esses partidos eram declaradamente socialistas revolucionários, visando não só a introdução do socialismo, mas também a democracia em nações com poucas instituições democráticas. A maioria destes partidos era influenciada pelas obras de Karl Marx e Friedrich Engels, que na época estavam trabalhando para influenciar a política europeia continental em Londres.

---

(61) Disponível em: <https://super.abril.com.br/mundo-estranho/o-que-foi-a-invasao-da-baia-dos-porcos/>. Acesso em: 25 maio 2021.

(62) Disponível em: <https://pt.wikipedia.org/wiki/Social-democracia>. Acesso em: 25 maio 2021.

O movimento social-democrata moderno se concretizou através de uma ruptura no movimento socialista no início do século XX[63]. Em linhas gerais, esta ruptura se originou na divisão de crenças entre aqueles que insistiam na revolução política como pré-condição para atingir o socialismo e os que defendiam que era possível e desejável atingir o socialismo através de uma evolução política gradual. Na mesma época surgiram vários movimentos, tais como o pacifismo, o anarquismo e o sindicalismo, formados por indivíduos que se separaram do movimento socialista preexistente e mantinham uma série de objeções diferentes ao marxismo ortodoxo.

Os sociais-democratas, que fundaram as principais organizações socialistas da época, não rejeitavam o marxismo. Um número significativo de partidários do movimento social-democrata queria revisar alguns dos raciocínios de Marx, com a finalidade de promulgar uma crítica menos hostil ao capitalismo. Argumentavam que o socialismo deveria ser atingido mediante a evolução da sociedade, e não por uma revolução. De fato, Marx havia declarado ser possível estabelecer o comunismo ou socialismo por uma revolução pacífica e democrática em alguns países. Essa ideia também foi desenvolvida por Friedrich Engels e, principalmente, por Karl Kautsky[64].

O revisionismo também buscava alterar alguns pontos teóricos básicos do marxismo, principalmente devido à influência do darwinismo e de Immanuel Kant. Esta visão era fortemente condenada pelos socialistas revolucionários, que argumentavam que qualquer tentativa de reformar o capitalismo estava fadada ao fracasso, uma vez que os reformistas seriam gradualmente corrompidos e, eventualmente, se transformariam em capitalistas eles próprios.

Os reformistas e os socialistas revolucionários permaneceram unidos durante a Segunda Internacional até a eclosão da Primeira Guerra Mundial[65].

(63) Disponível em: <https://www.passeidireto.com/arquivo/54350777/aula-03-social-democracia>. Acesso em: 25 maio 2021.

(64) Disponível em: <https://www.scielo.br/j/ln/a/Nx9XGyKzZTphpQGNHtz6nJS/?lang=pt>. Acesso em: 25 maio 2021.

(65) Disponível em: <https://edisciplinas.usp.br/pluginfile.php/3075475/mod_resource/content/0/Origens%20da%20Internacional%20Comunista%20%20Osvaldo%20Coggiola.pdf>. Acesso em: 25 maio 2021.

Uma opinião dissonante sobre a legitimidade da guerra provou ser a gota d'água desta união tênue[66]. Os socialistas reformistas apoiavam seus governos nacionais na guerra, fato que foi visto pelos socialistas revolucionários como a traição definitiva contra a classe trabalhadora. Os socialistas revolucionários acreditavam que essa postura traiu o princípio de que os trabalhadores de todas as nações deveriam se unir na derrubada do capitalismo, e lamentaram o fato de que geralmente as pessoas de classes mais baixas é que são as enviadas para lutar e morrer na guerra.

Discussões amargas surgiram dentro dos partidos socialistas, como por exemplo, entre Eduard Bernstein, líder socialista reformista, e Rosa Luxemburgo, líder dos socialistas revolucionários, dentro do SPD na Alemanha[67].

Após a Revolução Russa de 1917, a maioria dos partidos socialistas do mundo se viram fraturados. Os socialistas reformistas mantiveram o nome de social-democratas, enquanto os socialistas revolucionários começaram a chamar a si mesmos de comunistas[68], formando o movimento comunista moderno. Estes partidos comunistas logo formaram uma internacional exclusiva deles, a Terceira Internacional, conhecida mundialmente como Comintern[69].

Na década de 1920, as diferenças doutrinárias entre os sociais-democratas e os comunistas de todas as facções (marxistas ortodoxos, como os bolcheviques) tinham se solidificado. Estas diferenças só se tornaram cada vez mais dramáticas com o passar dos anos.

1.5.2. Pós-Segunda Guerra Mundial

Após a Segunda Guerra Mundial, na sequência da cisão entre os social-democratas e comunistas, uma outra divisão surgiu no âmbito do

(66) Disponível em: <https://agmonteiro.wordpress.com/2019/04/25/a-social-democracia/>. Acesso em: 25 maio 2021.

(67) Disponível em: <https://www.terra.com.br/noticias/educacao/historia/rosa-luxemburgo-contra-o-reformismo,ddc0f2a0646b8305f3a8c8d2d2b21617q5mpcbp6.html>. Acesso em: 25 maio 2021.

(68) Disponível em: <https://pt.wikipedia.org/wiki/Social-democracia>. Acesso em: 25 maio 2021.

(69) Disponível em: <https://www.marxists.org/portugues/dicionario/verbetes/i/internacional.htm>. Acesso em: 25 maio 2021.

próprio movimento social-democrata. Aqueles que acreditavam que ainda era necessário abolir o capitalismo (sem revolução) e substituí-lo por um sistema socialista democrático através da via parlamentar se opunham àqueles que acreditavam que o sistema capitalista poderia ser mantido, mas precisava de uma reforma drástica, como a nacionalização das grandes empresas, a implementação de programas sociais (educação pública, sistema de saúde universal, e assim por diante) e a redistribuição parcial de riqueza através da criação de um estado de bem-estar permanente baseado na tributação progressiva.

A maioria dos partidos sociais-democratas se viu dominada pela última visão e, na era pós-Segunda Guerra Mundial, abandonou, por completo, o compromisso de abolir o capitalismo. Por exemplo, em 1959, o SPD alemão aprovou o Programa Godesberg, que rejeitou a luta de classes e o marxismo[(70)].

Enquanto os termos "social-democrata" e "socialista democrático" continuaram a ser utilizados de forma indiscriminada desde então, até a década de 1990, no mundo anglófono, pelo menos, os termos ainda denominavam, respectivamente, adeptos da visão de que não era mais necessário implementar o socialismo e de que ainda era necessário implementar o socialismo.

Na Itália, o Partido Socialista Democrático Italiano, fundado em 1947, deu as bases para aquilo que ficaria, mais tarde, conhecido como "Terceira Via"; uma aliança dos sociais-democratas com os partidos de centro. Desde o final da década de 1980, com a queda do Muro de Berlim, vários partidos sociais-democratas tradicionais adotaram a "Terceira Via", tanto formalmente quanto na prática.

No Brasil, o Partido da Social Democracia Brasileira surge como um partido de "Terceira Via" propriamente dito, desconectado de sindicatos ou outros movimentos trabalhistas, diferentemente dos partidos sociais-democratas tradicionais. Os social-democratas modernos são, em geral, a favor de uma economia mista, capitalista sob vários aspectos, mas defendendo, explicitamente, o apoio governamental de certos serviços sociais.

---

(70) Disponível em: <https://pt.slideshare.net/aparecidab3/a-social>. Acesso em: 25 maio 2021.

Muitos partidos sociais-democratas trocaram seus objetivos tradicionais de justiça social para questões como direitos humanos e preservação ambiental. Nisto, estão enfrentando um desafio crescente dos Partidos Verdes, que veem a ecologia como fundamental para a paz, exigindo uma reforma das fontes de capital e promovendo medidas de segurança para garantir um comércio que não fira a integridade ecológica. Em países como a Alemanha, a Noruega e a Suécia, os Verdes e os Sociais-Democratas cooperam em alianças chamadas de "vermelhas-verdes"(71).

(71) Disponível em: <https://agmonteiro.wordpress.com/2019/04/25/a-social-democracia/>. Acesso em: 25 maio 2021.

Capítulo 2

Marcos Jurídicos

É de suma importância contextualizar a relação entre o enfrentamento a crises de impactos mundiais e as escolas do direito, para então se traçar um paralelo com o sistema jurídico em determinado momento histórico.

Na presente obra, essa relação foi denominada de marcos jurídicos, que serão objeto de uma breve análise.

2.1. Jusnaturalismo

O jusnaturalismo é uma doutrina segundo a qual existe um "direito natural" (*ius naturale*), ou seja, um sistema de normas de conduta intersubjetiva diverso do sistema constituído pelas normas fixadas pelo Estado (direito positivo)(72).

O direito natural é definido então como o resultado dos princípios mais gerais sobre a ordem do mundo, aptos a serem suscitados para se aos governantes injustos (LECLERCQ, 2012, p. 20-21).

O romano Cícero defende a existência de uma lei "verdadeira", conforme a razão, imutável e eterna, que não muda com os países e com os tempos, sustentando que o homem não poderia violar a própria natureza humana. Conforme se lê na sua República, "existe uma lei verdadeira, que é a reta razão, conforme com a natureza, presente em todos, imutável e imperecível".

Na definição de Thomas Hobbes, uma Lei de Natureza (*lex naturalis*) é um preceito ou regra geral, estabelecido pela razão, mediante o qual se proíbe a um homem fazer tudo o que possa para destruir a sua própria vida ou privá-lo dos meios necessários para a preservar, ou omitir aquilo que pense melhor contribuir para a preservar (HOBBES, 2020, p. 112).

(72) Disponível em: <https://enciclopediajuridica.pucsp.br/verbete/63/edicao-1/direito-natural-e-jusnaturalismo>. Acesso em: 25 maio 2021.

A corrente jusnaturalista defende que o direito é independente da vontade humana, pois existe antes mesmo do homem e, principalmente, acima das próprias leis do homem[(73)]. Para os jusnaturalistas o direito é algo natural e tem como pressuposto os valores do ser humano, e busca sempre um ideal de justiça. Exemplificativamente, o direito à vida que todo o cidadão possui decorre do direito jusnaturalista, mas é positivado em nossa constituição.

O jusnaturalismo ou o direito natural é a corrente de pensamento jurídico-filosófica que pressupõe a existência de uma norma de conduta intersubjetiva universalmente válida e imutável, fundada sobre a peculiar ideia da natureza preexistente em qualquer forma de direito positivo que possa formar o melhor ordenamento (BOBBIO, 1999, p. 22).

Norberto Bobbio, pautando-se em um critério histórico-social, divide a doutrina jusnaturalista em três fases: clássica, medieval e moderna (BOBBIO, 1999, p. 15, 19 e 26).

A concepção jusnaturalista foi o resultado de transformações econômicas e sociais que impuseram mudanças na concepção de poder do Estado, que passou a ser compreendido como uma instituição criada pelo consentimento dos indivíduos, por intermédio do contrato social.

Para o jusnaturalismo, é o valor justiça — valor reconhecido *a priori* — que conduz à verdade. Um dos principais teóricos da lei natural foi Tomás de Aquino. A tese por ele sustentada está em o Direito Natural conter primeiro a lei eterna e, em segundo lugar, a razão humana, que já se apresenta promulgada por Deus.

O século XX é dominado pelo positivismo científico, ao priorizar um tratamento empírico dos fenômenos estudados, não havendo espaço para as especulações abstratas e metafísicas do direito natural.

Os principais representantes do jusnaturalismo são: Maquiavel e La Boétie. O jusnaturalismo sustenta que o verdadeiro direito reside na natureza das coisas, na natureza humana ou ainda na religião ou na razão, que seriam ainda aspectos, por assim dizer, naturais.

---

(73) Disponível em: <https://duduhvanin.jusbrasil.com.br/artigos/189321440/jusnaturalismo-e-juspositivismo>. Acesso em: 25 maio 2021.

O jusnaturalismo é portanto uma concepção segundo a qual existe e pode ser conhecido um direito natural, ius naturale, ou seja, um sistema de normas de conduta intersubjetiva diverso do sistema constituído pelas normas fixadas pelo Estado, direito positivo (BOBBIO, 1992, p. 655).

Um dos mais antigos autores jusnaturalistas foi Aristóteles (324-322 a.C.), cuja influência na história do conhecimento ocidental se faz sentir até os dias de hoje.

Para Thomas Hobbes, o estado de natureza é o direito e a liberdade de cada um para usar todo o seu poder (inclusive força) para preservar a sua natureza e satisfazer os seus desejos. Como a violência é uma possibilidade constante, podendo ocorrer da forma mais imprevisível, então, para assegurar a paz e a segurança, os homens devem concordar conjuntamente em renunciar aos direitos de natureza (uso individual e privado da força) em nome de um soberano. É o denominado contrato social[(74)].

John Locke, preocupado em encontrar respostas para graves conflitos políticos e religiosos do século XVII, questionava: como criar uma teoria apta a conciliar a liberdade dos cidadãos com a manutenção da ordem política?[(75)] Locke, assim como Hobbes, defende que apenas o contrato social torna legítimo o poder do Estado. Embora não considere o estado de natureza como uma situação de guerra, entende que cada indivíduo é juiz da sua própria causa, o que pode deixar as relações entre os homens desestabilizadas. Uma vez que Locke considera o trabalho como fundamento de onde se originou a propriedade, o contrato social é de suma importância para a sua preservação.

(74) Os chamados "contratualistas" são os filósofos que defendiam que o homem e o Estado fizeram uma espécie de acordo — um contrato — a fim de garantir a sobrevivência. O ser humano, segundo os contratualistas, vivia no chamado Estado Natural (ou estado de natureza), onde não conhecia nenhuma organização política. A partir do momento em que o ser humano se sente ameaçado, passa a ter necessidade de se proteger. Para isso, vai precisar de alguém maior e imparcial, que possa garantir seus direitos naturais. Assim, o ser humano aceita abdicar sua liberdade para se submeter às leis da sociedade e do Estado. Por sua parte, o Estado se compromete em defender o homem, o bem comum e dar condições para que ele se desenvolva. Esta relação entre o indivíduo e o Estado é chamado de contrato social. Disponível em: <https://www.todamateria.com.br/contrato-social/>. Acesso em: 25 maio 2021.

(75) Disponível em: <https://suellany.jusbrasil.com.br/artigos/423364094/jusnaturalismo-e-juspositivismo-qual-a-diferenca>. Acesso em: 25 maio 2021.

É a necessidade de superar as possíveis ameaças contra a propriedade (vida, liberdade, bens) que leva os homens a se unirem e estabelecerem livremente entre si o contrato social, que realiza a passagem do estado de natureza para a sociedade política ou civil.

Dentro do jusnaturalismo, existem algumas vertentes:

• Jusnaturalismo cosmológico[(76)]: justiça natural emanada da ordem cósmica, que instiga os indivíduos a fazer o bem e evitar fazer o mal. Afirma que a força da natureza se impõe sobre todos nós, e que os indivíduos sempre se adaptam a ela, inclusive quando se organizam em comunidades e criam leis;

• Jusnaturalismo teológico[(77)]: tem como fundamento jurídico a ideia da divindade como um ser onipotente, onisciente e onipresente. Parte da corrente que acredita que todos têm total condição de evitar o mal e fazer o bem, pois as leis foram gravadas no coração de cada indivíduo, por Deus; e

• Jusnaturalismo racionalista[(78)]: tem como fundamento a razão humana universal, afasta o vínculo teológico. Afirma que todos os indivíduos são racionais e têm total condição de respeitar as leis. A desobediência seria como negar a própria humanidade.

Ao contrário do que defende a corrente jusnaturalista, a corrente juspositivista acredita que só pode existir o direito e a justiça através de normas positivadas, ou seja, emanadas pelo Estado com o poder coercivo, todas as normas escritas pelos homens por intermédio do Estado. O direito positivo é aquele que o Estado impõe à coletividade, e que deve estar adaptado, de certa forma, aos princípios fundamentais do direito natural.

Principais diferenças:

• Jusnaturalismo: leis superiores, direito como produto de ideais (metafísico), valores como pressuposto e existência de leis naturais.

---

(76) Disponível em: <https://ambitojuridico.com.br/cadernos/direito-civil/a-ideia-de-sistema-nas-varias-concepcoes-jusnaturalistas/>. Acesso em: 21 maio 2021.

(77) Disponível em: <https://danielfelipem.jusbrasil.com.br/artigos/661674395/o-jusnaturalismo-teologico>. Acesso em: 25 maio 2021.

(78) Disponível em: <https://novo.arcos.org.br/kant/>. Acesso em: 25 maio 2021.

• Juspositivismo: leis impostas, leis como produto da ação humana (empírico-cultural), o próprio ordenamento positivo como pressuposto e existência de leis formais.

2.2. Positivismo

O positivismo jurídico está relacionado ao processo histórico de declínio do direito natural e a substituição das normas de origem religiosa e costumeira pelas leis estatais nas sociedades europeias da Idade Moderna. Trata-se do fenômeno que foi rotulado "surgimento da positividade do direito" (BOBBIO, 1999, p. 142).

Assim, as normas positivas são as que não existem desde toda a eternidade, mas sim aquelas que foram tornadas leis pela vontade daqueles que tiveram o poder soberano sobre a sociedade. Podem ser escritas, ou então dadas a conhecer aos homens por qualquer outro argumento da vontade do legislador (HOBBES, 2020, p. 242).

O positivismo jurídico encontra amparo na teoria pura do direito de Kelsen, que atribui ao sistema três características: a unidade, a coerência e a completitude. Para o direito positivo a unidade representa uma unidade formal, relativa ao modo pelo qual as normas são expostas, bem como originárias de uma norma fundamental (KELSEN, 1999, p. 139)

O positivismo jurídico defende concepção monista, identificando o Direito com o Estado, apontado como o detentor exclusivo da monopolização da produção normativa (KELSEN, 1999, p. 25). Formalismo e imperativismo informam o monismo jurídico estatal. O Direito ficaria resumido a mero comando, desprezando-se seu conteúdo e seus fins.

Positivismo jurídico ou juspositivismo consiste em um direito efetivo posto pelas autoridades, independendo de critérios de mérito, que são decorrentes de sistemas normativos e valores morais.

Atribuindo um significado amplo e contundente, a corrente do Positivismo Jurídico encontra-se como método de compreensão do direito que busca dar respostas concretas acerca de sua validade e aplicabilidade das normas jurídicas.

Para o positivismo, o conhecimento científico é a única forma de conhecimento verdadeiro (BOBBIO, 1999, p. 138), e somente a comprovação por métodos científicos válidos pode garantir que uma teoria é correta.

Pelo positivismo todo o direito passa a ser positivo e o direito natural deixa de ser direito. Como diz Bobbio: "o direito positivo é direito, o direito natural não é direito". Ou ainda: "o positivismo jurídico é aquela doutrina segundo a qual não existe outro direito senão o positivo" (BOBBIO, 1999, p. 142).

2.3. Humanismo integral

Humanismo integral é um idealismo retirado de um livro com o mesmo nome de Jacques Maritain, publicado em Paris em 1936, sob o nome original de Humanisme Integral, por Fernand Aubier. Esta obra teve grande repercussão nos meios cristãos, notadamente os católicos.

O humanismo integral de Maritain respeita e valoriza a ordem espiritual, mas não se resume somente a ela. Assim, esse modelo de humanismo busca realizar as exigências integrais da pessoa humana e criar uma comunidade fraterna que extrapole os simples limites do Estado ou da nação. É por causa desse princípio que o próprio Maritain incorpora, ao longo de sua obra filosófica, diversas facetas ou dimensões da atividade humana, como, por exemplo, a política (MARITAIN, 1960), a educação (MARITAIN, 1968), a vida mística (MARITAIN, 1962) e a religião (MARITAIN, 1940), a arte e a poesia (MARITAIN, 1947), a reflexão sobre o ateísmo contemporâneo (MARITAIN, 1950) e a vida operária (MARITAIN, 2001) e uma crítica ao mito do progresso (MARITAIN, 1970).

A proposta do humanismo integral, apresentada por Maritain, luta para garantir os direitos do cidadão (MARITAIN, 1967) e, ao mesmo tempo, estabelece os limites e os deveres da relação entre o indivíduo e o Estado (MARITAIN, 1952).

O humanismo integral foi assumido pela Igreja Católica e feito parte da Doutrina Social da Igreja. O Papa Paulo VI considera este texto na bibliografia da Encíclica Populorum Progressio (n. 42), ao discorrer acerca a respeito de um humanismo que tenda ao absoluto: "tal é o verdadeiro e pleno humanismo que se há de promover".

O Papa João Paulo II em reiteradas ocasiões se referiu à necessidade de se promoverem os valores de um humanismo integral:

> *Como consequência, torna-se hoje tanto mais necessário e urgente propor os valores de um humanismo pleno, baseado no reconhecimento da verdadeira dignidade e dos direitos do homem, aberto à solidariedade cultural, social e econômica entre pessoas, grupos e nações, na consciência de que uma mesma vocação reúne toda a humanidade.* (mensagem para a XVII Jornada Mundial das Comunicações Sociais[(79)])

De sua parte, ele não somente confirmou essa declaração na encíclica *Sollicitudo Rei Socialis* (1987), comemorativa dos vinte anos da *Populorum Progressio*, mas converteu o conceito humanismo integral em parte substancial de sua preocupação pela questão cultural dos nossos tempos, tema central de seu pontificado. João Paulo II serviu como sentinela na defesa das teses de Maritain, continuando seus esforços para estabelecer as bases intelectuais de uma teoria personalista da democracia e de um humanismo integral[(80)].

Conforme preleciona Maritain, o ser humano do humanismo cristão sabe que a vida política aspira a um bem comum superior a uma mera coleção de bens individuais. Assim, a obra comum deve tender, sobretudo, a melhorar a vida humana, a fazer possível que todos vivam na terra como homens livres e gozem dos frutos da cultura e do espírito. Além disso, aprecia a liberdade como algo que há de ser merecedor; compreende a igualdade essencial que há entre ele e os outros homens e a manifesta no respeito e na fraternidade; e vê na justiça a força de conservação da comunidade política e o requisito prévio que levando aos não iguais a igualdade, torna possível que nasça a fraternidade cívica.

Maritain propôs o ideal do "Humanismo Integral" ou da denominada "Nova Cristandade" desta forma:

> *Este novo humanismo, sem medida comum com o humanismo burguês e tanto mais humano quanto não adora ao homem, se não*

(79) Disponível em: <https://www.vatican.va/content/john-paul-ii/pt/messages/communications.index.2.html>. Acesso em: 26 maio 2021.

(80) Disponível em: <https://pt.glosbe.com/pt/gl/enciclica>. Acesso em: 26 maio 2021.

> *que respeita, real e efetivamente, a dignidade humana e reconhece direito às exigências integrais da pessoa, o concebemos orientado para uma realização sócio-temporal daquela atenção evangélica ao humano que deve não só existir na ordem espiritual, mas encarnar-se, tendendo ao ideal de uma comunidade fraterna* (MARITAIN, 1962, p. 8).

Este conceito aparece como um aspecto chave da Doutrina Social da Igreja e no seu Compêndio publicado pelo Pontifício Conselho Justiça e Paz, no ano de 2004.

2.4. Direitos humanos

Todos os seres humanos têm direito a seus direitos humanos sem discriminação de qualquer tipo, como raça, cor, sexo, etnia, idade, idioma, religião, opinião política ou outra, origem nacional ou social, deficiência, propriedade, nascimento ou outro *status* como explicado pelos órgãos dos tratados de direitos humanos.

Pode-se classificar os direitos humanos da seguinte conformidade:

1ª Geração (liberdade): direitos civis e políticos

- Os direitos de primeira geração tem como marco as revoluções liberais do século XVIII. São representados pelos direitos de liberdade em sentido amplo, sendo os primeiros a constarem dos textos normativos constitucionais. São direitos a prestações essencialmente, nas quais o Estado deve proteger a esfera de autonomia do indivíduo. São denominados também "direitos de defesa", pois protegem o indivíduo contra intervenções indevidas do Estado (dever de abstenção). Dentre eles, estão os direitos às liberdades, à vida, à igualdade perante a lei, à propriedade, à intimidade etc. (RAMOS, 2019, p. 57).

2ª Geração (igualdade): direitos econômicos, sociais, culturais e coletivos

Os direitos de segunda geração surgiram a partir do início do século XX, introduzidos pelo constitucionalismo do Estado social (Constituição Mexicana de 1917 e de Weimar de 1919) e compõem-se dos direitos de igualdade em sentido amplo, cujo adimplemento impõe ao poder público a satisfação de um dever de prestação preponderantemente positiva, consistente num *facere*. São ainda representados pelos reconhecidos direitos à saúde, à educação, à previdência, etc.

Estes direitos foram remetidos inicialmente à esfera das normas constitucionais programáticas. Não obstante, prevalece hoje na jurisprudência superior que o "STF, considerada a dimensão política da jurisdição constitucional outorgada a esta Corte, não pode demitir-se do gravíssimo encargo de tornar efetivos os direitos econômicos, sociais e culturais, que se identificam — enquanto direitos de segunda geração — com as liberdades positivas, reais ou concretas (RTJ 164/158-161, rel. Min. Celso de Mello). É que, se assim não for, restarão comprometidas a integridade e a eficácia da própria Constituição, por efeito de violação negativa do estatuto constitucional motivada por inaceitável inércia governamental no adimplemento de prestações positivas impostas ao poder público" (81).

3ª Geração (fraternidade): direito ao desenvolvimento, à paz, ao meio ambiente, à comunicação e ao patrimônio comum da humanidade

Os direitos de terceira geração são os direitos da comunidade, ou seja, têm como destinatário todo o gênero humano, como os difusos e coletivos, que se assentam na fraternidade ou solidariedade.

Em síntese conclusiva, nas palavras do Ministro Celso de Mello:

> *Enquanto os direitos de primeira geração (direitos civis e políticos) — que compreendem as liberdades clássicas, negativas ou formais — realçam o princípio da liberdade e os direitos de segunda geração (direitos econômicos, sociais e culturais) — que se identificam com as liberdades positivas, reais ou concretas — acentuam o princípio da igualdade, os direitos de terceira geração, que materializam poderes de titularidade coletiva atribuídos genericamente a todas as formações sociais, consagram o princípio da solidariedade e constituem um momento importante no processo de desenvolvimento, expansão e reconhecimento dos direitos humanos, caracterizados, enquanto*

(81) RE n. 482.611, rel. min. Celso de Mello, j. 23.3.2010, dec. monocrática, DJE de 7.4.2010.

> *valores fundamentais indisponíveis, pela nota de uma essencial inexauribilidade.*[82]

No entanto, atualmente diversos autores desenvolvem conceitos de direitos humanos fundamentais de quarta, quinta e até sexta geração. No entanto, após a terceira geração não há unanimidade doutrinária.

Paulo Bonavides defende que os direitos fundamentais de quarta geração seriam aqueles resultantes da globalização, sendo exemplos o direito à democracia (sobretudo direta), à informação, ao pluralismo e à bioética.

Em relação ao direito à democracia, a participação direta, de caráter fiscalizatório, configura direito fundamental, cuja concretização tende a melhor tutelar a ação do Estado, simultaneamente em termos éticos e de eficiência, qualificando o espaço público, dominado até então pela democracia meramente formal (DE FARIAS, NETTO, ROSENVALD, 2019, p. 288).

Paulo Bonavides também sustenta a existência de uma quinta geração de direitos fundamentais, tendo como destaque o reconhecimento da normatividade do direito à paz.

Já Bernardo Gonçalves cita, ainda, uma suposta sexta geração de direitos fundamentais, consistente no direito à água potável (FERNANDES, 2019, p. 355). No entanto, o próprio autor reconhece que tal construção é desnecessária, pois estaria abrangida pelo direito ao meio ambiente ecologicamente equilibrado (terceira geração).

A classificação dos direitos fundamentais em "gerações", contudo, tem sido objeto de inúmeras críticas.

2.4.1. Direitos humanos constantes da CF 1988

Dentre o rol de direitos fundamentais constantes da Constituição Federal brasileira de 1988, pode-se relacionar:

- toda pessoa tem o direito de ir e vir, sem ser molestada;
- toda pessoa tem o direito de ser tratada pelos agentes do Estado com respeito e dignidade;

(82) MS n. 22.164, rel. min. Celso de Mello, j. 30.10.1995, P, DJ de 17.11.1995.

• toda pessoa tem o direito de ser acusada dentro de um processo legal, sem torturas e maus tratos;

• toda pessoa tem o direito de exigir o cumprimento da lei;

• toda pessoa tem o direito de ter acesso ao Poder Judiciário e ao Ministério Público;

• toda pessoa tem o direito de ser, pensar, crer e manifestar-se ou amar, sem ser alvo de humilhação ou discriminação;

• toda pessoa tem o direito de ter acesso à escola;

• toda pessoa tem o direito de ter acesso à saúde;

• toda pessoa tem o direito de praticar a religião que escolher;

• toda pessoa tem o direito de ter acesso ao trabalho, sem discriminação por doença, deficiência, sexo, cor, religião;

• toda pessoa tem o direito de obter certidão de nascimento e certidão de óbito, gratuitamente;

• toda pessoa tem o direito à ampla defesa;

• toda pessoa tem o direito de não ser torturada;

• toda pessoa tem o direito de não sofrer discriminação;

• toda pessoa tem o direito de ter preservado a sua integridade física e mental;

• toda pessoa tem o direito a ter acesso ao lazer;

• toda pessoa tem o direito à previdência social;

• toda pessoa tem direito ao amparo à maternidade e à infância;

• toda pessoa tem o direito de ser tratada com igualdade, perante a lei;

• toda pessoa tem o direito de ser tratada como inocente, amenos que seja condenada judicialmente;

• toda pessoa tem o direito à propriedade;

• toda pessoa tem o direito de fazer reuniões, desde que sejam pacíficas;

• toda pessoa tem o direito de ter segurança.

2.4.2. Principais características dos Direitos Humanos

Algumas das características mais importantes dos direitos humanos são:

• os direitos humanos são fundados no respeito pela dignidade e no valor de cada pessoa;

• os direitos humanos são universais, aplicados de forma igual e sem discriminação a todas as pessoas;

• os direitos humanos são inalienáveis, e ninguém pode ser privado de seus respectivos direitos humanos; eles somente podem ser limitados em situações específicas. Por exemplo, o direito à liberdade pode ser restringido se uma pessoa é considerada culpada de um crime diante de um tribunal e com o devido processo legal; e,

• os direitos humanos são indivisíveis, inter-relacionados e interdependentes, já que é insuficiente respeitar alguns direitos humanos e outros não. Na prática, a violação de um direito vai afetar o respeito por muitos outros.

Nos termos do artigo I, Declaração Universal dos Direitos Humanos, proclamados pela Resolução n. 217 (III) da Assembleia Geral das Nações Unidas, 10 de dezembro de 1948: "todas as pessoas nascem livres e iguais em dignidade e direitos. São dotadas de razão e consciência e devem agir em relação uma às outras com espírito de fraternidade".

Todos os direitos humanos devem, portanto, ser vistos como de igual importância, sendo igualmente essencial respeitar a dignidade e o valor de cada pessoa.

2.5. Direito humanista realista

A contraproposta de Bittar é voltar as atenções para a emancipação das pessoas e para a justiça social. Se o jurista geralmente estava voltado para os conceitos, para o texto da lei ou para a dogmatização do conhecimento, a teoria do humanismo realista procura incentivar a construção do direito com dois pilares. De um lado, o direito estaria associado à democracia e, de outro lado, aos direitos humanos e a uma cultura que gira em torno dos seus valores. Aí estão a liberdade, a igualdade, a diversidade, a solidariedade, o meio-ambiente, tudo aquilo que a gente enxerga de forma mais ampla e diversificada através do respeito aos direitos humanos.

Segundo Bittar, entre outras tarefas, a Teoria do Direito Humanista Realista procura dar conta das inúmeras mudanças que recambiaram o atual Direito Positivo. As técnicas legislativas foram se alterando, os novos direitos vieram emergindo, o rol das fontes do Direito veio se alterando, o espectro de sujeitos de Direito se ampliou, a tecnologia potencializou a cidadania, a legislação se "des-codificou", os princípios do Direito se disseminaram, o Direito sumular se consolidou, o ensino jurídico se expandiu, o diálogo entre as fontes do Direito tornou-se nova técnica de solução de antinomias jurídicas, de forma a se constatar que categorias, conceitos, práticas e instituições movimentaram o Direito brasileiro contemporâneo. Somem-se a estes fatores, atualmente, os avanços da tecnociência, a cultura da informação, a virtualização dos procedimentos, a mudança dos valores predominantes, a busca pela efetividade dos direitos humanos e a crise da democracia representativa[83].

Essa ligação com a democracia e os direitos humanos não é abstrata, de acordo com o jurista. Ela deve vir a partir da observação da realidade local. E Bittar destaca que a partir dessa observação deve-se pensar a forma de legislar e tratar essa realidade.

Na teoria do humanismo realista, ir a campo encontrar a realidade se junta a outra demonstração de humildade: procurar o saber das outras ciências. Segundo Bittar, o conhecimento produzido pelo Direito não é autossuficiente, o que torna necessária uma atuação interdisciplinar.

Embora a fala de Bittar faça a defesa da interdisciplinaridade e da atenção ao contexto local parecerem óbvias, o jurista afirma que essa ainda não é a forma de atuação predominante no direito. No Brasil, décadas de influência

(83) Disponível em: <https://www.conjur.com.br/2018-fev-07/eduardo-bittar-teoria-direito-teoria-humanismo-realista>. Acesso em: 25 maio 2021.

positivista, prolongada pela ditadura civil-militar, foram responsáveis por uma prática voltada para dentro, dedicada quase exclusivamente ao texto do legislador, numa atitude que o professor classifica como "documental, cartorial, legalista e formalista", situação que não pode ser aceita atualmente.

Para Bittar, a teoria do humanismo realista nasce como resposta à crise social, política e moral que identifica no Brasil. Ao mesmo tempo, ela surge de uma urgência dentro do próprio pensamento jurídico, que precisa responder a esse cenário de tribulações.

Bittar destaca que a partir do encontro de várias fronteiras de estudos e pesquisas, nos campos da Teoria da Linguagem (BITTAR, 2017), da Teoria da Democracia (BITTAR, 2013) e da Teoria da Sociedade (BITTAR, 2014), formulou a Teoria do Humanismo Realista, uma nova perspectiva metodológica dentro das diversas concepções da Teoria Geral do Direito atualmente existentes.

A Teoria do Humanismo Realista elabora, sintetiza e reúne elementos que vieram se sedimentando em etapas anteriores como premissas de trabalho para uma compreensão reflexiva do Direito, que recentemente encontrou sua melhor expressão (BITTAR, 2018, p. 27-55), a partir de influências da tradição filosófica da Teoria Crítica da Escola de Frankfurt (*Frankfurt Schüle*).

Conforme preleciona Bittar, é importante afirmar a contribuição que a Teoria do Humanismo Realista pode trazer à Teoria do Direito contemporânea. O ponto central da Teoria do Humanismo Realista é a atitude de manter acesos, da tradição da Teoria Crítica, seus ideais emancipatórios, re-ligando dois aspectos que foram desconectados pela Teoria Tradicional do Direito: de um lado, a institucionalidade do Direito e, de outro lado, a emancipação da sociedade. A partir desta concepção, entende-se que o Direito deve ser capaz de promover a conservação social de conquistas de direitos e a estabilização de padrões racionais de socialização, através de normas de conduta exigíveis, ao mesmo tempo em que deve ser capaz de induzir transformações na sociedade, para que esta se torne – dentro de seu próprio processo de modernização – mais justa, mais solidária, mais igualitária, inclusiva e capaz de promover o desenvolvimento integral da pessoa humana, sua inserção na vida social e a realização do respeito à dignidade de todo(a)s e de cada um(a).

2.6. Direito Quântico

A expressão "Direito Quântico" foi criada por Goffredo Telles Junior, na compreensão de que as leis são expressões culturais e sociais, mas originadas das disposições genéticas da "mãe-natureza". Assim, devem responder às expectativas gerais do ser humano, mas, o ser humano compreendido como um eu feito das próprias consciências individuais, um eu que é construído e construtor da sua própria história, e não apenas à sua natureza física (TELLES JÚNIOR, 2014, p. 327).

Tal conclusão foi encontrada a partir da premissa que o "ser vivo" é o produto final de um processo cósmico de inexoráveis mutações químicas e físicas, resultando em um complexo físico e não físico de comportamentos múltiplos e personalizados, bem como individuais e coletivos (TELLES JÚNIOR, 2014, p. 21). Daí surge a necessidade de elevar a compreensão do Direito para o campo além das necessidades físicas do ser humano, alcançando sua subjetividade originária, tal qual a matéria é compreendida pelos físicos, em sua originalidade celular, da energia quântica .

Goffredo Telles Júnior referenciou-se no grande aumento exponencial da complexidade da matéria bruta, que, por meio de suas interações químicas, proporcionou o surgimento de um ser de imensa complexidade, com propriedades que ultrapassam a matéria bruta, sua fonte originária, alcançando outras propriedades, como por exemplo, a propriedade de escolher e a de se conduzir em razão de ideais. Dessa forma, percebeu que, por ser imensamente complexo, o ser humano não pode ser considerado apenas como matéria, mas deve ser percebido como matéria e inteligência.

O Direito deve acompanhar a evolução humana de racionalização do universo e de perspectiva da realidade, mediante o seu rigoroso e científico atrelamento às evoluções da Física e da Matemática (TELLES JÚNIOR, 2014, p. 194).

Segundo Ricardo Hasson Sayeg, a relatividade, tal como desenvolvida por Einstein, é marcada, desde seus primórdios, pela consideração da experimentação como sendo absolutamente necessária, mas de importância secundária em relação ao pensamento puro, que se utiliza da matemática e da lógica, como os instrumentos, por excelência, da prática científica.

Sayeg destaca que para Einstein a experimentação esbarra em limites físicos que tão somente a razão pode transcender. A teoria, então, já não está mais subordinada à experimentação, pois determinados fenômenos e escalas da natureza não podem ser observados, ou então são alterados pela própria observação. A única abordagem científica que é possível, nestes casos, é através da matemática, como ocorre em situações de incerteza, nas quais a trajetória de um elétron não pode ser observada, somente calculada probabilisticamente.

Segundo Einsten,

> *Naturalmente a experiência se impõe como único critério de utilização de uma construção matemática para a física. Mas o princípio fundamentalmente criador está na Matemática. Por conseguinte, em certo sentido, considero verdadeiro e possível que o pensamento puro apreenda a realidade, como os Antigos o reconheciam com veneração.* (EINSTEIN, 2017, p. 150-151)

Logo, aplica-se ao Direito a fórmula de Einstein da Teoria da Relatividade, de que E = MC2, ajustada pelo pensamento João Magueijo[(84)], ou seja, tendo a constante 2 tem conteúdo variável, ou seja, E = MCv.

"E" seria a energia e por representar a energia seria os Direitos Humanos.

"M" por representar a matéria, seria o Positivismo, pois a Lei é a materialização do Direito.

"C" por representar a velocidade da matéria seria o Realismo, na medida em que significa aceleração do Direito que corresponde à efetividade[(85)].

---

(84) João Magueijo nasceu em Évora em 1967. Doutorou-se na Universidade de Cambridge em 1993, após o que se tornou Research Fellow do St. John's College. Em 1996 mudou-se para o Imperial College London, onde começou por ser Royal Society Research Fellow e passou a docente. Foi elevado a Professor Catedrático em 2006. Os seus interesses científicos têm oscilado entre os aspectos observacionais e de cosmologia.

(85) Disponível em: <http://estudosdireitodotrabalho.blogspot.com/2014/07/direito-quantico-analise-do-estudo-de.html>. Acesso em: 26 maio 2021.

Disso se extrai que:

Direitos Humanos = Texto Positivo X Realismo jurídico (cf. o contexto)

Ou seja, o texto legal não pode ser aplicado sem estar potencializado pelo contexto real, e tem que implicar a dignidade da pessoa humana.

Goffredo Telles Júnior, por sua vez, destaca que os animais evoluídos são dotados de cérebro complexíssimo e têm uma extraordinária capacidade de adaptação a situações novas, com o auxílio de conhecimentos anteriormente adquiridos. Esta capacidade de submeter, conscientemente, meios a fins é denominada Inteligência, a qual surgiu no planeta Terra após bilhões de anos de evolução.

Assim, do interior da matéria bruta originou-se a matéria viva e, na matéria viva, surgiu a consciência. A consciência, a princípio, não se distinguia muito de um instinto, caracterizado pelas tendências ditadas pelas necessidades fundamentais e primárias do animal. Mas ao longo dos milênios, a consciência foi evoluindo gradativamente em formas sempre mais organizadas de matéria viva, até se fazer em inteligência.

Goffredo Telles Júnior salienta que o ser humano — o mais complexo de todos os seres — é composto de trilhões de neurônios constituindo seu sistema nervoso central, onde, aproximadamente, um quatrilhão de sinapses estabelecem a intercomunicação entre tais neurônios. Não obstante, quinze bilhões de células, extraordinariamente especializadas, com o emaranhado incompreensível de seus axônios, dendritos e arborescências, fazem a conexão entre os centros nervosos cerebrais do ser humano (TELLES JÚNIOR, 2014, p. 21).

Neste caso, como as vias são inúmeras, impossível é a predeterminação, em cada caso, de qual delas será a escolhida. A efetiva adesão de um ser humano a uma dessas vias, que são alternativas oferecidas pela complexidade do agente, é que se chama de ato de escolha.

Logo, um sistema que construa o Direito dos Seres precisa ser dinâmico ao ponto de alcançar suas escolhas subjetivas, ou seja, precisa ser próximo dos elementos quânticos que constituem todos os seres, precisa ser Direito Quântico. Isto porque, após o surgimento da vida no planeta Terra e após a lenta evolução do ser humano, surge, como elaboração polida do mais evoluído dos seres, a ordenação jurídica da convivência, o Direito Quântico propriamente dito.

Importante lembrar que os primeiros sinais da vida, na matéria do mundo, se deram através de manifestações de um ácido nucleico, no núcleo das células. Essas manifestações eram legítimas mensagens genéticas, emitidas pelo ácido desoxirribonucleico, o DNA; o mesmo tipo de mensagem que o DNA continua a emitir permanentemente, sendo causa determinante de predisposições dos seres vivos.

Tais mensagens são dependentes do impulso natural para a convivência, isto é, dessas notáveis mensagens, depende, indubitavelmente, a vocação social do gênero humano. Por este motivo, é cediço que a primeiríssima fonte da disciplina da convivência se encontra situado no patrimônio genético do ser humano.

Verdade é que em todos os indivíduos da espécie humana, existe, por força, uma mesma base genética, motivo pelo qual o ser humano se distingue dos outros animais. Conquanto, na realidade concreta da existência, a influência significativa de meios ambientes diversos, no correr da evolução do planeta Terra, causaram mutações nos patrimônios genéticos coletivos, o que resultou na formação de índoles e estados de consciência diferentes (TELLES JÚNIOR, 2014, p. 258), em grandes e sortidas coletividades.

Essas mutações, na visão do autor, foram determinantes para a desigualdade de caracteres dos povos e das nações, e para a propagação de costumes e ordenações éticas peculiares. Não obstante, até o patrimônio genético de cada ser em particular é causador de sua identidade própria, de seus pendores naturais, suas peculiares predisposições.

Ademais, para se chegar a esta conclusão, é necessário a abordagem de diversos conceitos atinentes à ordem e desordem, bem como, conceitos relativos à noção de normalidade e à concepção de lei e de norma, o que nos leva ao deciframento do sistema de referência de cada ser, transpondo pelas questões culturais, éticas, de valores e juízos; do mesmo modo que se analisa os conceitos de direito subjetivo e direito objetivo, e, principalmente, as peculiaridades da norma jurídica e suas características permissivas únicas.

Por tal motivo, uma verdadeira compreensão do comportamento humano e da liberdade, bem como, uma correta interpretação das Leis que regem os comportamentos e a liberdade, exige uma evidente consciência da interação natural das predisposições genéticas e dos fatores circunstanciais do meio em que transcorre a existência dos seres. Neste diapasão, o Direito Quântico é a intenção deliberada de demonstrar que as Leis, que são criações da inteligência, para a ordenação do comportamento humano em sociedade, nada mais são do que oportunas expressões culturais de implícitas, silenciosas e eternais disposições genéticas inseridas no próprio ser humano.

O Direito Quântico também propõe uma necessária evolução do pensamento jurídico, superando algumas referências baseadas em conceitos físicos, que são considerados por grande parte da doutrina, alcançando os fenômenos e os fundamentos jurídicos sob outro prisma, o da inteligência e da interatividade entre o indivíduo e seu coletivo nas suas escolhas. Tende ainda a ser mais acessível e interativo a novas interpretações e novos paradigmas, na compreensão de um ser, que por mais complexo que já seja, torna-se mais complexo e perfeito ao longo do tempo.

Portanto, o Direito Quântico é uma perspectiva física e matemática — puramente racional portanto — do Direito enquanto realidade, de singularidade por força de consubstancialidade entre o Positivismo, o Realismo e os Direitos Humanos, que embora distintos compõem um único elemento, o próprio direito[86].

(86) Disponível em: <https://enciclopediajuridica.pucsp.br/verbete/139/edicao-1/direito-quantico>. Acesso em: 26 maio 2021.

Capítulo 3

Capitalismo Humanista

O capitalismo evidencia a ligação do Direito com o desenvolvimento econômico e social. A obra "O capitalismo humanista: filosofia humanista de direito econômico", de Ricardo Hasson Sayeg e Wagner Balera, demonstra as principais características dessa nova forma de análise jurídica do capitalismo.

Assim, serão analisados aspectos que subsidiam o conceito, de forma a contextualizar essa nova formulação.

3.1. Contextualização

O capitalismo humanista é uma teoria recente (SAYEG, BALERA, 2011), na qual se propõe uma nova visão do capitalismo, apto a garantir a concretização de direitos humanos de primeira, segunda e terceira dimensões, relativizando o direito à propriedade e à livre iniciativa.

A premissa não é extinguir o capitalismo ou criar um novo modelo de comunismo ou de socialismo. O objetivo é aperfeiçoar, criar uma nova visão jurídica do regime capitalista, sob a perspectiva dos direitos humanos, com o objetivo maior de concretizar a dignidade da pessoa humana. É uma nova vertente do capitalismo que se propõe ser compatível com a fraternidade, requisito essencial para a construção desse novo conceito. Além disso, após toda a evolução do regime capitalista, o objetivo maior é propiciar — assegurar e realizar — a dignidade da pessoa humana, em seu sentido mais amplo.

O humanismo antropofilíaco é entendido por Sayeg e Balera como base da teoria que apresentam e como decorrente da mensagem de fraternidade levada por Jesus Cristo. O humanismo integral também faz parte da linha de raciocínio traçada pelos autores para alcançar o capitalismo humanista.

Compreendida a teoria humanista do capitalismo, pode-se analisar o conceito de nacional de direito ao desenvolvimento, previsto no art. 3º, II, da Constituição Brasileira de 1988, que estabelece o desenvolvimento nacional como um dos objetivos da República Federativa do Brasil.

No entanto, o desenvolvimento é enunciado como um programa de ação do governo, em detrimento da concepção integral e indivisível do sujeito e da coletividade que fazem jus ao desenvolvimento em todas as suas dimensões. Assim, o texto constitucional — ainda que apresente diversas manifestações sobre o desenvolvimento, em suas formas territorial, social, econômica, cultural e ambiental — não reconhece, expressamente, o direito ao desenvolvimento no Título II – Dos Direitos e Garantias Fundamentais.

No âmbito internacional, o direito ao desenvolvimento está previsto na Declaração sobre o Direito ao Desenvolvimento. A primeira manifestação jurídica normativa do direito humano ao desenvolvimento, ocorreu no plano internacional com a Resolução n. 41/128 da Assembleia Geral das Nações Unidas, em 4 de dezembro de 1986. O art. 1º da dessa Declaração define o direito ao desenvolvimento como um direito humano inalienável, em virtude do qual toda pessoa e todos os povos estão habilitados a participar do desenvolvimento econômico, social, cultural e político, para ele contribuir e dele desfrutar, e no qual todos os direitos humanos e liberdades fundamentais possam ser plenamente realizados.

O objetivo maior da teoria do capitalismo humanista é demonstrar que existe uma alternativa ao atual de capitalismo predatório, que pressupõe um individualismo exacerbado em detrimento ao conceito de fraternidade, passando assim a constituir uma forma de preservação do desenvolvimento dito sustentável dentro do capitalismo, regime econômico sabidamente dominante.

3.2. Características do capitalismo humanista — Visão quântica

O capitalismo humanista é uma nova perspectiva do regime econômico prevalecente na pós-modernidade, que objetiva consagrar e concretizar o conceito de dignidade da pessoa humana. A teoria provém de uma análise da evolução da sociedade, através do ideal de fraternidade difundido pelo cristianismo.

Sayeg e Balera baseiam a teoria no humanismo antropofilíaco, em oposição ao antropocentrismo e ao teocentrismo (SAYEG, BALERA, 2011). Conforme os autores, deve-se partir de um novo marco teórico, que se estabelece antropologicamente no amor de Jesus Cristo, que nos uniu e nos leva ao encontro de Deus. Esta é a Lei Universal da Fraternidade, que nos conduz com liberdade e igualdade para a democracia e a paz (BALERA; SAYEG, 2011, p. 21).

Assim, transpõe-se para o capitalismo uma perspectiva humanista cristã, deslocando a Lei Universal da Fraternidade para o Direito Econômico, na chamada filosofia humanista de Direito Econômico (BALERA; SAYEG, 2011, p. 25). O humanismo teve seus primórdios situados na civilização helênica, mas na na Antiguidade tinha contornos aristotélicos, ou seja, aplicava-se tão somente aos cidadãos, classe que não incluía os pobres, as mulheres e os escravos (SAYEG, BALERA, 2011, p. 83). Assim, surge um a nova visão inclusiva, a fraternidade levada por Jesus Cristo.

A mensagem de fraternidade levada por Jesus Cristo é mais universal e instaura um humanismo antropofilíaco. A dignidade humana pregada pelo Cristianismo abrange a igualdade de relações entre os homens, os quais não são apenas iguais, mas também irmãos entre si, filhos do mesmo Deus. A fraternidade é posta, então, como valor absoluto do humanismo cristão (SAYEG, BALERA, 2011, p. 84). O amor fraterno cristão é universal. É um amor dirigido a todos, sem exclusões de qualquer natureza e absolutamente gratuito.

No entanto, em razão da sua raiz teocêntrica, o humanismo cristão proporcionou na Idade Média interpretações fundamentalistas, as quais excluíam os não cristãos (SAYEG, BALERA, 2011, p. 84). Aliada aos ideais iluministas, a fraternidade acabaria por perder a sua centralidade (MACHADO, 2014, p. 44), dando dá lugar a uma visão de humanismo individualista burguês, que acaba por colocar o homem como centro de todas as coisas (SAYEG, BALERA, 2011, p. 85).

No final da Idade Média a efervescência cultural possibilita o repensar do homem e da humanidade, iniciando uma nova fase do humanismo.

Surge, então, o movimento renascentista e com ele, o antropocentrismo, que acabou por levar ao fim da hegemonia cristã (MACHADO, 2014, p. 54).

Ocorre que colocar o homem como centro de tudo levou à superficialidade, que resultaram no hedonismo e egoísmo. Por isso, a via mais adequada seria o humanismo fraterno, inclusivo, evolucionista e emancipador, que proclama a concretização multidimensional dos direitos humanos e que não é teocêntrico, embora tenha Jesus Cristo como grande referência (SAYEG, BALERA, 2011, p. 102). Diante de tal premissa, reitere-se, ganha destaque o humanismo antropofilíaco, vertente do humanismo utilizada como parâmetro para o capitalismo humanista, por propor a importância de observar o outro e a necessidade de preservar sua dignidade.

O substrato para a teoria do capitalismo humanista está no humanismo integral que, embora tenha em Jesus Cristo seu Mestre, é posto a serviço de todos e de tudo, com independência de credo. Aqui, cabe a advertência de que o humanismo integral não pretende impor às pessoas a fraternidade pela via da convicção religiosa, tendo em vista que nem a fraternidade, nem a compaixão são virtudes exclusivas dos cristãos (SAYEG, BALERA, 2011, p. 100-104). Assim, não se furta em reconhecer a fraternidade pelo mero argumento de diversidade de religião, posto que esta não se aplica, única e exclusivamente, aos cristãos, estendendo-se a todos, numa perspectiva de reconhecimento do outro como seu semelhante e tratando-o como gostaria de ser tratado.

A fraternidade se apresenta, assim, como uma boa alternativa ao capitalismo parasitário (BAUMAN, 2010, p. 08-09), isto é, o capitalismo, do mesmo modo que todos os parasitas, prospera durante um período, até sepultar as possibilidades de prosperidade ou de sobrevivência dos indivíduos a ele submetidos. Assim, o agir fraterno se mostra uma boa alternativa para este cenário parasitário e que sempre ocasiona prejuízo a alguém.

Por meio do culturalismo jurídico pode-se afirmar que a fraternidade, através do cristianismo, pode ser considerado um valor síntese de nossa sociedade. Com esse raciocínio, desvenda-se o espírito objetivo da Lei Universal da Fraternidade, como o direito natural do qual resultam os direitos humanos, conformando a aplicação do direito positivo à potencialização elementar da dignidade humana, de acordo com o realismo jurídico (SAYEG, BALERA, 2011, p. 110), independentemente de religião ou de um direito posto.

Além disso, Sayeg e Balera trazem uma teoria inédita acerca da denominada aplicação quântica dos direitos humanos, cuja análise ora passa a ter essencial importância para demonstrar a relação entre esta vertente do capitalismo e o direito ao desenvolvimento, direito humano.

Ressaltando o indiscutível reconhecimento jurídico dos direitos humanos, tanto no plano internacional, quanto no plano nacional, os direitos humanos são relacionados ao humanismo antropofilíaco, base desta teoria acerca do regime capitalista (SAYEG, BALERA, 2011).

A ordem jurídica deve dar conta da missão trazida pelo humanismo antropofilíaco, de forma a estimular o reconhecimento dos direitos humanos, assim como a necessidade de sua concretização, traduzindo-se na máxima de que a evolução da sociedade está vinculada à concretização desses direitos, considerando a dignidade universal da pessoa humana (SAYEG, BALERA, 2011, p. 13).

Este seria o caminho para uma sociedade efetivamente fraterna, conceito que seria então elevado à categoria jurídica (MACHADO, 2013, p. 79):

> *A fraternidade (...) deve ser compreendida, por certo, não exclusivamente como um elemento de fé ou mesmo de crença — apesar de entender que é exatamente no cristianismo que encontra seus fundamentos —, mas como uma virtude da cidadania, que supera as fronteiras da pátria ou da nação (cidadania interna), numa perspectiva universal de pessoa humana (cidadania global). (...) outra não pode ser a conclusão: a Constituição Federal, efetivamente, consagrou a fraternidade como princípio-valor-categoria jurídica.*

Assim, existiriam três dimensões dos direitos humanos: a igualdade inata; a liberdade inata; e fraternidade inata, que seria o valor consubstancial do homem e de todos os homens. Essas dimensões referem-se aos elementos estruturantes de um só núcleo, que seria a dignidade, isto é, a humanidade imanente ao homem e a todos os homens, e que atribui objetivamente à pessoa humana valor por si, de qual deve resultar a tutela à dignidade da pessoa humana. Os direitos humanos devem ser executados como uma universalidade jurídica, não sendo admissível a sua ruptura (SAYEG, BALERA, 2011, p. 117-118).

A concretização desses direitos humanos se daria por meio do método quântico, que confirma que a composição elementar da norma jurídica positivada seria o direito natural sedimentado, e que os direitos humanos, por sua vez, constituem o direito natural universalmente admitido. Esta teoria traça uma relação direta entre matéria, energia e densidade; e direito positivo, direitos humanos e realismo, respectivamente, através de uma análoga à fórmula de Albert Einstein acerca da teria da relatividade (SAYEG, BALERA, 2011, p. 120).

É possível concluir, assim, que toda norma jurídica positiva equivale quanticamente a uma norma de direitos humanos, cuja aplicação satisfaz a dignidade da pessoa humana. Nesta medida, "por imposição da Lei Universal da Fraternidade, não existe solução de direito que contrarie o direito objetivo da dignidade da pessoa humana, de acordo com o realismo jurídico" (SAYEG, BALERA, 2011, p. 124).

3.3. A individuação do capitalismo humanista

Diante da conceituação do humanismo antropofilíaco e da Lei Universal da Fraternidade, enquanto bases do capitalismo humanista, é necessário realizar a transposição ao âmbito do domínio econômico, uma vez que a dignidade da pessoa humana ou a existência digna tem implicações econômicas, que nos aproximam, ainda mais, da individuação do capitalismo humanista.

Saliente-se que, "para o humanismo antropofilíaco, a ordem econômica deve ser evolucionista, inclusiva e emancipadora (...) em resumo, fraterna e, em especial, misericordiosa ao se confrontar com a miséria" (SAYEG, BALERA, 2011, p. 137). Diante do domínio do capitalismo em todo mundo — visto que não existem redutos socialistas relevantes — em razão da eficiência de seus agentes econômicos, em busca de seus próprios interesses, o capitalismo acabou por prevalecer (SAYEG, BALERA, 2011, p. 141). Daí a grande relevância deste novo marco teórico, haja vista que pretende concretizar os direitos humanos e a fraternidade sem macular os princípios e o regime econômico que, sabidamente, domina o planeta.

Não se trata, desse modo, de um meio de alterar em si o sistema econômico vigente, mas sim de investi-lo de parâmetros fraternos, que resguardem os menos favorecidos, que se encontram mais vulneráveis aos reveses do capitalismo predatório que se vem praticando.

Por esta razão, Ricardo Hasson Sayeg (2009, p. 1.365), em ensaios preliminares sobre o tema que acabou por virar a tese de sua livre-docência, apresentou importantes conclusões acerca da inaplicabilidade da Análise Econômica do Direito ao Brasil:

> *(...) não podemos cair na armadilha de aplicar no Brasil a Análise Econômica do Direito conforme a Escola de Chicago, pois sua implementação implicará um Estado liberal promotor de um liberalismo econômico sem freios e calibragem sociopolíticos, provocando um desmantelamento das nossas, ainda insuficientes, contudo concretas, realizações dos objetivos fundamentais da República e das decorrentes conquistas políticas, sociais e culturais, ao arrepio do princípio constitucional implícito da proibição de retrocesso social, consagrado no art. 5º.*

Conclui que o Brasil não possui condições de sustentabilidade democrática apta a conservar um ambiente neoliberal em um Estado liberal com seus efeitos perversos de exclusão social, em negação dos direitos humanos de primeira e segunda dimensão. Assim, buscou demonstrar a nossa Constituição de fato não estabelece um Estado liberal, tampouco um Estado intervencionista do bem-estar social (SAYEG, 2009, p. 1.365).

Em oposição, uma análise do art. 170 da Constituição Federal de 1988, permite afirmar que o regime econômico deve observar, no Brasil, as determinações ali ínsitas, acerca de uma ordem econômica, alicerçada na valorização do trabalho e na livre-iniciativa, assegurando, a todos, existência digna conforme os ditames da justiça social, com o objetivo de concretizar os direitos sociais a toda a população, observando-se todos os princípios constitucionais (SAYEG, 2009, p. 1.366).

Acrescenta, ainda, que a nossa constituição adota o capitalismo como regime econômico, todavia uma vertente indutora da livre iniciativa e da propriedade privada, objetivando o alcance dos objetivos fundamentais da República, além de tornar realidade os direitos humanos de segunda e terceira dimensões, mormente os direitos sociais.

Assim, é possível destacar o chamado Estado Brasileiro da Fraternidade, cuja incumbência e garantir a todos um mínimo vital, pautado numa perspectiva multidimensional de direitos humanos de primeira, segunda e terceira dimensões, conforme preleciona a nossa Constituição (SAYEG, 2009, p. 1.368).

Traçando melhores contornos do que seria o capitalismo humanista — e retornando à obra principal aqui analisada —, cumpre aqui destacar que, para Sayeg e Balera (2011, p. 169), não há, na economia de mercado, uma compaixão apta a consagrar a fraternidade, tendo em vista que se trata de um ambiente em que domina a lei da seleção natural, um estado selvagem da natureza, não condizente com o que hoje se considera como marco civilizatório da humanidade.

Desta feita, citando Bauman (1998) e Ammann (2003), os idealizadores do capitalismo humanista ressaltam a inadmissibilidade da exclusão social, pois a pobreza é encarada como não cidadania, sem mencionar a criminalização da pobreza.

Asseverando que a economia de mercado só funciona a contento quando não vai de encontro ao humanismo antropofilíaco, Sayeg e Balera (2011, p. 172-176) indicam, então, o caminho que o capitalismo deve seguir, guiado por uma economia humanista de mercado, legitimando, assim, uma análise humanista do direito econômico.

Estão, assim, expostas as bases para a teoria do capitalismo humanista. Razão pela qual, importa destacar a literalidade das palavras de Sayeg e Balera (2011, p. 180) ao conceituarem o seu objeto de estudo e destacarem seu objetivo:

> *(...) ajustado à lei natural da fraternidade, o capitalismo deve ser indutor do exercício do direito subjetivo natural de propriedade, com*

> *o fim de concretização dos direitos humanos de primeira, segunda e terceira dimensões, para a satisfação universal do direito objetivo de dignidade do homem todo e de todos os homens da presente e das futuras gerações: um liberalismo econômico renovado pelo humanismo antropofilíaco e delineado a partir da situação concreta de cada país, quanto à economia de mercado, conforme a realidade político-econômico-social e a cultura local-global. (...) Garantido o modo de vida das pessoas, cumpre ao regime jus-econômico, insuflado pelo humanismo antropofilíaco e inserido numa economia de mercado, assegurar a todos ao mesmo tempo o mínimo necessário à vida para a satisfação da dignidade humana (...) e consecução de um planeta digna: livre, pacífico, sustentado e desenvolvido.*

Neste ponto da argumentação dos idealizadores do capitalismo humanista, consegue-se transpor seus argumentos para o atual momento mundial.

Sayeg (2009, p. 1359) denomina externalidades as repercussões, em caráter privado, que atingem a esfera de direitos de outra pessoa determinada, em seus direitos individuais ou/e em caráter social, quando atinge a coletividade em seus direitos difusos e coletivas. Classificando-as em positivas e negativas, isto é, úteis ou indesejáveis, respectivamente.

Daí a importância da associação do humanismo antropofilíaco ao regime capitalista.

3.4. A PEC de alteração do art. 170 da CF brasileira de 1988

Com a finalidade e a justificativa de elevar ao texto constitucional a teoria do capitalismo humanista, decorrente de uma interpretação sistêmica dos dispositivos constitucionais e com amparo em normas internacionais, está tramitando na Câmara dos Deputados uma Proposta de Emenda à Constituição (PEC n. 383/2014).

A PEC n. 383/2014 foi apresentado pelo deputado federal Sebastião Bala Rocha, do partido Solidariedade do Amapá. O objetivo é que os direitos humanos sejam inseridos entre os princípios gerais da ordem econômica no Brasil, previstos no art. 170 da Carta Magna.

Ao justificar o projeto, Bala Rocha cita o Papa Francisco, segundo o qual *"devemos hoje dizer não a uma economia da exclusão e da desigualdade social"*, e afirma que a "corrente jurídica do capitalismo humanista muito tem se destacado na PUC-SP".

Nesse sentido, de fato o advogado Ricardo Hasson Sayeg, autor do livro O Capitalismo Humanista, em parceria com o professor Wagner Balera, e livre-docente de Direito Econômico na Pontifícia Universidade Católica de São Paulo, salientou a importância do ocorrido, destacando que "o projeto foi apresentado com o apoio de 196 deputados, o que é uma grande vitória"[(87)].

Na justificativa da PEC, consta que:

A corrente jurídica do "Capitalismo Humanista" muito tem se destacado na Faculdade de Direito da PUC/SP, na cadeira de Direito Econômico, liderada pelo referido Professor Livre Docente, assim como aplicada em vários acórdãos do Tribunal de Justiça do Estado de São Paulo e do Tribunal Regional do Trabalho da 2ª Região, que partindo destes preceitos, identificou na Constituição Federal a impositividade de instituição de um regime constitucional econômico capitalista humanista, que impõe à economia de mercado a observância dos direitos humanos. O capitalismo humanista após a aludida pesquisa realizada na PUC/SP passou a ser científica e tecnicamente reconhecido de paradoxal para conceito consubstancial de uma categoria jurídica da ordem econômica constitucional que está, a um só tempo, a garantir a prosperidade privada e pessoal de cada cidadão, na medida de suas potencialidades individuais; e, ainda, a assegurar igual prioridade constitucional a que todos tenham direito a níveis dignos de subsistência, isto é ao mínimo existencial, sem o que jamais serão de fato concretizados os direitos humanos. É que, enquanto o capitalismo foi além de ser um modo de produção, passando a abranger todos os aspectos da vida atual, ontologicamente edificando uma sociedade capitalista, verifica-se no preâmbulo da Constituição Federal, deontologicamente, a missão de nossa Nação em construir uma sociedade fraterna. Assim, conquanto o regime constitucional econômico venha a reconhecer e assegurar a propriedade privada, ainda, concomitantemente, embora já instituído, pretende-se pela presente PEC explicitar-se, no texto magno, a ordem econômica do capitalismo humanista, de modo a afirmar que o mercado e a economia nacional estão a serviço de se atingir os referidos objetivos fundamentais da República de construir uma sociedade livre, justa e solidária, promotora do desenvolvimento nacional, que erradica a pobreza

(87) Disponível em: <https://www.conjur.com.br/2014-fev-21/proposta-congresso-inserir-capitalismo-humanista-constituicao>. Acesso em: 31 maio 2021.

> *e as desigualdades sociais e regionais, nos termos do art. 3º, incisos I, II e III, da Constituição Federal. Enfim, que se explicite na Constituição Federal, quanto à regência da ordem econômica, o capitalismo humanista, pois, como bem assevera o ilustre Professor em sua obra". O capitalismo deve avançar no rumo de uma economia humanista de mercado, consagrando, consequentemente, uma análise humanista do Direito Econômico" (p. 176), complementando, afirma que "desenvolvidos são os países em que todo o povo está inserido na evolução política, econômica, social e cultural, conquistando acesso a níveis de vida que atendam, pelo menos, ao mínimo vital, e em que haja respeito à humanidade e ao planeta.*[(88)]

Ricardo Hasson Sayeg (2012, p. 11) escreveu artigo científico acerca de "uma proposta de emenda constitucional para o capitalismo humanista na Constituição Federal", defendendo a existência, na nossa ordem jurídica, de um perfil constitucional do capitalismo humanista brasileiro, de forma a propor o acréscimo de um inciso ao art. 170 da CF — o novo inciso X — prevalência dos direitos humanos —, consagrando a teoria aqui estudada, de forma expressa, na Carta Magna.

Atualmente, a PEC encontra-se em trâmite na Câmara dos Deputados, pronta para Pauta na Comissão de Constituição e Justiça e de Cidadania. Aguarda-se sua final aprovação, para que haja expressa base constitucional da teoria ora estudada.

3.5. Direito ao desenvolvimento

Antes de comparar o direito ao desenvolvimento e o capitalismo humanista, necessário se faz analisar o conceito de direito ao desenvolvimento.

O direito ao desenvolvimento teve sua primeira manifestação jurídico-normativa, no plano internacional, com a Resolução n. 41/128 da Assembleia Geral das Nações Unidas (MARQUES; OLIVEIRA; SÁTIRO, 2015, p. 03), a denominada Declaração sobre o Direito ao Desenvolvimento de 1986.

A primeira vez em que foi utilizada a expressão "direito ao desenvolvimento" ocorreu em 1972, por Keba Mbaye, ministro da corte suprema do Senegal, na aula inaugural do Instituto Internacional de Direitos do Homem (MARQUES; OLIVEIRA; SÁTIRO, 2015, p. 06).

---

(88) Disponível em: <https://www.camara.leg.br/proposicoesWeb/prop_mostrarintegra?codteor=1230534&filename=PEC+383/2014>. Acesso em: 26 maio 2021.

Flávia Piovesan (2010, p. 65-67) aponta a concepção contemporânea dos direitos humanos introduzida pela Declaração Universal dos Direitos Humanos (1948), ao situar o direito aqui estudado. Demonstra que esta concepção decorre do movimento de internacionalização dos direitos humanos, surgida no pós-guerra, responsável pelo caráter de universalidade e indivisibilidade desses direitos, o que possibilitou a estruturação de um sistema internacional de proteção desses direitos, integrado por tratados, convenções e sistemas regionais de proteção.

O grande feito da Declaração foi consagrar as diversas perspectivas do direito ao desenvolvimento, através de seu art. 1º, que consagra o direito de participação do sujeito no desenvolvimento social, humano, cultural, econômico, científico, ambiental e político, encarando, assim, o indivíduo como um sujeito de direitos e como um fim em si mesmo (MARQUES; OLIVEIRA; SÁTIRO, 2015, p. 06-07).

Piovesan (2002, p. 05-06) identifica, na Declaração de 1986, três aspectos do direito ao desenvolvimento: a importância da participação, a necessidades básicas de justiça social e necessidade de adoção de programas e políticas nacionais, assim como de cooperação internacional. Conclui, assim, que o direito ao desenvolvimento pressupõe uma globalização ética e solidária.

Outrossim, também é de relevante importância para a matéria, a Declaração de Direitos Humanos de Viena (1993) que, reiterando os termos da Declaração de 1948, afirma a interdependência entre os valores de direitos humanos, democracia e desenvolvimento. Não existem direitos humanos sem democracia, e vice-versa. O regime mais compatível com os direitos humanos e sua proteção é o regime democrático (PIOVESAN, 2010, p. 68).

Marques, Oliveira e Sátiro (2015, p. 05) diferenciam o Direito Internacional do Desenvolvimento (DID) e o Direito Humano ao Desenvolvimento (DHD). O primeiro seria uma organização jurídica na qual se intenta regular as relações entre os Estados. O DHD, por sua vez, refere-se a um direito humano, haja vista a identificação do sujeito como um participante ativo do processo de desenvolvimento, considerando-se as dimensões coletiva e individual de direitos.

A Declaração sobre o direito ao Desenvolvimento (ONU, 1986) dispõe, em seu art. 1º:

> *1º O direito ao desenvolvimento é um direito humano inalienável em virtude do qual toda pessoa humana e todos os povos estão habilitados a participar do desenvolvimento econômico, social, cultural e político, a ele contribuir e dele desfrutar, no qual todos os direitos humanos e liberdades fundamentais possam ser plenamente realizados. 2. O direito humano ao desenvolvimento também implica a plena realização do direito dos povos de autodeterminação que inclui, sujeito às disposições relevantes de ambos os Pactos Internacionais sobre Direitos Humanos, o exercício de seu direito inalienável de soberania plena sobre todas as suas riquezas e recursos naturais.*

3.6. Um regime econômico que respeite os Direitos Humanos

A Declaração sobre o Direito ao Desenvolvimento vem deixando um rastro de controvérsia desde que foi aprovada pela Organização das Nações Unidas, em 1986.

Enquanto os países em desenvolvimento argumentavam em favor de uma transferência de recursos como base para o direito ao desenvolvimento, os países desenvolvidos negavam a existência de tal direito.

Contudo, a reafirmação do direito ao desenvolvimento por ocasião da Conferência Mundial sobre Direitos Humanos realizada em Viena, em 1993, proporcionou uma oportunidade para que o debate se deslocasse da retórica para uma efetiva implementação (NWAUCHE; NWOBIKE, 2005, p. 97).

No entanto, mesmo com a linha argumentativa que não considera que o direito humano ao desenvolvimento se alicerça em um tratado ou convenção internacional que o legitime, de forma individual, como um direito humano, sua previsão na Declaração de 1986, a qual não detém cunho jurídico vinculante perante os Estados, não necessariamente denota uma ilegitimidade jurídica, haja vista que existem diversas convenções constitutivas de organizações globais e regionais, bem como tratados internacionais que trazem esse direito de forma expressa e incondicionada (MARQUES; OLIVEIRA; SÁTIRO, 2015, p. 10).

Reconhecendo o caráter de *soft law* da Declaração sobre o Direito ao Desenvolvimento, Flávia Piovesan (2010, p. 74) sugere o emprego de um instrumento com força jurídica vinculante, a fim de robustecer a vertente internacional do direito ao desenvolvimento. O que contribuiria, inclusive, segundo a autora, para a solidificação de um regime jurídico de direitos que se aplicasse ao direito aqui estudado.

No entanto, face ao atual cenário de resistência dos países desenvolvidos em reconhecer o caráter vinculante do direito ao desenvolvimento, a opinião das autoras Marques, Oliveira e Sátiro, acima explicitada, nos parece mais condizente com os direitos humanos, ao reconhecer a previsão deste direito em diversas outras convenções e tratados, de forma expressa.

Transpondo o tema ao plano nacional, cumpre destacar que a Constituição Federal "referencia o desenvolvimento no próprio preâmbulo ao enunciar que o Estado democrático brasileiro, que se institui a partir desta Carta, está compromissado dentre outros fins, a assegurar o desenvolvimento da sociedade brasileira" (FERRARO; PEIXINHO, 2007, p. 6961). Além do preâmbulo, o desenvolvimento é alçado a um dos objetivos da República, no art. 3º da CF, o que exige, por parte do Estado, diretrizes cogentes às ações públicas, com o fito de dar efetividade aos poderes que foram constituídos pela Carta Magna (FERRARO; PEIXINHO, 2007, p. 6.961).

Sem embargo da assertiva previsão constitucional, esta não condiz com a concepção com que merece ser difundido o direito ao desenvolvimento, na medida em que este é enunciado, tal como um programa de ação do governo, em prejuízo da visão integral e indivisível do sujeito que merece o desenvolvimento em todas as suas acepções (MARQUES; OLIVEIRA; SÁTIRO, 2015, p. 13).

Cabe acrescentar importante contribuição doutrinária acerca do direito ao desenvolvimento, diante da visão trazida pela obra "Desenvolvimento como Liberdade", de Amartya Sen. Razão pela qual, é importante destacar que, na visão de Amartya Sen (2010, p.16), o desenvolvimento é encarado como um processo de expansão das liberdades reais de que os indivíduos desfrutam. Nesta medida, mister que sejam removidos as principais fontes de privação de liberdade, tais como pobreza, tirania, escassez de oportunidades econômicas e destituição social sistemática, além de descuido com os serviços públicos e intervenção demasiada de Estados repressivos.

Não só isso. Amartya Sen (2010, p. 29) afasta a óbvia relação traçada, leigamente, entre desenvolvimento e acumulação de patrimônio, ao afirmar que o desenvolvimento deve estar ligado à melhoria da vida que as pessoas levam, bem como das liberdades que desfrutam. Para este autor, a liberdade é elemento essencial do desenvolvimento, sendo este diretamente dependente daquele, mormente quanto aos direitos humanos, objetivando-se, sempre, o alargamento dessas liberdades (SEN, 2010, p. 56).

Nesta medida, o desenvolvimento está diretamente relacionado à expansão das capacidades/liberdades das pessoas, possibilitando-lhes participar da vida política, social e econômica e demais aspectos, de forma ativa e consciente (SEN, 2010, p. 16).

Avançando um pouco na seara do desenvolvimento, insta destacar o conceito de desenvolvimento humano sustentável apresentado por Marielza Oliveira (2006, p. 05):

> *Em poucas palavras, o conceito de Desenvolvimento Humano Sustentável abrange meios e fins; justiça social e desenvolvimento econômico; bens materiais e o bem-estar humano; investimento social e o empoderamento das pessoas; atendimento das necessidades básicas e estabelecimento de redes de segurança; sustentabilidade ambiental para as gerações atuais e futuras; e a garantia dos direitos humanos — civis, políticos, sociais, econômicos e ambientais.*

Uma estratégia DHS de desenvolvimento considera cada questão, inclusive a expansão da economia, do ponto de vista da população. Cada iniciativa deve ser avaliada em termos do grau de participação das pessoas e do benefício que traz para elas. Os fatores sociais, políticos e culturais devem receber a mesma atenção que os fatores econômicos. Visto assim, o desenvolvimento é um fenômeno com muitas dimensões, e não apenas a econômica.

Mais uma vez destaca-se que a vertente econômica não importa, necessariamente, em desenvolvimento. Sendo este um conceito com espectro significativo muito mais amplo, abrangendo, inclusive, liberdades e capacidades pessoais, democracia, garantias de direitos humanos e participação ativa e consciente na vida política. Tal situação, de forma direta, conecta este conceito ao capitalismo humanista, na medida em que este intenta implementar uma nova vertente do capitalismo, enquanto regime econômico, de modo a garantir a concretização de direitos humanos de primeira, segunda e terceira dimensões.

Esclarecidos, então, os aspectos acerca do direito ao desenvolvimento, cumpre relacioná-lo ao capitalismo humanista. Demonstrando se este pode ser encarado como um elemento para a consecução ou para a contribuição ao direito ao desenvolvimento.

Neste diapasão, considerando que o Programa das Nações Unidas tem destacado que as pessoas são a real riqueza das nações, não a restringindo ao crescimento econômico ou ao PIB (Produto Interno Bruto). Assim, são países desenvolvidos aqueles em que todo o povo está inserido na evolução política, econômica, social e cultural, atingindo patamares que atendam ao mínimo vital; são os países inclusivos e emancipadores (SAYEG, BALERA, 2011, p. 177).

Segundo Sayeg e Balera (2011, p. 178-179), sendo o regime econômico adotado excludente há uma violação à dignidade da pessoa humana, equivalendo à pena banimento, sem que tenha havido qualquer crime. Assim sendo, não é recomendável a adoção do regime neoliberalista ou de economia de mercado para países periféricos, por exemplo, sob pena de violações à dignidade da pessoa humana sendo exigível, muitas vezes, a intervenção do estado para corrigir estas situações indesejáveis.

Por esta razão, a fim de satisfazer "preferencialmente a dignidade da pessoa humana da presente e das futuras gerações, a disponibilidade dos esforços e dos recursos econômicos, públicos e privados, deve ser submetida ao indispensável juízo humanista antropofilíaco" (SAYEG, BALERA, 2011, p. 180). A importância da Lei Universal da Fraternidade na ponderação sobre a disponibilidade dos recursos supracitados é fundamental para a garantia dos direitos humanos, assim como para as capacidades e liberdades dos sujeitos individualmente considerados.

Aqui, cumpre destacar a literalidade do conceito resumido de Balera e Sayeg (2011, p. 184) acerca de seu objeto de estudo, o qual, por si só, já demonstra o cumprimento dos elementos aqui apontados como necessários para o desenvolvimento, não só no viés normativo, mas também de acordo com as lições de Amartya Sen, possibilitando o desenvolvimento das potencialidades do indivíduo ao máximo:

> *(...) é o regime jus-econômico do capitalismo humanista, instituidor da economia humanista de mercado e construído a partir da ideia de predomínio da liberdade calibrada pela igualdade na regência da fraternidade, dentro da ampla perspectiva de concretização multidimensional dos direitos humanos que assegura, a um só tempo, um planeta digno e o acesso a níveis dignos de subsistência para o homem todo e todos os homens.*

Neste passo, a conclusão a que se pode chegar, por meio do novo marco teórico aqui estudado, é a de um capitalismo que contempla e respeita os direitos humanos, assegurando a satisfação da dignidade humana e a conquista de um planeta digno, isto é, livre, pacífico, sustentado e desenvolvido.

Trata-se de uma "solução econômica capitalista sob o tríplice ideal adensado de liberdade, igualdade e fraternidade (...), um capitalismo entendido e regido pela ótica dos direitos humanos multidimensionalmente adensados e considerados para o fim da satisfação da dignidade da pessoa humana e do planeta" (SAYEG, BALERA, 2011, p. 183). Ora, é um meio de consecução do direito ao desenvolvimento, nos moldes aqui vistos.

O cotejo das informações aqui apresentadas leva à óbvia conclusão de que o capitalismo humanista, enquanto regime econômico preocupado com os direitos humanos, é sim um meio de possibilitar o direito ao desenvolvimento. Confirmando, por conseguinte, a proposta apresentada neste estudo. Podendo-se dizer, em suma, que o capitalismo humanista é um elemento para o desenvolvimento.

3.7. O capitalismo humanista no cenário atual

O capitalismo humanista, vertente do regime econômico baseada no humanismo antropofilíaco, apresenta-se como uma possibilidade da economia sob a influência da igualdade, liberdade e fraternidade, respeitando a dignidade da pessoa humana e voltada para a efetivação dos direitos humanos. Decorre, consoante acima exposto, de uma interpretação sistemática da nossa Constituição Federal, mormente da garantia da dignidade da pessoa humana, a previsão de uma sociedade fraterna e do dispositivo acerca da ordem econômica. É uma meta já constante na Carta Magna. Sua constitucionalidade é, pois, inconteste.

Nesta medida, ainda que haja Proposta de Emenda Constitucional prevendo a disposição expressa da prevalência dos direitos humanos no art. 170, CF, esta denota mera formalidade, com o fito de tornar expresso raciocínio decorrente da interpretação das disposições constitucionais.

É um regime econômico que pensa e considera o sujeito em sua singularidade, assim como de forma coletiva. Há uma preocupação com os reflexos das políticas econômicas na vida das pessoas, pensando em sua dignidade. Desta forma, o capitalismo humanista ultrapassa o que usualmente se entende como desenvolvimento, isto é, mera acumulação de riquezas, na medida em que se preocupa com a vida digna e com a garantia dos direitos humanos. É, sobretudo, um meio de alcançar desenvolvimento.

Assim, tendo em vista que o direito ao desenvolvimento enfrenta o desafio quanto a sua concretude e força jurídica vinculante, como acima destacado, a adoção do capitalismo humanista, tanto decorrente de uma interpretação sistêmica do texto constitucional, quanto se considerando a Proposta de Emenda Constitucional supracitada, figuraria num modo de garantir meios para atingir o desenvolvimento, uma vez que esta vertente do regime capitalista já é, por si só, um elemento para o desenvolvimento, como também porque se apresenta como uma forma de garantir a dignidade da pessoa humana, o equilíbrio do meio ambiente, além de uma perspectiva mais ampla de direitos humanos.

O capitalismo humanista se mostra, então, como um modo de viabilizar o direito ao desenvolvimento, de forma cogente e efetiva. Figurando, inclusive, como um instrumento para guiar a atuação do Estado rumo ao desenvolvimento. Como já dito, é possível afirmar, sim, que o capitalismo humanista é um elemento para o desenvolvimento.

3.8. A Cidade de São Paulo se autoproclama capitalista humanista

O então prefeito da Cidade de São Paulo, saudoso Bruno Covas, em 30 de setembro de 2020 sancionou com vetos a Lei Municipal n. 17.481, na qual São Paulo se autoproclama Capitalista Humanista, no âmbito da Declaração de Direitos da Liberdade Econômica que estabelece garantias de livre mercado(89).

Destaque-se os termos do dispositivo:

LEI n. 17.481, DE 30 DE SETEMBRO DE 2020

Institui a Declaração de Direitos de Liberdade Econômica, estabelece garantias de livre mercado, análise de impacto regulatório, e dá outras providências.

CAPÍTULO I

DISPOSIÇÕES PRELIMINARES

Art. 1º Fica estabelecida, no âmbito do Município de São Paulo, a Declaração de Direitos de Liberdade Econômica, estabelecendo normas de incentivo e proteção à livre iniciativa e ao livre exercício de atividade econômica, dispondo sobre a atuação do Estado como agente normativo e regulador, nos termos do disposto no inciso IV do caput *do art. 1º, no parágrafo único do art. 170 e no* caput *do art. 174 da Constituição Federal.*

§ 1º O disposto nesta Lei tem como prioridade o desenvolvimento da economia local, em especial a economia criativa e colaborativa, a produção econômica, educacional, cultural, as empresas do terceiro setor, do mercado digital e do mercado sustentável.

§ 2º O âmbito de atuação desta Lei refere-se apenas à área municipal e no que tange a incentivos que visam ao desenvolvimento urbano equilibrado por todo o seu território e ao desenvolvimento sustentável economicamente através de mecanismos de regulação e licenciamento pertinentes à atribuição legal municipal, excluindo-se matéria de direito financeiro e tributário.

---

(89) Disponível em: <https://www.balera.com.br/pt/sao-paulo-se-autoproclama-capitalista-humanista/>. Acesso em: 26 maio 2021.

(...)

Art. 11. Ficam instituídos os princípios do capitalismo humanista e o da mediação como meio preferencial de regularização de situação de inadimplência, bem como de solução de conflitos e controvérsias, como orientadores da ordem econômica no âmbito e no interesse local do Município de São Paulo.

Art. 12. O índice de bem estar econômico conforme a metodologia do índice do capitalismo humanista, denominado ICapH, desenvolvido pelo Instituto do Capitalismo Humanista, passa a ser considerado de utilidade pública e instrumento de orientação de política pública no Munícipio de São Paulo.

Nos termos da Lei, foram introduzidos os princípios do Capitalismo Humanista e o da Mediação como meio preferencial de regularização da situação de inadimplência, bem como de solução de conflitos e controvérsias, como orientadores da ordem econômica no âmbito do Município de São Paulo.

A Lei estabelece expressamente, em seu art. 12, que o índice de bem-estar econômico, apurado conforme metodologia do índice do Capitalismo Humanista, denominado ICapH, desenvolvido pelo Instituto do Capitalismo Humanista (ICapH), passa a ser considerado de utilidade pública, servindo de instrumento para orientação da política pública do Município de São Paulo.

A consagração do princípio do Capitalismo Humanista, conforme cientificamente defendido pelos professores Ricardo Hasson Sayeg e Wagner Balera, corresponde ao reconhecimento que deve ser observada a dimensão econômica dos direitos humanos, no ambiente de economia de mercado que existe na cidade. Logo, ninguém ficará para trás, o que está perfeitamente alinhado com a Agenda 2030 da ONU(90).

---

(90) Em setembro de 2015, representantes dos 193 Estados-membros da ONU se reuniram em Nova York e reconheceram que a erradicação da pobreza em todas as suas formas e dimensões, incluindo a pobreza extrema, é o maior desafio global e um requisito indispensável para o desenvolvimento sustentável. Ao adotarem o documento "Transformando o Nosso Mundo: A Agenda 2030 para o Desenvolvimento Sustentável" (A/70/L.1), os países comprometeram-se a tomar medidas ousadas e transformadoras para promover o desenvolvimento sustentável nos próximos 15 anos sem deixar ninguém para trás. A Agenda 2030 é um plano de ação para as pessoas, o planeta e a prosperidade, que busca fortalecer a paz universal. O plano indica 17 Objetivos de Desenvolvimento Sustentável, os ODS, e 169 metas, para erradicar a pobreza e promover vida digna para todos, dentro dos limites do planeta. São objetivos e metas claras,

Por meio do reconhecimento do Capitalismo Humanista, sob o ponto de vista econômico, a Cidade de São Paulo pretende alcançar o *status* de sociedade humanista que, fundada na valorização do trabalho humano e na livre iniciativa, tem por fim assegurar a todos, existência digna, conforme os ditames da justiça social, e assim edificar uma sociedade livre, justa e solidária, com a pobreza e a marginalização erradicadas e as desigualdades reduzidas, onde se promove o bem de todos, sem preconceitos ou qualquer outra forma de discriminação. O ICapH, por sua vez, objetiva implementar o Capitalismo Humanista em todo o Brasil e elevar, pela inclusão econômica, o bem-estar e a dignidade de todos os brasileiros.

Assim, busca-se eliminar um suposto conflito entre o capitalismo e o humanismo. De formar concreta, a diretriz na Cidade de São Paulo será alcançar a dignidade da pessoa humana por intermédio de um capitalismo dito humanista.

3.9. Capitalismo humanista inspira indicação ao Nobel da Paz

Em virtude da aplicação pioneira dos princípios do capitalismo humanista em sua atividade judicante, o ministro do Superior Tribunal de Justiça (STJ) Moura Ribeiro foi indicado ao Prêmio Nobel da Paz 2020[(91)].

Como membro da Segunda Seção e presidente da Terceira Turma do STJ — órgãos especializados em direito privado —, Moura Ribeiro explica que o capitalismo humanista é uma vertente do direito econômico que enxerga o direito humano dentro do capital. Assim, como já discorrido, é uma nova perspectiva da análise jurídica do regime capitalista, com o objetivo de concretizar a dignidade da pessoa humana prevista constitucionalmente, que deve ser utilizada pelo operador do direito.

---

para que todos os países adotem de acordo com suas próprias prioridades e atuem no espírito de uma parceria global que orienta as escolhas necessárias para melhorar a vida das pessoas, agora e no futuro. Disponível em: <http://www.agenda2030.com.br/sobre/>. Acesso em: 26 maio 2021.

(91) Disponível em: <https://www.stj.jus.br/sites/portalp/Paginas/Comunicacao/Noticias/Aplicacao-do-capitalismo-humanista-inspira-indicacao-do-ministro-Moura-Ribeiro-ao-Nobel-da-Paz.aspx>. Acesso em: 31 maio 2021.

A indicação ao comitê norueguês que concede o Nobel da Paz foi feita pelo professor Ricardo Hasson Sayeg.

O julgamento que deu origem à indicação do ministro do STJ foi o caso de uma família que adquiriu um imóvel pelo Sistema Financeiro de Habitação e não conseguiu pagar as mensalidades, em virtude de uma grave doença que acometeu o filho. O recurso de apelação foi julgado no Tribunal de Justiça de São Paulo (TJSP) em 2010 e teve como relator o então desembargador Moura Ribeiro.

Em síntese, a instituição financeira credora não aceitou pedido de renegociar as parcelas, culminando por mover execução hipotecária em face dos devedores, cobrando as obrigações em atraso com juros de mora e multa contratual. Para o ministro Moura Ribeiro ficou evidenciado no processo que o inadimplemento havia decorrido dos altos gastos que os pais suportaram com o tratamento do filho, diagnosticado com leucemia — e que veio a falecer em razão da doença.

A decisão do TJSP na Apelação com revisão n. 991.06.05460-3 afastou a cobrança dos juros moratórios e da multa contratual no período da doença, levando em conta a ocorrência de caso fortuito e a ausência de culpa — elementos que descaracterizaram a mora, segundo o relator.

Com essa decisão, o ministro Moura Ribeiro se tornou o primeiro magistrado brasileiro a adotar o capitalismo humanista em seus julgados.

"A matéria, apesar de controvertida, foi acolhida pelo credor, que poderia ter entrado com recurso. No caso, o banco recalculou o período da doença do filho, e o casal voltou a pagar as parcelas mensais. Isso é uma boa-fé notória", observou o ministro.

Para Sayeg, o acórdão do TJSP foi um exemplo típico de observância dos direitos humanos no ambiente capitalista. "Os devedores se depararam com uma situação imprevisível e deveriam optar entre custear o tratamento do filho doente ou pagar as parcelas do financiamento. No final, escolheram a única opção possível para um pai e uma mãe: tentar salvar a vida do filho, um direito constitucional", avaliou Sayeg.

O ministro Moura Ribeiro declarou ainda sobre o tema que:

> *"O capitalismo humanista é o viés do direito econômico dentro daquilo que se chama de capital e que precisa ter uma visão social. O capital não precisa ser tenebroso. Não temos nada contra o capital, só queremos que ele se amolde aos princípios que gregos e romanos nos deixaram assentados aos direitos da personalidade. O capital deve passar por nós de tal modo que a Constituição possa ser implementada pelo piso da dignidade humana e haja uma real distribuição preconizada na lei."*

No caso em apreço, ficou evidenciado que o capitalismo não pode ser levado ao extremo, encontrando amparo no contratualismo e no legalismo para fundamentar qualquer decisão na busca da solução dos conflitos que se apresentam.

Assim, é de suma importância o desenvolvimento da teoria do capitalismo humanista e, principalmente, sua utilização pelos operadores do direito. No caso em apreço, vale registrar que a instituição financeira ainda poderia se valer de uma via recursal, mas optou pelo cumprimento da decisão, diante da excepcionalidade do caso concreto e, em especial, da manifestação trazida pelo ministro Moura Ribeiro.

Capítulo 4

Direito Fraternal

Diante das mudanças ocorridas na sociedade contemporânea — que ocorrem em uma velocidade cada vez maior — é de suma importância analisar o desenvolvimento de uma visão do Direito que envolve valores, virtudes e princípios, denominado de altruísta, solidário ou, na acepção mais aceita, fraternal.

O Direito Fraterno pretende fornecer uma nova hipótese de análise do direito, fundamentada em pressupostos vinculados à amizade, à quebra da obsessão da identidade, ao jurar conjuntamente, ao cosmopolitismo e à paz. Conforme afirmava Mohandas Karamchand Gandhi (1996), a paz não é uma nova via, mas sim a única via para a construção de um outro mundo possível.

Nesse sentido, a afirmação de Pietro Folena (2005, p. 74) é oportuna:

> *Il mondo ha bisogno che venga pattuito un nuovo inventario dei beni comuni dell'umanità, non disponibili per interesse privatistici e speculativo, e non messi al riparo dell'egoismo e dall'avidità: dai beni comuni naturali alla garanzia di acesso, per tutti, ai medicinali e alle cure sanitaria; dalla garanzia reale al diritto alla libertà personale, politica, religiosa fino a un'equa distribuizione della tecnologia.*[92]

Assim, é de suma importância pensar nas políticas públicas, sendo certo que sua análise pressupõe a atuação em uma sociedade não mais definida por critérios exclusivamente geográficos, mas em uma sociedade na

(92) Tradução livre: "O mundo necessita de um novo inventário dos bens comuns da humanidade, não disponíveis por interesses privativos e especulativos, e não colocados à reparação do egoísmo e da vida: são os bens comuns naturais à garantia de acesso, por todos, aos medicinais e às curas sanitárias; pela garantia real ao direito à liberdade pessoal, política, religiosa até uma eqüitativa distribuição da tecnologia."

qual é necessário pesquisar o impacto das políticas públicas que pretendem de fato uma inclusão social, analisando-se assim de que modo elas podem ser consideradas efetivas e eficazes.

Ademais, é preciso avaliar em que contexto tais políticas foram elaboradas, já que frequentemente as políticas públicas não são elaboradas de forma programática, mas sim destinadas a finalidades eleitorais, deixando de ser um processo capaz de alterar uma dada situação. Em muitos casos, as políticas acabam mascarando o mapa da exclusão social ou os próprios problemas de fundo.

Considerando as grandes crises enfrentadas pela sociedade, muitas vezes de alcance mundial, o futuro da humanidade exige fraternidade. Essa fraternidade, portanto, deve estar refletida no conjunto normativo, de forma a garantir a dignidade da pessoa humana mediante uma visão fraternal do Direito, que deve se refletir conteúdo do regramento das interações sociais.

Exemplificativamente, no século XVI grande parte dos povos ameríndios faleceu em razão dos surtos de doenças infecciosas, introduzidas em seu ambiente a partir de uma colonização sem planejamento ou qualquer preocupação local, sem perder de vista os maus tratos, a escravização do trabalho indígena, a perda da autoestima e dos valores comunitários.

A diminuição da população nativa na américa colonizada pelos espanhóis ocorreu por três motivos principais: por assassinato, durante as guerras; por maus tratos; e por choque bacteriano (TORODOV, 1999, p 159). Os maus tratos se caracterizaram pelas péssimas condições de trabalho. Já as doenças infectocontagiosas foram disseminadas pelos espanhóis, de maneira consciente nos indígenas. Diante do exposto, Torodov salienta que:

> *(...) Os conquistadores consideram as epidemias como uma de suas armas; não conhecem os segredos da guerra bacteriológica, mas, se soubessem, não deixariam de utilizar conscientemente as doenças; pode-se também imaginar que, na maior parte das vezes, eles nada fizeram para impedir a propagação das epidemias.*

A fraternidade deve ser entendida como a consciência do dever de se distanciar da lógica da inimizade e condividir espaços comuns com cada outro indivíduo, com sua vida, história e dignidade. Assim, devem ser afastadas do Direito as definições antagônicas e maniqueístas do tipo bom/mau, justo/injusto, que não mais se ajustam à realidade social, porque a sociedade produz simultaneamente um e outro e um porque outro, uma coisa porque outra. Além do mais, essa visão não é suficiente para o enfrentamento das atuais questões que se apresentam[93].

O modelo mais utilizado para a pacificação de conflitos envolve o monopólio da violência administrada por um aparato judiciário burocrático, realizada por um Estado que monopoliza a violência e confia a um terceiro, o juiz, a última palavra sobre a aplicação da penalidade. A legalidade é o fundamento e a justificativa para aplicação da violência pelo Estado.

Nesse contexto, o Direito é ambíguo, pois é uma técnica violenta que visa enganar a violência e é técnica que tem por função impor limites à própria técnica[94]. O Direito, então, se torna a causa de algo que a sociedade tenta coibir (impõe um dever-ser que muitas vezes faz valer aquilo que na realidade não se pode fazer) e traz uma solução — muitas vezes socialmente inadequada — para uma sociedade que precisa de respostas para seus problemas.

Surge então a necessidade de pensar uma forma não violenta de realização do Direito. Para tanto, Elígio Resta resgata a fraternidade, promessa esquecida da Revolução Iluminista, como base para a construção do novo Direito.

Assim, o Direito Fraterno propõe uma "nova/velha" análise dos rumos, dos limites e das possibilidades do sistema do Direito na sociedade atual. Utilizando-se a metodologia das ciências sociais, surge uma abordagem que propõe uma nova forma de análise do direito atual, bem como uma reestruturação das políticas públicas que pretendam uma inclusão de fato universal.

Todo o pensamento apresentado por Resta tem um grande valor científico, o qual se configura em uma abordagem científica do Direito

(93) RESTA, Elígio. *Il Diritto fraterno*. Roma-Bari: Laterza, 2006.

(94) *Idem*.

atual. O autor conclui a versão em português do texto Direito Fraterno com a seguinte proposta:

> *O Direito Fraterno, então, vive da falta de fundamentos, anima-se da fragilidade; procura evitar afirmar que 'deve' ser, e que existe uma verdade que o move. Ao contrário, arrisca numa aposta, exatamente como na aposta de Pascal sobre a existência do bem comum: se tivesse existido, o benefício teria sido enormemente maior do que o custo empregado com as próprias contribuições pessoais. No caso em que, ao contrário, não tivesse existido aquilo que se gastou, teria tido um pequeno custo em relação àquilo que se poderia ter ganhado. Convém, então, apostar na fraternidade* (RESTA, 2004, 125).

Neste sentido, o Direito Fraterno, visto então como uma nova abordagem, prima pela análise transdisciplinar dos fenômenos sociais, ou seja, a necessidade de transgredir e, ao mesmo tempo, integrar conhecimentos. Sob tal perspectiva Resta buscou em várias áreas do conhecimento científico os fundamentos, as fragilidades e a aposta no Direito Fraterno.

4.1. Evolução histórica

> **Durante o processo de evolução do Direito, o primeiro grande marco foi afastar a essência eminentemente religiosa das leis não escritas.**

Para Aristóteles, existiam as *leis comuns*, permeadas pelo consenso universal, em oposição às *leis particulares*, próprias de cada povo.

Os romanos criaram o conceito de *ius gentium*, ou seja, o direito comum a todos os povos, em contraponto ao *ius civile*, aplicável aos romanos.

No entanto, ao se excluir o fundamento religioso das normas, surgiu a necessidade de se buscar outro elemento justificativo para a vigência dessas leis universais, aplicáveis a todos os homens.

Durante o período medieval, foi elaborado um conceito de pessoa baseado na natureza racional individual. A concepção de pessoa no tempo medieval foi elaborada com base no princípio da igualdade essencial de todo ser humano, levando-se em consideração as discrepâncias individuais e grupais, de natureza biológica ou cultural.

Dessa forma, a universalização dos direitos humanos viria a surgir da igualdade essencial da pessoa, pois se tratavam de direitos resultantes de sua própria natureza, comuns a toda a espécie humana.

Exemplificativamente, na Idade Média encontra-se difundido o instituto da fraternidade no campo da comunhão patrimonial, com o objetivo de constituir um liame entre duas ou mais pessoas para satisfazer interesses e necessidades comuns.

Durante o período medieval surgiu a implantação cristã da ideia universal de fraternidade, com alicerce teológico em ideias conceituais e espirituais, situação que ensejou a criação de associações laicas, sendo algumas chamadas de "fraternidades", que nos forneceram as premissas dos atuais serviços sociais e de assistência, influindo significativamente sobre o Direito.

Durante toda a Alta Idade Média, ocorreu o esfacelamento do poder político e econômico do feudalismo. A partir do século XI ocorreu o movimento de reconstrução da unidade política, em virtude de disputas entre o Imperador e o Papa no território europeu.

Clamando pela reconcentração do poder contra os abusos, surgiram manifestações de rebeldia, marcadas pela Declaração das Cortes de Leão de 1188, na Península Ibérica(95), e pela *Magna Charta Libertatum* de 1215, na Inglaterra(96).

(95) As Cortes de Leão celebradas em 1188 desenvolveram-se no começo do reinado de Afonso IX no claustro da Basílica de Santo Isidoro, tal como se encontra registado numa comunicação do monarca ao Arcebispo de Compostela. Nestas primeiras cortes foram incorporados representantes da camada popular, os cidadãos. Este modelo seria adotado mais tarde em Castela e Catalunha e, mais adiante, no resto da Europa. Na sequência de um abrandamento da Reconquista, a coroa leonesa vê-se obrigada a instituir novos impostos para suprimir as deficiências financeiras, provocando a inflação dos preços. A classe popular exigia contrapartidas, bem como que a Coroa refreasse os gastos. In: *WikiPédia.*

(96) Magna Carta (em português "Grande Carta") é forma reduzida do título, em latim, da Magna Charta Libertatum, seu *Concordiam inter regem Johannen at barones pro concessione libertatum ecclesiae et regni angliae* (Grande Carta das liberdades, ou concórdia entre o rei João e os barões para a outorga das liberdades da Igreja e do rei Inglês), um documento de 1215 que limitou o poder dos monarcas da Inglaterra, especialmente o do rei João, que o assinou, impedindo assim o exercício do poder absoluto. Resultou de desentendimentos entre João, o Papa e os barões ingleses acerca das prerrogativas do soberano. Segundo os termos da Magna Carta, João deveria

Historiadores defendem que a Península Ibérica foi pioneira nas formas de proteção da pessoa[97].

Embrionariamente, a liberdade surgiu como valor defendido pelos direitos humanos. Todavia, não se tratava de uma liberdade geral em benefício de todos — o que somente viria a ocorrer no final do século XVIII — mas sim uma liberdade específica usufruída pelo clero e pela nobreza.

Com o surgimento dos burgos, que se formavam nos arredores dos castelos medievais, os servos da gleba assumiam a liberdade pessoal da classe dos mercadores, desde que residissem por mais de um ano e um dia num burgo novo, desvinculavam-se assim do poderio do senhor feudal. Era uma espécie de liberdade adquirida.

No início da Era Moderna (sécs. XVI e XVII), o Direito Natural foi racionalizado. O fundamento divino foi então substituído pelo elemento racional, comum a todos os seres humanos.

A Declaração de Direitos do Homem e do Cidadão[98], votada pela Assembleia Nacional Constituinte francesa em 26 de agosto de 1789, firmou princípios que, inspirados no Iluminismo, iriam fundar a nova constituição francesa. Foi um marco na evolução da humanidade, pois é evidente

---

renunciar a certos direitos e respeitar determinados procedimentos legais, bem como reconhecer que a vontade do rei estaria sujeita à lei. Considera-se a Magna Carta o primeiro capítulo de um longo processo histórico que levaria ao surgimento do constitucionalismo.

(97) Disponível em: <http://repositorio.unicentro.br:8080/jspui/bitstream/123456789/889/5/DA%20PEN%C3%8DNSULA%20IB%C3%89RICA%20PARAA%20EC%C3%9AMENA%20DO%20MUNDO.pdf>. Acesso em: 31 maio 2021.

(98) A Declaração dos Direitos do Homem e do Cidadão (em francês: *Déclaration des Droits de l'Homme et du Citoyen*) é um documento culminante da Revolução Francesa, que define os direitos individuais e coletivos dos homens (tomada, teoricamente, a palavra na acepção de "seres humanos") como universais. Influenciada pela doutrina dos "direitos naturais", os direitos dos homens são tidos como universais: válidos e exigíveis a qualquer tempo e em qualquer lugar, pois permitem à própria natureza humana. Na imagem da Declaração, o "Olho da Providência" brilhando no topo representa uma homologação divina às normas ali presentes, mas também alimenta teorias da conspiração no sentido de que a Revolução Francesa foi motivada por grupos ocultos. Pela primeira vez são proclamados as liberdades e os direitos fundamentais do homem de forma econômica, visando abarcar toda a humanidade. Ela foi reformulada no contexto do processo revolucionário numa segunda versão, de 1793. Serviu de inspiração para as constituições francesas de 1848 (Segunda República Francesa) e para a atual, e também foi a base da Declaração Universal dos Direitos Humanos, promulgada pelas Nações Unidas. In: *WikiPedia.*

o espírito ético humano que reconheceu parte dos direitos fundamentais do homem.

No século XVIII, além de profundos questionamentos acerca das certezas tradicionais, passou-se a conviver com a conhecida "crise da consciência europeia" e, durante os dois séculos que sucederam a Idade Média, a Europa conheceu uma extraordinária concentração de poderes, cujo período elaborou-se a teoria da monarquia absoluta, inspirada pelos pensamentos de Jean Bodin e Thomas Hobbes.

As liberdades pessoais passaram a ser garantidas pelo *habeas corpus*(99) e pela *Bill of Rights*(100). Porém, as garantias não beneficiavam a todos os cidadãos, mas somente os privilegiados do reino, ou seja, mais uma vez

---

(99) O habeas corpus é um dos instrumentos jurídicos mais antigos, tendo sua origem no século XIII, na Inglaterra, tendo, entretanto, divergências quanto ao documento em que esta ação foi primeiro apresentada (seja no Capítulo XXIX da Magna Carta de 1215, seja no Habeas Corpus Act inglês de 1679). Na Magna Carta, por exemplo, a necessidade de impedir que aqueles dotados de algum poder político pudessem proporcionar a privação da liberdade de forma irrestrita foi explicitada. Já no Habeas Corpus Act, a preocupação maior com o regramento dessa medida que podia reparar abusos à liberdade de ir e vir (limitando, inicialmente, aqueles acusados de crime, o que foi ampliado posteriormente em 1816, permitindo o combate a qualquer prisão injusta). Assim, o mandado de habeas corpus, em sua gênese, aproximava-se do próprio conceito do devido processo legal (due process of law), tendo sua utilização restrita ao direito de locomoção dos indivíduos com o Habeas Corpus Act. Para além destes marcos, a primeira garantia de habeas corpus disposta em texto constitucional foi em 1787 na Constituição norte-americana. In: *WikiPedia*.

(100) A Declaração de Direitos de 1689 (também conhecida por sua forma estatutária: Bill of Rights of 1689) foi um documento elaborado pelo Convention Parliament, formado após a fuga de Jaime II diante da chegada das tropas de Guilherme III em território britânico, no momento que ficou conhecido como Revolução Gloriosa. Jaime II vinha tentando expandir a fé católica em seu reinado, o que não agradava os aristocratas anglicanos da Inglaterra. Sendo assim, no início de 1688 foi tramada uma conspiração contra Jaime. Guilherme III (chefe de estado da Holanda) foi "convidado a invadir" a ilha inglesa. A Declaração, em essência, propõe limitações as ações da Coroa perante o Parlamento e a definição da sucessão da Coroa. Entre as limitações, pode-se destacar a cobrança de impostos sem o consentimento parlamentar, não podendo interferir nas eleições parlamentares e a suspensão de leis sem a anuência parlamentar.
Este documento é considerado um dos pilares do sistema constitucional do Reino Unido que estabelece limites aos poderes do monarca e declara os direitos do Parlamento, incluindo regular deliberação parlamentar, eleições livres e liberdade de expressão no Parlamento. O Bill of Rights é o primeiro documento oficial que garante a participação popular, por meio de representantes parlamentares, na criação e cobrança de tributos, sob pena de ilegalidade, vedando, ainda, a instituição de impostos excessivos e de punições cruéis e incomuns. In: *WikiPedia*.

o clero e a nobreza. Ainda assim a garantia dessas liberdades individuais acabou se estendendo à burguesia abastada, o que refletiu no próprio desenvolvimento do capitalismo industrial.

Com a *Bill of Rights*, a ideia de um governo representativo, ainda que apenas das camadas superiores da sociedade, começa a se firmar como uma garantia indispensável às liberdades civis.

Entende-se que consta da Declaração de Direitos do Estado de Virgínia(101), de 12 de junho de 1776, o registro de nascimento dos Direitos Humanos na história. Seu art. 1º dispõe que:

> *"(...) todos os seres humanos são, pela sua natureza, igualmente livres e independentes, e possuem certos direitos inatos, dos quais, ao entrarem no estado de sociedade, não podem, por nenhum tipo de pacto, provar ou despojar sua posteridade; nomeadamente, a fruição da vida e da liberdade, com os meios de adquirir e possuir a propriedade de bens, bem como de procurar e obter a felicidade e a segurança."*

Essa previsão consta inclusive da Declaração de Independência dos Estados Unidos, constituiu reconhecimento solene de que todos os homens devem ser igualmente considerados e tutelados, por uma condição inerente a sua própria natureza.

O desenvolvimento constante de si mesmos, a busca da felicidade de cada qual, é a razão de ser desses direitos intrínsecos à própria condição humana, situação conquistável por todos os homens em todas as épocas, sendo portanto uma razão universal, tal qual a própria pessoa humana.

Assim, a democracia moderna foi reinventada, de forma quase que concomitante, na América do Norte e na França, sendo utilizada pela burguesia como instrumento político com o intuito de combater os privilégios do clero e da nobreza.

---

(101) A Declaração de Direitos de Virgínia é uma declaração de direitos estadunidense de 1776, que se inscreve no contexto da luta pela independência dos Estados Unidos da América. Precede a Declaração de Independência dos Estados Unidos da América e, como ela, é de nítida inspiração iluminista e contratualista. A Declaração de Direitos de Virgínia foi elaborada para proclamar os direitos naturais e positivados inerentes ao ser humano, dentre os quais o direito de se rebelar contra um governo "inadequado". A influência desse documento pode ser vista em outras declarações de direitos, como a Declaração de Independência dos Estados Unidos (também de 1776), a Carta dos Direitos dos Estados Unidos (de 1789) e a Declaração dos Direitos do Homem e do Cidadão francesa (também de 1789). In: *WikiPedia.*

A ideia original da democracia moderna não foi a defesa da maioria pobre contra a minoria rica, mas, sobretudo, a defesa da classe burguesa e rica contra o regime de prerrogativas mantidas por um governo tido como irresponsável, que agia em detrimento dos direitos sociais.

O homem é colocado como alguém que existe fora da sociedade, sendo portanto preexistente à estrutura social, enquanto o cidadão se encontra exatamente inserido na sociedade e sob a autoridade do Estado. Assim, a Declaração Francesa dos Direitos do Homem e do Cidadão trouxe enorme contribuição quanto à distinção entre os direitos do homem e os direitos do cidadão.

Os direitos do homem são naturais e, portanto, inalienáveis.

Os direitos do cidadão foram obtidos pela aplicação e concretização dos direitos na sociedade.

A dimensão dos primeiros direitos humanos e a institucionalização da legitimidade democrática ocorreu com base na emancipação histórica do indivíduo frente aos grupos sociais a quem sempre se submetera, como família, clã, clero e Estado, com forte influência das Declarações de Direitos Norte-Americana e Francesa.

Ao longo do tempo o indivíduo se tornou mais vulnerável às vicissitudes da vida e a sociedade liberal passou a lhe oferecer a segurança jurídica da legalidade, com a garantia da igualdade de todos perante a lei.

No entanto, tal isonomia não se concretizou em um primeiro momento, medida em que a massa crescente de trabalhadores tinha que se submeter às pressões capitalistas para sobreviver.

A Constituição Francesa de 1848 revestiu-se de reivindicações econômicas e sociais; entretanto, o pleno reconhecimento dos direitos humanos de caráter econômico e social somente se deu no século XX, com a Constituição do México de 1917 e a Constituição de Weimar de 1919, esta consagrou direitos sociais relativos às relações de produção e trabalho, à educação, à cultura e à previdência.

O movimento socialista, iniciado na primeira metade do século XIX, reconheceu os direitos humanos de caráter econômico e social dos grupos sociais que estavam marginalizados e esmagados pela miséria resultante de um capitalismo dominante. O sistema socialista percebeu que a vulnerabilidade social do sistema de produção capitalista atribuía um valor maior aos bens de capital em detrimento aos seres humanos.

A ausência do exercício da fraternidade, como valor ou juridicidade, foi fatal para ambos os sistemas, como afirma Paulo Ferreira da Cunha(102).

Contudo, o conjunto dos direitos humanos organizado, até então, passou a formar um sistema, condizente com a hierarquia de valores prevalentes no meio social, muito embora tal hierarquia axiológica na maioria das vezes não coincidia com o sistema normativo positivo, onde se pode apontar até os nossos dias a tensão dialética entre a consciência coletiva e as leis estatais.

Na maioria dos países ocidentais, a partir dos séculos XIX e XX, as normas constitucionais vão introduzir os princípios políticos e filosóficos protetivos dos Direitos Humanos em regras jurídicas, geralmente caracterizadas como principiológicas, e os dispositivos jurídicos atinentes a tais direitos positivados, transformam-se em Direitos Fundamentais ou cláusulas pétreas.

Ocorreu, então, o fortalecimento dos Direitos Humanos que fomenta à autodeterminação dos povos e a crescente exigência do término de práticas ilícitas e abusivas dos Estados, assim como o respeito às garantias constitucionais individuais.

Somente no século XX proclamou-se no preâmbulo da Declaração Universal de Direitos Humanos que "todos os homens nascem livres e iguais em dignidade e direitos".

As correntes existencialistas do século XX também influíram na elaboração do conceito de pessoa humana, acentuando o caráter individual, inigualável e irreprodutível da personalidade, que não pode ser confundido

(102) Disponível em: <https://ambitojuridico.com.br/cadernos/direito-constitucional/direito-fraterno-em-busca-de-um-novo-paradigma-juridico/>. Acesso em: 31 maio 2021.

com o papel ou função que cada ser humano exerce na sua respectiva sociedade. Contribuindo também para desbancar as ideias sobre a existência de uma natureza humana essencial de todos os homens: o que viria a ter consequências de tomo para a fundamentação do direito natural que a partir daí aprofundou o seu declínio nos meios mais modernos.

Nesse sentido, a Declaração Universal dos Direitos Humanos de 1948, aprovada unanimemente pela Assembleia Geral das Nações Unidas, consolidou toda complexidade dessa elaboração teórica, proclamando que todo homem tem direito de ser, em todos os lugares, reconhecido como pessoa perante a lei, conforme disposto em seu art. 6º[(103)].

Os Direitos Humanos trouxeram um desafio que perturbou profundamente os pretensos donos do Direito. Mas, depois do início da construção da liberdade e da igualdade, é chegada a vez da fraternidade ser consumada no Direito. O Direito do século XXI deverá ser um direito fraterno, ou não será Direito.

4.2. Reflexões sobre os Direitos Humanos

A análise da fraternidade deve partir de um paralelo com a formulação do conceito de Direitos Humanos.

Pode-se destacar três paradigmas dos Direitos Humanos: o primeiro, os direitos civis e políticos, que poderiam ser enquadrados como garantias da liberdade; o segundo, os direitos econômicos, sociais e culturais que realçam a igualdade; e, o terceiro, o direito à paz, à ecologia e ao desenvolvimento sustentável, como prevê a Constituição Federal de 1988, que nos direciona à fraternidade (que alguns preferem denominar como solidariedade).

Os direitos fundamentais podem ser definidos como o conjunto de direitos e liberdades do ser humano que foram reconhecidos e sistematizados no âmbito constitucional do direito de determinado Estado. Já os direitos humanos estão abrangidos pelo direito internacional, porquanto direitos extensivos a todos os seres humanos, independentemente de sua vinculação à determinada ordem constitucional, caracterizando-se pela sua validade universal e por seu caráter supranacional.

---

(103) Art. 6º: "Todos os indivíduos têm direito de ser, em todos os lugares, reconhecidos como pessoa perante a lei".

Vieira de Andrade entende que os direitos fundamentais surgiram a partir de uma perspectiva filosófica (ANDRADE, 1987, p. 11-30). Antes de serem uma mera previsão inserida em um ordenamento positivo ou na prática jurídica das sociedades políticas, foram uma ideia no pensamento dos homens.

A relação — e a distinção — entre as expressões direitos humanos e direitos fundamentais provém das Constituições que surgiram após a Segunda Guerra Mundial, influenciadas pela Declaração Universal dos Direitos Humanos de 1948. Atualmente, a tendência é a unificação dos conceitos, o que vem a ser ratificado nas declarações internacionais e textos constitucionais mais recentes, fazendo-se emergir com o Direito Constitucional Internacional um direito dito supranacional. A expressão mais utilizada atualmente é "Direitos Humanos Fundamentais".

Não existe uma identidade necessária entre um rol de direitos humanos e de direitos fundamentais, nem tampouco entre os direitos tutelados pelo direito internacional e pelas Constituições. Não há necessidade de coincidência dos direitos efetivamente tutelados, visto que as relações derivam de um processo legislativo ou do atingimento de um consenso entre as nações signatárias de determinada declaração.

Norberto Bobbio preleciona que os direitos humanos nascem como direitos naturais universais, desenvolvem-se como direitos positivos particulares, para finalmente encontrarem sua plena realização como direitos positivos universais (BOBBIO, 1992/2004).

Esta perspectiva inspirar o desenvolvimento de uma acepção do direito fraterno, que deriva de compreensão do valor, da dignidade, e da situação de credor da sociedade que tem quem não tem ou pouco tem. Passa-se à condição de credor de solidariedade e de aceitação fraterna na família humana.

Flávia Piovesan entende que o processo de internacionalização dos direitos humanos está em constante formação, citando Norberto Bobbio, pois os direitos humanos não nascem todos de uma vez, nem de uma vez por todas.

A concepção contemporânea dos direitos humanos, a partir do pós--guerra, também, decorre da internacionalização ocorrida com a Declaração Universal de 1948. Até então, a cenário era de um ordenamento jurídico positivado, indiferente a valores éticos.

Dessa forma, ocorreu a reconstrução dos direitos humanos após as barbáries ocorridas na Segunda Guerra Mundial, diante do surgimento do Direito Internacional dos Direitos Humanos, bem como o novo Direito Constitucional Ocidental, que se embasou nos princípios e valores que deram maior significado à dignidade humana.

O art. 29 da Declaração Universal estabelece que "cada individuo tem deveres para com a comunidade, único lugar onde é possível o livre e pleno desenvolvimento da sua personalidade", de forma fazer refletir os efeitos da fraternidade na esfera comunitária, subordinando assim a dignidade da pessoa humana.

4.3. Premissas para consolidação de um Direito Fraternal

Para formular um conceito de Direito com base na fraternidade, enquanto valor a ser juridicamente protegido e promovido, o primeiro obstáculo a ser superado é a (re)interpretação do modelo de soberania estatal nacional.

Nesse sentido, com o Direito Fraterno surge a possibilidade de um novo paradigma de regras da comunidade, um modelo pactuado e não imposto (RESTA, 2004, p. 15-16), ou seja, que:

> *(...) conduz ao sentido de uma aposta: a aposta em jogo é a diferença do direito em relação ao mundo que pretende regrar. Enfim, trata--se de um modelo de direito que abandona a fronteira fechada da cidadania e olha em direção à nova forma de cosmopolitismo que não é representada pelos mercados, mas pela necessidade universalista de respeito aos direitos humanos.*

Segundo Resta, a partir de uma leitura contratualista, os Estados protegem os direitos fundamentais dos cidadãos; mas tal proteção contém um vício de origem, porque os direitos fundamentais não seriam a afirmação histórica da fraternidade e fruto de ideais universalistas, mas apenas resultado de uma realidade imaginária, a do Estado Nação, dotado de soberania.

No entanto, a fraternidade atrelada ao ideal de soberania apresentaria um limitador à condição fraterna dos povos, pois entregaria o destino ao internacionalismo, e não ao cosmopolitismo propriamente dito. Assim, aquele direito fraterno que se proclamava universal teria por pré-requisito um estado soberano.

Para a formação de uma *civitas maxima* — isto é, uma comunidade política de cidadãos acima da cada estado — Resta entende que a primeira condição necessária para que se possa falar em direitos fundamentais em chave universal é a remoção da ideia de soberania, tornando possível que se renuncie a nacionalismos ilusórios, de modo que os direitos dos povos possam encontrar uma faixa comum de identidade.

Segundo tal premissa, a soberania seria então o principal obstáculo à universalização da fraternidade e ao pacifismo internacional, noção presente no escrito kantiano sobre a paz perpétua e também nos escritos do primeiro pós-guerra de Kelsen. Em consequência, Resta pontua que o direito moderno — derivado da lógica da soberania — apresenta armadilhas que devem ser desarmadas.

Por trás de categorias como sujeito de direito, direito subjetivo, lide e conflito, todos tutelados e/ou resolvidos pelo Estado Soberano, se esconde um código de igualdade assentado numa noção egoísta de cidadania, na qual o direito se reduz à relação entre a pretensão de uma parte e a contraprestação obrigatória de outra, onde seu objeto se resume a uma mera troca individualista.

Na tradição jurídica da modernidade, o direito apagou o sentido mais essencial da solidariedade — o dever de todos, o *communus* da comunidade de garantir o direito do próximo — promovendo uma cidadania de bases individualistas.

Resta explica que esse sentido estava presente no art. 23 da Carta Francesa de 1793, no qual se encontra a noção de que a luta pelo direito é um problema de cultura da comunidade, manifestada na previsão de que é dever de todos zelar pelo reconhecimento, manutenção e efetivação do direito de cada um.

Esse modelo, derrotado pela história, se opõe fortemente à antropologia negativa do contratualismo e à forma Leviatã, em que o estado se coloca como um terceiro elemento superior e independente, apto a gerar segurança jurídica e paz entre homens que não conseguem resolver seus problemas.

Passados alguns séculos desde as grandes revoluções jurídicas da modernidade, o esfacelamento ético-moral da sociedade (quanto menos prevalece a ética social, mais o direito se torna necessário para estabilizar as relações e condutas humanas), a intolerância oriunda dos maniqueísmos e o excessivo apego ao judiciário como superego da sociedade, são sintomas evidentes de esgotamento do atual modelo.

Para resolver esses problemas, de nada adiantam meras reformas processuais. As relações jurídicas devem ser repensadas, a partir da maior simetria e da responsabilidade recíproca pelos nossos atos e pela guarda primária do direito do próximo, enquanto expressão maior da fraternidade, ou possivelmente não haverá futuro para o direito.

Busca-se então adotar uma visão de paradigma que melhor se adeque ao tema proposto.

O conceito de paradigma pode ter duas faces ou dois momentos: um como conjunto de conceitos, pressupostos e preceitos básicos, para que se tenha a possibilidade de perceber-nos no e como parte do ecossistema ou da realidade; e o outro como produto ou resultado do uso desses pressupostos e preceitos em forma de entendimento, explicações, conhecimentos, teorias, ciência sobre nossa realidade planetária e cósmica, para organizar, agir, reproduzir e produzir nossa sobrevivência em cada época e região, que busca atender às necessidades humanas ou de todos os seres participantes do ecossistema ou realidade.

Em uma perspectiva histórico-cultural, no início do século surgiu o debate quanto à herança epistemológica e aos grandes influxos das correntes de pensamento e das práticas científicas, indo ao encontro das inquietudes contemporâneas, sobretudo, do percurso ocidental e projetando certas expectativas de futuro.

Os paradigmas são, assim, andarilhos, viajantes. E vão incorporando em si as paisagens que vão percorrendo, as experiências que vão experimentando.

4.4. O novo paradigma

Surge então um novo paradigma: o Direito Fraterno.

Ao se refletir acerca das políticas públicas e direitos humanos fundamentais, tendo como referencial o Direito Fraterno, pode-se verificar que a ideia de ausência de soberania nacional, a utilização pacífica dos recursos e a gestão em comum são pressupostos nele presentes.

Quando se trata de uma sociedade cosmopolita pressupõe-se que os direitos também sejam efetivados, quando se trata da Constituição sem Estado fala-se em ultrapassar os limites ditados por qualquer soberano e, ainda, quando se afirma a importância do pacto entre iguais — no qual o soberano não é eliminado, mas é apresentado como um igual — permitindo assim se pensar numa ideia de não violência, possibilitando suscitar a efetivação dos direitos humanos fundamentais ou então, em Direito e fraternidade.

Na evolução da humanidade ocorreram diversas mudanças de paradigmas em relação aos Direitos Humanos. Vislumbra-se como pano de fundo a mudança do paradigma do direito objetivo (das coisas), para o subjetivo (das gentes) e o Fraterno (das relações entre as gentes).

A teoria e a prática do Direito devem ser pensadas filosoficamente à luz da fraternidade como categoria, postulado, fundamento, princípio ou valor jurídicos, tendo-se por objetivo o estudo do Direito e da Justiça enquanto finalidade maior do Direito, levando-se ainda em consideração o processo contemporâneo de globalização pelo qual passa a humanidade.

De acordo com Antônio Braz Teixeira, a filosofia não é, como os outros tipos de saber, um corpo de doutrina, um acervo de conhecimentos ou um conjunto articulado de soluções ou de respostas, mas sim um processo, uma atividade permanente de interrogação sobre o próprio saber objeto do estudo, seu valor e seus fundamentos (TEIXEIRA, 1964).

Utilizar-se da dimensão jurídica do conceito de fraternidade constitui um elemento essencial para a resolução dos problemas enfrentados pela sociedade atual, permitindo assim promover uma mudança substancial na regulação das relações humanas, que implicará numa escala desde a busca do bem comum culminando com a implantação de um Direito que almeja e demanda o bem de toda a coletividade, um Direito Fraterno.

Com a efetivação de um Direito Fraterno pode-se estabelecer parâmetros essenciais para a compreensão e a resolução dos problemas enfrentados pelos países, confraternizando-os para que se possa implementar, gradativamente, uma mudança radical nas relações internacionais, para a busca do bem comum e toda humanidade, mas ainda uma nova visão do cidadão, enquanto habitante e possuidor de direitos em um contexto intercultural.

As mudanças de paradigmas, diante da complexidade das relações e da mudança das necessidades dos cidadãos, faz refletir sobre o desenvolvimento de um novo conceito de soberania do Estado, que se processa inserido num conceito mais democrático plural e flexível, no contexto de uma sociedade cosmopolita e globalizante.

4.5. Denominações para o novo paradigma

Numa perspectiva histórico-cultural é possível debater, no início do nosso século, a herança epistemológica, os grandes influxos e correntes de pensamento e de metodologias jurídicas, indo ao encontro das inquietudes contemporâneas, sobretudo do mundo ocidental, onde são projetadas pela maior parte dos seres humanos certas expectativas de futuro.

A pós-modernidade trouxe consigo a responsabilidade por identificar e valorizar a boa herança da modernidade, transformando-a num tesouro inestimável, que através da lapidação permitirá a releitura do Direito.

No final dos anos 1990, mais precisamente 1999, saía a primeira edição do Livro de Antônio Carlos Wolkmer, "Pluralismo Jurídico, Fundamentos de uma Nova Cultura no Direito", citado por Paulo Ferreira da Cunha, segundo o qual, buscava-se denominar um novo paradigma jurídico. Foi então sugerido naquela ocasião um paradigma que parecia já despontar para o Direito, o Pluralismo Jurídico Comunitário-Participativo.

No ano 2000, paralelamente e mesmo sem conhecer o livro de Antônio Carlos Wolker, Paulo Ferreira da Cunha já se preocupava com a denominação desse novo paradigma do Direito, em "Teoria da Constituição", cujo assunto foi amplamente dissertado em seu livro Geografia Constitucional.

Eligio Resta, em 2002, publica *"Il Diritto Fraterno"*. No ano de 2003 Carlos Ayres de Brito utilizou a expressão "Constituição Fraterna", onde um novo Estado Fraternal passaria a ser o novo paradigma com relação ao Estado Social, no entanto, sem negá-lo. Michelle Carducci sugere, ainda no mesmo ano, um "Direito Constitucional Altruísta".

Em 2007, Carlos Ayres de Brito, menciona o humanismo como uma categoria constitucional. E, por último, surge a sugestão da expressão "Direito Humanístico", por Maria Francisca Carneiro, em 2008.

Diante das considerações destes renomados juristas, buscar-se-á conceituar o Direito Fraterno. Procurando fazê-lo dentro do rigor deontológico, principalmente porque é praticamente um recém-nascido, como paradigma produto (ou *constructo* — construído), e isto permite certa ousadia, respeitando-se os limites científicos.

Para além das colaborações dos já mencionados doutrinadores, também pode se vislumbrar uma denominação para este novo paradigma do direito que por si demonstra seu caráter essencialmente humanista.

Nascendo com cunho político revolucionário, como já mencionado, o Direito Fraterno possui suas raízes iluministas na Revolução Francesa de 1848. É um Direito que surge como desiderato desde há muito reclamado, pois perante dois outros conceitos contemporâneos, a liberdade e a igualdade, não evoluiu.

Mas embora não desenvolvido, o conceito não foi esquecido, na medida em que as preocupações com a justiça e com a própria ontologia do Direito sempre fizeram parte das prioridades de um rol de juristas que na função de operadores do Direito, em suas vastas instâncias, sempre procuraram, filosoficamente, interpretá-lo.

É, em suma, um conceito que faltava para integrar o Direito, e é nesse pensamento de tornar inteiro, total, que se poderia nomeá-lo como um paradigma para integrar o Direito, permitindo então uma releitura pós-moderna, onde se começa a especular uma nova noção de Direito, mais adequada à realidade, afastando o caráter extremamente dogmático do positivismo jurídico.

Por essa visão ampliada poderá ser percebida a inter-relação necessária do Direito com outras ciências, de forma a proporcionar uma justiça social, igualdade justa, liberdade ética. Portanto, o Direito Fraterno é fruto da inter-relação, do interpessoal, abrangendo assim como pressuposto a interdisciplinariedade.

Fausto Goria denomina a fraternidade como valor inspirador de normas e institutos jurídicos, na medida em que a relação abstrata configurada pelas normas recebe vida na relação social concreta interpessoal, e a fraternidade seria o valor inspirador de normas e de institutos. Assim, existiria aí uma pista de certo interesse sobre fraternidade e Direito nas relações pessoais cotidianas (GORIA, 2005).

Faz-se mister salientar que a noção de interdisciplinariedade está contextualizada na crise de paradigmas pós-moderna e responde à visão de mundo que contempla o Saber Plural, contrária à dogmatização de modelos científicos, estratégias de conhecimento ou determinada hierarquia das sabedorias humanas.

Portanto, é pelo caminho dos novos paradigmas que haverá a construção de um conceito de Direito Fraterno, dentro de um campo aberto de incertezas que atuam na construção do conhecimento, não podendo ser fixado dentro da anterior tradição científica fechada.

Assim, a identidade científica contemporânea possui por característica a inter e a transdisciplinaridade, para não falar dos saberes cotidianamente empíricos, que amealham nosso espírito de sapiência e da contribuição invasora e indisciplinada da arte.

4.6. A perspectiva pós-moderna

Nessa perspectiva pós-moderna, o conceito de cidadania deve ser (re) avaliado. Atualmente fala-se na existência de um cidadão do mundo, um cidadão solidário, ambos decorrentes de uma maior flexibilização política, jurídica e social, conquistada com o exercício constitucional dos direitos fundamentais, que culminou com o início efetivo da implantação universal dos Direitos Humanos.

Esta implantação, ainda em curso, soa hoje como uma conquista que será desenvolvida e continuada, em uma dinâmica que poderá se expandir com o efetivo exercício do direito fraterno, surgido como paradigma que despontou nos pactos e convenções internacionais e em algumas Constituições democráticas, com relação a tutela do Direito Fraternal, Altruísta, Holístico ou Solidário, conforme alguns autores o denominam.

4.7. A internacionalização do direito fraternal

O Direito Internacional, ao acompanhar o desenvolvimento da sociedade e se adequar à realidade globalizante, transforma o indivíduo em um cidadão do mundo.

É importante refletir sobre o conceito de fraternidade como princípio inserido entre os princípios que regem não só as nossas Cartas Magnas, como também a Constituição de outros Estados e os pactos e convenções internacionais.

O processo de cidadania evolui e se fortalece constantemente, dentro de um contexto que decorre cada vez mais de novas condições de tempo e espaço, e de uma crescente dialética proveniente de experiências fenomenológicas e virtuais.

Busca-se absorver, em um período de tempo mínimo, uma quantidade considerável de informações que tornam o ser humano sem parâmetros, limitações físicas, que pode ser transmutado rapidamente para diversos lugares, de forma a amplificar seu espaço e seu campo de atuação.

A cidadania internacional ou mundial é uma expressão adotada por diversos autores, como J. Habermas e Norberto Bobbio.

O Direito Internacional Público busca garantir os Direitos Internacionais dos Direitos Humanos aos cidadãos, independentemente de onde estejam, se no seu país de origem ou noutro qualquer, exigindo juridicamente dos Estados a tutela e o respeito aos Direitos Humanos no âmbito internacional, sejam estes condizentes ou não com a respectiva constituição do país, ou até mesmo, independentemente dos países terem ou não constituição.

O homem é considerado um sujeito titular de direitos, no âmbito internacional, perante os Estados Democráticos. Assim, a realidade da cidadania mundial remete-nos à doutrina kantiana do direito cosmopolita, cuja ênfase é dada ao direito dos povos e não dos Estados.

Dessa forma, deve ocorrer a defesa irrefutável do Direito Fraterno na proteção internacional dos Direitos Humanos, levando-se em consideração uma nova visão de soberania estatal, cuja atualidade reflete o inovador *status* físico-espacial do cidadão, que passa a ser denominado cidadão do mundo, eclodindo no questionamento referente ao surgimento e desenvolvimento do Direito Fraterno como paradigma de uma nova Era do Direito, na medida em que desenvolveram-se o Direito à Liberdade e Igualdade, provenientes dos estados de privação e atrocidades sofridos pela humanidade.

4.8. O papel do Direito Fraternal na tutela da dignidade

O Direito Fraterno desponta com a necessidade premente de sermos amigos, irmãos, fraternos, ou ao menos, num mínimo de exercício de humanidade nas relações interpessoais, que, provavelmente culminará com um Direito mais justo, configurado por um panorama ético, colocando-se sempre antes no lugar do outro, antes de o julgar e sentenciar. Enfim, cumprir o estabelecido nas Constituições e ratificado nas Convenções Internacionais.

A verdade é que se faz necessária uma reavaliação sobre o conceito de soberania do Estado, onde não se possa permitir nem inserir o abuso do Poder Estatal em detrimento dos princípios da dignidade, liberdade e igualdade do ser humano global, presentes na legislação pátria de diversos países, bem como nos pactos e convenções internacionais.

Vislumbra-se que o Estado Democrático de Direito consagre a Fraternidade como princípio maior, fazendo florescer cada vez mais o respeito à dignidade da pessoa humana, dando o amparo da juridicidade a tantos cidadãos que devem ter seus direitos — individuais e globais — sujeitos à adequada tutela jurídica.

Clóvis Bevilácqua considerava a solidariedade um fenômeno social de alta relevância, fundamento do Direito Internacional, fruto da consciência de que as nações têm interesses comuns, e, não, meramente a soberania, que é princípio do direito interno (BEVILÁCQUA, 1911).

Tomando-se a fraternidade como uma das vertentes da solidariedade, a tendência será, provavelmente, estender-se a todos os povos e comunidades da terra, para protegê-los, de forma a lhes conferir a plenitude dos direitos.

Ao contrário do que se imagina hoje, a solidariedade como valor ou virtude desponta em uma das formas em que se concretiza a ideia de justiça, para então dominar as relações internacionais.

O principal referencial teórico está contido nas constituições dos países democráticos de direito, onde os direitos constitucionais e civis expressos estão relacionados de forma direta com a Declaração dos Direitos Humanos, pactos e convenções internacionais.

Na área internacional, os direitos do homem nascem como direitos naturais universais, desenvolvem-se como direitos positivos particulares, para finalmente encontrarem sua plena realização como direitos positivos universais.

Os Estados Democráticos de Direito devem consagrar o Direito Fraternal como princípio maior de respeito à dignidade da pessoa humana, dando juridicidade às necessidades de proteção jurídica dos cidadãos que têm direitos individuais e globais.

Pérez Luño propõe como conceito mais avançado de Direitos Humanos, um conjunto de faculdades e instituições que, em cada momento histórico, concretizam as exigências da dignidade, da liberdade e da igualdade humanas, as quais devem ser reconhecidas positivamente pelos ordenamentos jurídicos a nível nacional e internacional (PÉREZ LUÑO, 1987).

4.9. A fraternidade constitucionalizada

A Constituição Brasileira, de 1988, revela-se imbuída de um caráter essencialmente humano e cidadão, de forma a almejar uma sociedade fraterna, já em seu preâmbulo.

> *Nós, representantes do povo brasileiro, reunidos em Assembleia Nacional Constituinte para instituir um Estado Democrático, destinado a assegurar o exercício dos*

> *direitos sociais e individuais, a liberdade, a segurança, o bem-estar, o desenvolvimento, a igualdade e a justiça como valores supremos de uma sociedade fraterna, pluralista e sem preconceitos, fundada na harmonia social e comprometida, na ordem interna e internacional, com a solução pacífica das controvérsias, promulgamos, sob a proteção de Deus, a seguinte Constituição da República Federativa do Brasil.*

Uma Constituição dita "cidadã" que, segundo, Paulo Ferreira da Cunha, tem no Preâmbulo um dos seus maiores princípios ativos, um traço vinculante de identidade (CUNHA, 2007):

> *"este preâmbulo da Constituição brasileira afigura-se-nos a grande cláusula pétrea por detrás das cláusulas pétreas elencadas expressamente. E não esqueçamos que estas cláusulas têm de existir, sob pena de banalização e rebaixamento constitucionais: são as muralhas que defendem a cidadela constitucional contra as investidas dos poderes fugazes e o turbilhão do momento, de cada momento."*

Depreende-se do texto constitucional brasileiro, a herança dos três valores que constituíram o lema do movimento revolucionário francês de 1848: liberdade, igualdade e fraternidade.

O lema liberdade, igualdade e fraternidade parece ter se originado, quando houve a criação da primeira seita comunista, conhecida como "Comunismo Cristão", fundada em 1694, por Johann Kelperès[(104)]. Para os membros dessa seita, o Messias não é o "pescador de almas" da Igreja Católica, mas, aquele que se apresenta através de uma trilogia, onde é o "distribuidor de justiça" (igualdade), o "grande irmão" (fraternidade) e o "libertador" (liberdade).

Esse lema, cuja origem é atribuída por alguns ao movimento maçom ou mesmo aos iluministas, na verdade encontra raízes na doutrina cristã.

---

(104) Disponível em: <https://books.google.com.br/books?id=WN0gDgAAQBAJ&pg=PT69&lpg=PT69&dq=Comunismo+Crist%C3%A3o%22,+fundada+em+1694,+por+Johann+Kelper%C3%A8s&source=bl&ots=tmeqx-mrly&sig=ACfU3U29FEzjokYLR2v8kuyrJ2Lb3JlHNQ&hl=pt-PT&sa=X&ved=2ahUKEwiAp9T0j_fwAhV6LLkGHbiKBCAQ6AEwCHoECBMQAw#v=onepage&q=Comunismo%20Crist%C3%A3o%22%2C%20fundada%20em%201694%2C%20por%20Johann%20Kelper%C3%A8s&f=false>. Acesso em: 31 maio 2021.

Sua difusão na cultura europeia deve ser tributada aos autores católicos do século XVII.

De qualquer modo, e apesar dos precursores a considerar, os direitos humanos têm o seu marco na Revolução Francesa de 1789.

Conforme expõe Bobbio, com a Revolução Francesa, entrou prepotentemente na imaginação dos homens a ideia de um evento político extraordinário que, rompendo a continuidade do curso histórico, assinala o fim último de uma época e o princípio primeiro de outra. Duas datas, muito próximas entre si, podem ser elevadas a símbolos desses dois momentos: 4 de agosto de 1789, quando a renúncia dos nobres aos seus privilégios assinala o fim do antigo regime feudal; e, 26 de agosto, quando a aprovação da Declaração dos Direitos do Homem marca o princípio de uma nova era. Não vale a pena sublinhar, por ser muito evidente, o fato de que uma coisa é o símbolo e a outra é a realidade dos eventos gradativamente examinados por historiadores cada vez mais exigentes. Mas a força do símbolo não desapareceu com o passar dos anos.

A Declaração de 1948 diferencia-se da Declaração Francesa de 1789, em especial pelo seu caráter de universalidade e pelo expresso reconhecimento da responsabilidade de todos na realização dos direitos humanos.

Seu art. 1º estabelece que todos os homens nascem livres e iguais em dignidade e direitos, sendo dotados de razão e de consciência, devendo assim agir uns aos outros com o denominado espírito de fraternidade. O art. 29º, item 1, dispõe que toda pessoa tem deveres para com a comunidade, na qual o livre e pleno desenvolvimento de sua personalidade é possível.

É nesse ponto que surge a ideia de uma sociedade fraterna, onde, ao mesmo tempo que se impõe o dever para com a comunidade na qual se está inserido, estabelecem-se parâmetros para indicar a conduta de todos para todos: é o reforço do conceito de "o espírito de fraternidade".

Segundo Marco Aquini, a fraternidade não é apenas um enunciado ou um mero conceito, mas o fator que gera o comportamento dos homens, confirmando assim sua ligação ao Preâmbulo da Constituição Brasileira, que invoca a ideia da família humana e considera na Declaração um ideal comum a ser alcançado por todos os povos e nações, quando introduz no art. 29 a ideia dos deveres que todo ser humano tem para com a comunidade (AQUINI, *in* BAGGIO, 2008).

Segundo Sandra Vial, o Direito Fraterno propõe uma "nova/velha" análise dos caminhos, limites e possibilidades da atuação do direito na sociedade atual. Assim, pode-se deduzir que o Direito Fraterno é uma metateoria, ou seja, uma teoria das teorias, cujo estudo propõe uma forma peculiar de análise do direito atual, concomitantemente à reestruturação de todas as políticas públicas que pretendam uma inclusão de fato universal (VIAL, 2007, p. 190).

O caminho traçado pelo Direito Fraterno, diante de suas premissas, provavelmente permitirá o atingimento de um maior grau de eficácia do Direito, estando em perfeito acordo com o estipulado pelo constitucionalismo pós-moderno, repercutindo na maior efetividade das normas constitucionais.

Assim, quando a Constituição Brasileira estabelece, como um dos seus objetivos, a construção de uma sociedade livre, justa e solidária, não está enunciando, como pondera Daniel Sarmento, uma diretriz política desinvestida de qualquer eficácia normativa. Segundo o autor, ao contrário disso, na medida em que expressa um princípio jurídico, produz eficácia imediata e pode atuar, no mínimo, como vetor interpretativo de toda ordem jurídica (SARMENTO, 2006, p. 295-96). Sarmento refere-se assim ao conceito de solidariedade, cuja compreensão remete-nos a de fraternidade:

> "*... na verdade, a solidariedade (aqui também compreendida como fraternidade) implica reconhecimento de que, embora cada um de nós componha uma individualidade, irredutível ao todo, estamos também juntos, de alguma forma, irmanados por um destino comum. Ela significa que a sociedade não deve ser um locus da concorrência entre indivíduos isolados, perseguindo projetos pessoais antagônicos, mas sim um espaço de diálogo, cooperação e colaboração entre pessoas livres e iguais, que se reconheçam como tais.*" (SARMENTO, 2006, p. 295-296)

Jorge Miranda segue o mesmo raciocínio, ao prelecionar que as liberdades, as garantias e os direitos sociais encontram-se vinculados a três categorias de ideias-chave: liberdade, segurança e solidariedade (MIRANDA, 2006, p. 62).

Assim, constata-se que a dignidade da pessoa humana é o valor reclamado constantemente por toda a sociedade, onde as convicções fundamentais se ajustam, essencialmente, à consciência social e ao sentimento constitucional democrático.

Gustavo Tepedino classifica a dignidade da pessoa humana como uma verdadeira "cláusula geral", uma condicionante da dimensão normativa, que define uma nova ordem pública confirmada pela funcionalização da atividade do Estado, limitando-a e efetivando o cumprimento dos valores existenciais e sociais definidos na Constituição (TEPEDINO, 2005, p. 67). E assim, cabe ao Direito assegurar que as relações entre os homens, Seres Humanos dignos de se desenvolvam adequadamente, implicando, também no exercício da fraternidade, no Direito Fraterno.

4.9.1. Direito Fraterno: princípio e categorias constitucionais

O homem é a origem de tudo, A partir do homem e da organização social surgiram o Direito e o Estado. O Direito deve ser reconhecido como Homem, Pessoa, Ser Humano. E não há Ser Humano destituído de dignidade. Assim, a primeira e fundamental função do direito é a tutela da dignidade da pessoa humana.

Obter tal unidade é o maior desafio para o direito, e sua concretização pressupõe igualdade, a qual deverá ser revertida em pressuposto para a dignidade. No entanto, essa dignidade deve ser considerada numa perspectiva específica, qual seja, de atuação dinâmica na sociedade. É uma dignidade que visa a realização da pessoa em comunidade, sua participação com outros indivíduos, dentro de um contexto de relacionamento social.

Assim, a dignidade da pessoa humana conquista papel essencial no desenvolvimento e na concretização dos Direitos Humanos no Estado Democrático de Direito.

Os Estados, o Direito e a sociedade, quando consagraram os princípios da liberdade e igualdade, reforçaram somente os direitos individuais.

E isto não é suficiente, não estabelece posições e não fornece respostas satisfatórias e adequadas para assegurar uma vida de relações na comunidade, pois se prescinde de outro princípio fundante: a fraternidade.

Esses três princípios são solidários e se complementam. Caso contrário é difícil estruturar a sociedade de forma adequada. Se a fraternidade for praticada por si só, sem a igualdade e a liberdade, não há fraternidade de fato; por sua vez, a liberdade sem a fraternidade seria mera libertinagem, pois é com o princípio da fraternidade que se concretiza a dignidade da pessoa humana e assim o mútuo respeito das liberdades individuais e coletivas, cerceando-se em limites fraternos. Já a igualdade sem a fraternidade provavelmente conduziria à tirania, pois se a igualdade busca a liberdade, ensejará uma espécie de despotismo, onde os mais fracos buscarão aniquilar os mais poderosos para assumirem o seu lugar e poder[105].

O constitucionalismo moderno conheceu duas grandes fases. A primeira, do liberalismo (constitucionalismo liberal), onde o valor liberdade esteve em destaque. A segunda, caracterizada pela social-democracia (constitucionalismo social), com especial ênfase ao valor igualdade.

A Constituição Brasileira, ao afirmar que é objetivo fundamental da República Federativa construir uma sociedade livre, justa e solidária, traz em si o reconhecimento de dimensões ou categorias constitucionais materializadas em três valores distintos, que se encontram adequadamente integrados, para possibilitar que o Direito atue de forma mais concreta e eficaz com a sociedade. São elas: uma dimensão política: construir uma sociedade livre; uma dimensão social: construir uma sociedade justa, com igualdade; e, por último, uma dimensão humanística e interpessoal: construir uma sociedade fraterna e solidária.

4.10. A influência do neoconstitucionalismo

De acordo com Luís Roberto Barroso, "talvez esta seja uma boa explicação para o recurso recorrente aos prefixos pós e neo: pós-modernidade,

(105) Disponível em: <https://ambitojuridico.com.br/cadernos/direito-constitucional/o-principio-da-fraternidade-e-sua-efetivacao-atraves-da-decisao-monocratica-do-relator-combate-das-desigualdades-sociais/>. Acesso em: 31 maio 2021.

pós-positivismo, neoliberalismo, neoconstitucionalismo. Sabe-se que veio depois e que tem a pretensão de ser novo. Mas ainda não se sabe bem o que é. Tudo é ainda incerto. Pode ser avanço. Pode ser uma volta ao passado. Pode ser apenas um movimento circular, uma dessas guinadas de 360 graus" (106).

Provavelmente, será mediante uma perspectiva de caráter inovador, o neoconstitucionalismo, que o Direito poderá ser contextualizado na construção e no desenvolvimento do Estado Democrático de Direito.

Observe-se que existem dois tipos de fraternidade/solidariedade que são essenciais à convivência humana: um ligado às formas de convívio e outro relacionado ao bem-estar social geral que visa, sobretudo, à justiça.

É necessário esclarecer que a primeira acepção diz respeito à padronização de costumes e de modos de vida, incluindo-se aqui a homogeneização de questões como o trabalho, a economia, o transporte, a comunicação, o lazer, a cultura, a política, dentre outras. Já a segunda é essencialmente, ética, alicerçada no respeito aos direitos humanos, objetiva a construção de uma cidadania mundial, independente das relações de dominação e poder.

A contemporaneidade dos princípios liberdade, igualdade e fraternidade, que "iluminaram" a Revolução Francesa há 220 anos, pode portanto ser observada.

A Constituição Federal de 1988 objetivou unir os cidadãos numa mesma comunidade, ao determinar uma finalidade estatal em direção a socialidade, onde todos têm o direito e o dever de contribuir para o bem do próximo, tornando objetiva e clara sua dimensão fraternal, através da integração cívica e comunitária.

A concretização de um modelo de democracia constitucional é real, enquanto atitude de subjetividades participativas, capazes de fazer do processo democrático uma forma peculiar de propiciar entendimentos éticos que sintetizem na Constituição um projeto de destino compartilhado(107).

---

(106) Disponível em: <https://www.conjur.com.br/2006-abr-26/triunfo_tardio_direito_constitucional_brasil>. Acesso em: 31 maio 2021.

(107) Disponível em: <http://www.publicadireito.com.br/conpedi/manaus/arquivos/anais/brasilia/20_548.pdf>. Acesso em: 31 maio 2021.

4.11. Conceito de "Cidadania Mundial" na pós-modernidade globalizante

Para que tais valores se desenvolvam é necessário uma ética e um respeito mútuo intercultural.

Pode-se destacar duas acepções de fraternidade e de solidariedade que são essenciais à convivência humana: uma ligada às formas de convívio e outra relacionada ao bem-estar social geral, que objetiva, sobretudo, a justiça.

A acepção relacionada às formas de convívio diz respeito à padronização dos costumes e dos modos de vida, de forma a homogeneizar questões como o trabalho, a economia, o transporte, a comunicação, o lazer, a cultura, a política, dentre outras.

A acepção relacionada ao bem-estar social é essencialmente ética, alicerçada no respeito aos direitos humanos, e objetiva a construção de um novo conceito, a cidadania mundial, independente das relações de dominação e de poder.

Diante da globalização, a igualdade deverá servir para que cada um e seu grupo cultural possam expressar — sem discriminação — suas diferenças. É nesse sentido que se deve expressar a ética intercultural no respeito à diferença, à coexistência e, em decorrência, à própria retroalimentação das culturas. O momento atual é representado pela quebra de preconceitos e de tabus, pelo maior respeito às minorias e pela possibilidade de cada ser humano se expressar como realmente é, sem que isso lhe repercuta discriminação ou qualquer forma de penalidade. Por certo o mundo ainda não se encontra no mesmo estágio de evolução; mas percebe-se uma tendência mundial de evolução, à exceção de sociedades que ainda possuam regimes extremamente fechados, inclusive sob a justificativa de preceitos religiosos ou culturais.

Inobstante tais aspectos, a mistura das culturas criam a base de sociedades civis transnacionais e de identidades superpostas, surgindo assim uma estrutura comum de entendimento para os seres humanos, o Direito Fraterno, que se expressa e une as pessoas cada vez mais em coletividades entrelaçadas capazes de construir e sustentar o movimento, os órgãos e estruturas jurídicas e institucionais transnacionais.

Outra importante fase da elaboração teórica do conceito de cidadão do mundo como sujeito de direitos universais, independente da ordenação estatal, surgiu com o pensamento de Kant que, partindo da noção de "razão prática", inerente a todos os seres racionais, dotados de vontade própria, formulou o princípio de que todo ser humano existe como um fim em si mesmo, e não simplesmente como um meio através do qual a vontade age (KANT, 1993).

Em função disso, não é contraditório, a partir de uma visão cosmopolita que não implique uniformidade, nem o colapso das diferenças, que se busque um marco para a existência de uma soberania pluriestatal, a cidadania cosmopolita, a educação interétnica e a ética intercultural. E vislumbrando e contribuindo com isto tudo estará o Direito Fraterno.

A cidadania hoje verificada, pelo alcance do Direito Fraterno, não é apenas uma ideia convocada pelo sentido pós-moderno de solidariedade. Segundo José Casalta Nabais, a ideia de solidariedade não é, ou não é só, uma moda dos tempos que correm. É efetivamente um valor que suporta uma nova dimensão da cidadania na sociedade atual, qual seja, a cidadania solidária ou a cidadania responsavelmente solidária. Uma cidadania que acresce assim à cidadania passiva do estado liberal, à cidadania política (ativa) do estado democrático e à cidadania social do estado social (NABAIS, 2007).

Capítulo 5

Grandes Crises da Humanidade

A humanidade já enfrentou — e ainda enfrentará — diversas situações de crise. Tais crises podem ter as mais diversas origens e repercussões, podendo destacar as de caráter sanitário, social, político e militar, entre outras.

Além disso, as crises podem afetar um ou vários países, ou até mesmo ter um impacto global. Seus efeitos podem ser pontuais e momentâneos, bem como se prolongar no tempo e até mesmo provocar danos irreparáveis, de forma a afetar o próprio modo de vida da sociedade, com graves repercussões econômicas e sociais.

Nesse momento, o Direito Fraternal pode — e deve — ser um instrumento auxiliar, de forma a estabelecer medidas que garantam a tutela dos direitos dos afetados, e propiciem o enfrentamento da crise, regulando situações e coibindo medidas oportunistas e abusivas, preservando assim os interesses sociais, econômicos e políticos envolvidos. Mais que tudo, esse Direito Fraternal deve preservar, de forma transnacional, a dignidade da pessoa humana.

Neste capítulo, buscar-se-á evidenciar algumas crises, e o papel que o direito teve — ou poderia ter — como instrumento auxiliar para o respectivo enfrentamento.

5.1. Crises sanitárias

Com relação às grandes crises mundiais de caráter sanitário, o foco é verificar o tratamento dado à época pelo Direito, no tocante à garantia de tratamento e da dignidade da pessoa, ainda que tal conceito não tivesse sido formulado à época.

Assim, o tratamento dado ao ser humano frente a crise então tratada será verificado sob um prisma atual, sem perder de vista o cenário existente à época dos fatos.

5.1.1. Lepra (Hanseníase)

A lepra[108], também conhecida como hanseníase ou doença de Hansen, é uma doença infecciosa causada pela bactéria *Mycobacterium leprae*, caracterizada pelo aparecimento de manchas esbranquiçadas na pele e alteração dos nervos periféricos, o que diminui a sensibilidade da pessoa à dor, toque e calor, por exemplo.

As partes do corpo mais afetadas são os olhos, as mãos e os pés, mas também podem surgir feridas no rosto, orelhas, nádegas, braços, pernas e costas.

O primeiro e principal sintomas da lepra é o aparecimento de manchas planas ou elevadas, do tipo arredondada, de cor mais clara que a pele, que podem se espalhar pelo corpo. Estas manchas podem afetar as sobrancelhas e os cílios e algumas vezes podem tornar-se avermelhadas. Em toda mancha há perda da sensibilidade, ou seja, não doem, sendo este o maior diferencial para as outras doenças de pele, pois a pessoa deixa de sentir as diferenças de temperatura e de pressão no local da ferida, podendo se ferir gravemente, sem perceber.

As manchas na pele e a perda da sensibilidade ocorrem devido à inflamação dos nervos daquela região, podendo haver o surgimento de outros sintomas como:

- inchaço da região;
- perda da força nos músculos inervados por estes nervos afetados, principalmente nos olhos, braços e pernas;
- perda da capacidade de suar;
- pele ressecada;
- perda da sensibilidade e dormência;

(108) Disponível em: <https://www.tuasaude.com/lepra/>. Acesso em: 26 maio 2021.

- lesões e feridas na planta dos pés;
- lesões no nariz;
- lesão dos olhos pode causar cegueira;
- paralisia dos braços ou pernas;
- impotência e esterilidade, pois a infecção pode reduzir tanto a quantidade de testosterona quanto a quantidade de espermatozoides produzidos pelos testículos.

A lepra é uma doença altamente contagiosa, podendo ser transmitida de pessoa para pessoa através do contato com secreções respiratórias de uma pessoa infectada. Assim, a pessoa com lepra deve evitar falar, beijar, tossir ou espirrar muito perto de outras pessoas, enquanto não iniciar tratamento.

A pessoa pode se contaminar com o bacilo da lepra e só manifestar sintomas muitos anos depois. O contato através do toque do doente não representa um alto risco de transmissão e cerca de 90% da população tem defesa natural contra essa doença, e por isso a forma como a doença se manifesta também depende da genética de cada pessoa.

Atualmente a hanseníase tem cura, desde que o tratamento seja seguido de acordo com a orientação do médico, respeitando a dosagem e o tempo de tratamento, realizado com o uso de antibióticos.

As sequelas da hanseníase podem deixar marcas físicas e psicológicas, ocasionadas pela exclusão social do paciente. Por afetar os nervos periféricos, a mobilidade e coordenação motora são comprometidas, levando inclusive a incapacidades irreversíveis.

É muito importante saber que o contato com a pele ou objetos não transmite a doença. E após 15 dias de tratamento o paciente não transmite mais a infecção. Este é um dos motivos pelo qual a hanseníase é estigmatizada, levantando um grave e significante problema social.

No Brasil, a doença chegou junto com a colonização e instituições como a igreja mantinham os leprosários (comunidades de leprosos, excluídos e rejeitados) com o intuito de amparar os doentes, já que não existia uma política de saúde pública. Em 1915, criou-se a Comissão de Profilaxia da Lepra que estabeleceu o modelo isolacionista, consistindo na internação compulsória de todos os doentes de lepra em asilos-colônias.

Assim, o isolamento foi a alternativa encontrada pelo governo federal, que desenvolveu uma política pública para a construção e manutenção de uma grande rede de leprosários em todo país, na maioria dos casos sem o mínimo respeito à dignidade da pessoa humana.

Em 1976, foi formalizada a quebra do isolamento compulsório em leprosários e o termo hanseníase substituiu oficialmente a denominação "lepra" no Brasil, como uma forma de minimizar o estigma do doente e propiciar sua integração à sociedade. Atualmente os pacientes têm direito a tratamento gratuito pelo SUS, disponível em qualquer unidade de saúde[(109)].

Importante destacar que há relatos de casos de hanseníase desde 4.000 anos a.C., nos papiros do antigo Egito. Para os hebreus a lepra, como era chamada, era considerada uma maldição, um castigo divino, citada inclusive pela bíblia. O estigma, a discriminação com a doença e com quem sofre a ação em seu corpo, foram construídos pela associação do termo lepra às deformidades causadas ao paciente.

Como não havia cura para a doença, o enclausuramento e a exclusão dos doentes do convívio social eram a única alternativa.

5.1.2. Varíola

A varíola assombrou o mundo por mais de 3 mil anos. Sua transmissão acontecia de uma pessoa para outra, por vias respiratórias, por meio do vírus *orthopoxvírus variolae*[(110)].

O nome varíola foi usado pela primeira vez no século VI pelo bispo suíço Marius de Avenches, derivando o termo do latim varius (manchado) ou

---

(109) Disponível em: <http://www.sbhansenologia.org.br>. Acesso em: 26 maio 2021.

(110) Disponível em: <https://www.ictq.com.br/farmacia-clinica/2485-5-principais-pandemias-da-historia>. Acesso em: 26 maio 2021.

varus (espinha). Já no mundo anglo-saxão, ao redor do século X, o termo poc ou poccca descrevia doença exantemática, talvez a varíola. Daí em diante, relatos ingleses usam o termo pockes. O prefixo small foi adicionado no final do século XV para diferenciar essa doença da sífilis, que era a greatpox4. Na França, a varíola foi chamada de petite vérole, e na Alemanha de pocken.

Entre os principais sintomas, os infectados tinham febre, seguida de erupções na garganta, na boca e no rosto. Como não existem reservatórios animais nem portadores humanos, a continuidade da varíola está condicionada à transmissão contínua entre seres humanos.

A doença foi mundialmente erradicada em 1980, após várias campanhas de vacinação em massa.

Estima-se que a varíola tenha surgido nos primeiros assentamentos humanos de caráter agrícola, por volta de 10.000 anos a.C. Paschen descreve evidências de varíola na China cerca de 1.700 anos a.C., e Haeser acredita que descrições de doença exantemática na Índia antiga possam corresponder à patologia[(111)].

As evidências mais seguras vêm de múmias da 18ª Dinastia Egípcia (1580-1350 a.C.), sendo certo que a cabeça mumificada do faraó Ramses V (ao redor de 1160 a.C.) mostra lesões compatíveis com essa doença.

A varíola permaneceu ausente da Europa nos períodos grego e romano clássico, embora haja descrição por parte de Tucidides da ocorrência de casos em Atenas cerca de 430 a.C., enquanto Diodorus Siculus descreve doença similar atacando o exército cartaginês no cerco de Siracusa em 396 a.C. No século IV d.C. surgem descrições escritas na China. No século VI, a doença era comum no norte da África, de onde teria passado à França, causando a epidemia descrita pelo bispo Gregório, de Tours, em 581 d.C.

Por volta do século X já existiam hospitais no Japão para o isolamento de pacientes com varíola. Nessa época, a doença era comum em todo o Oriente Próximo. Re-introduções na Europa ocorreram com o retorno das cruzadas, e a invasão mongol trouxe uma nova disseminação em massa.

---

(111) Disponível em: <https://www.scielo.br/j/ramb/a/nj6XKKGSyrJD5KhPFfsy5GP/?lang=pt>. Acesso em: 26 maio 2021.

Para ressaltar o impacto da doença no continente europeu, basta citar que no final do século XVIII morriam de varíola cerca de 400.000 pessoas por ano, e um terço dos casos de cegueira eram sequelas da doença.

O surgimento da doença no Novo Mundo ocorreu de forma catastrófica.

Com a chegada dos espanhóis no México, cerca de três milhões de nativos morreram de varíola. Graves epidemias dizimaram tribos ameríndias e contribuíram decisivamente para o colapso dos Impérios Asteca e Inca.

É possível afirmar que na metade do século XVI o mundo todo já estava infectado, e, se não fosse o aparecimento da vacinação, a varíola seria um pesadelo recorrente a cada nova geração, até os dias de hoje.

Ao redor do ano 1000 começou a ser usado na Índia um método de proteção contra a doença que se constituía na inoculação de material obtido pela remoção das cascas das pústulas, a seguir moídas e aplicadas por esfregaço na pele ou por inoculação nas narinas. Da Índia, o método se espalhou para a China, Cáucaso, Turquia e África.

Através da embaixatriz britânica em Constantinopla, Mary Wortley Montagu, o método chegou à Inglaterra. O processo, chamado de variolização, não era desprovido de riscos, porém as fatalidades ligadas à sua utilização eram dez vezes menos frequentes se comparadas com a infecção natural. Após o início do uso do *cowpox*(112) como vacina, esta prática reduziu-se progressivamente, embora na segunda metade do século XX ainda fosse sinalizado seu uso em populações remotas da Etiópia, África ocidental, Afeganistão e Paquistão.

O primeiro método seguro de vacinação foi desenvolvido por Edward Jenner, após 20 anos de estudos com a varíola bovina. Jenner demonstrou em 1796 que a proteção poderia ser obtida com a inoculação de material extraído de lesão pustular humana de varíola bovina (cowpox, causada por

(112) O vírus cowpox circula na Europa e Oriente Médio sendo responsável por infecções em roedores, animais domésticos como o gato e em bovinos, nos quais causam a redução da produção de leite. O vírus vaccínia foi utilizado no passado para o preparo da vacina contra a varíola humana, doença grave erradicada na década de 1970. Disponível em: <https://www.scielo.br/j/rsbmt/a/zWTNP7G9StJWwfcSbYfY8nH/?lang=p>. Acesso em: 26 maio 2021.

um ortopoxvirus bastante próximo do vírus da varíola). Jenner deu ao material o nome de vaccine, derivado do termo latino vacca e, ao processo, deu o nome de vaccination. Após a bem-sucedida vacinação de um menino de oito anos, com demonstração de proteção ao material da pústula de varíola inoculado a seguir, Jenner tentou apresentar seus resultados em conferência para a Royal Society, o que lhe foi negado. Publicou, então, seu trabalho a suas próprias expensas, com sucesso notável e imediato, sendo que em 1801 já cerca de 100.000 pessoas haviam sido vacinadas pelo seu método.

Em 1805, Napoleão ordenou a vacinação de todos seus soldados.

A legislação interferiu no processo.

A vacinação foi determinada obrigatória por lei a partir de 1835 na Inglaterra e no País de Gales; dez anos depois na Escócia e na Irlanda; em 1874 na Alemanha e em 1902 na França.

No entanto, nem sempre essa obrigação legal foi recebida pacificamente. São bem conhecidos episódios de verdadeira revolta contra a vacinação obrigatória, como a de Leicester, na Inglaterra, e, entre nós, a do Rio de Janeiro, em 1904[113].

Assim, somente a obrigatoriedade legal, de forma impositiva, não foi suficiente para conscientizar acerca da importância da vacina, considerando ainda que à época não existiam veículos de comunicação global e imediata como existem atualmente.

Em 1959, a Organização Mundial da Saúde (OMS) decidiu empreender campanha de erradicação global. Em 1967, a doença havia sido eliminada das Américas, com exceção do Brasil.

No entanto, os resultados em escala mundial eram ainda insatisfatórios. Foi então dado início ao programa intensificado de erradicação global.

Os resultados desse esforço concentrado logo se fizeram sentir. Em 1972, ocorreu o último caso no Brasil, também o derradeiro das Américas. O último caso de infecção natural foi registrado em outubro de 1977, em

---

(113) Disponível em: <https://www.todamateria.com.br/revolta-da-vacina/>. Acesso em: 26 maio 2021.

Merka, Somália. Os únicos dois casos notificados após esta data resultaram de acidente em laboratório em Birmingham, Inglaterra, em 1978(114).

A intervenção da OMS e a solidariedade entre as nações, com a conjugação de esforços coordenados foi essencial para o enfrentamento dessa crise.

5.1.3. Peste Negra (Peste Bubônica)

A peste negra é uma doença causada pelo bacilo *Yersinia pestis*, que desencadeou uma pandemia, isto é, uma proliferação generalizada, que ocorreu na segunda metade do século XIV, na Europa, matando um terço da população desse continente. Essa peste integrou a série de acontecimentos que contribuíram para a crise da Baixa Idade Média, como as revoltas camponesas, a Guerra dos Cem Anos e o declínio da cavalaria medieval.

A peste negra tem sua origem no continente asiático, precisamente na China. Sua chegada à Europa está relacionada às caravanas de comércio que vinham da Ásia através do Mar Mediterrâneo e aportavam nas cidades costeiras europeias, como Veneza e Gênova. Calcula-se que cerca de um terço da população europeia tenha sido dizimada por conta da peste.

Outro fenômeno da época em que se desencadeou a peste foi a atribuição da causa da moléstia aos povos estrangeiros, notadamente aos judeus. Os judeus, por não serem da Europa e por, desde a Idade Antiga, viverem em constante migração, passando por várias regiões do mundo até se instalarem nos domínios do continente europeu, acabaram por se tornarem o "bode expiatório" das multidões enfurecidas. Milhares de judeus foram mortos durante a eclosão da peste(115).

Uma das tentativas de compreensão do fenômeno mortífero da peste negra pode ser vista nas representações pictóricas da chamada "A dança macabra", ou "A Dança da Morte". As pinturas que retratavam a "dança macabra" apresentavam uma concepção nítida da inexorabilidade da morte e

(114) Disponível em: <http://bvsms.saude.gov.br/bvs/is_digital/is_0203/pdfs/IS23(2)060.pdf>. Acesso em: 26 maio 2021.

(115) Disponível em: <https://www.historiadomundo.com.br/idade-media/peste-negra.htm>. Acesso em: 26 maio 2021.

da putrefação do corpo. Nestas pinturas, aparecem sempre esqueletos humanos "dançando" em meio a todo tipo de pessoa, desde senhores e clérigos até artesãos e camponeses — evidenciando assim o caráter universal da morte.

Inicialmente a propagação da doença ocorreu por meio de ratos e, principalmente, pulgas infectados com o bacilo, que acabava sendo transmitido às pessoas quando essas eram picadas pelas pulgas — em cujo sistema digestivo a bactéria da peste multiplicava-se. Num estágio mais avançado, a doença começou a se propagar por via aérea, por meio de espirros e gotículas.

Contribuíam com a propagação da doença as precárias condições de higiene e habitação que as cidades e vilas medievais possuíam — o que oferecia condições para as infestações de ratazanas e pulgas.

A peste foi denominada "negra" por conta das afecções na pele da pessoa acometida por ela, isto é, a doença provocava grandes manchas negras na pele, seguidas de inchaços em regiões de grande concentração de gânglios do sistema linfático, como a virilha e as axilas.

Esses inchaços também eram conhecidos como "bubões", por isso a peste negra também é conhecida como peste bubônica. A morte pela peste era dolorosa e terrível, além de rápida, pois variava de dois a cinco dias após a infecção(116).

Não existia tratamento e nem tampouco qualquer forma de tutela ou garantia de direito aos contaminados.

A Peste Negra gerou pânico em toda a Europa no século XIV, matando entre 75 milhões e 200 milhões de vítimas na antiga Eurásia. Estima-se que, no total, a praga possa ter reduzido a população mundial (daquela época) de 450 milhões de pessoas para 350 milhões(117). À época, as péssimas condições de higiene e a falta de conhecimento médico colaboraram para a disseminação da doença entre as pessoas.

---

(116) Disponível em: <https://revistagalileu.globo.com/Ciencia/Saude/noticia/2020/07/peste-bubonica-5-pontos-para-entender-o-que-e-doenca.html>. Acesso em: 26 maio 2021.

(117) Disponível em: <https://super.abril.com.br/mundo-estranho/o-que-foi-a-peste-negra-e-quanta-gente-ela-matou/>. Acesso em: 26 maio 2021.

Mesmo após o fim da fase aguda da pandemia no século XIV, ocorreram outras ondas de infecção ao longo da história, principalmente até o fim da Idade Moderna (século XVIII). O principal tratamento era o isolamento, sem a menor preservação à dignidade da pessoa humana, conceito inexistente à época.

De acordo com a Fundação Oswaldo Cruz (Fiocruz), em 21 de maio de 1900 foi declarada uma epidemia da doença no Rio de Janeiro. Somente naquele ano, foram contabilizados 295 mortos na cidade[(118)].

Apesar de rara, a Peste Bubônica ainda ocorre, principalmente em áreas rurais onde há mais contato com animais selvagens que podem estar infectados pela Yersinia pestis. Segundo o Centro de Controle e Prevenção de Doenças (CDC) dos Estados Unidos, entre 2000 e 2018 houve entre 1 e 17 casos da doença por ano no país, sendo a taxa de fatalidade menor ainda.

5.1.4. Cólera

Em 1817, aconteceu a primeira epidemia global de cólera, responsável por vitimar centenas de milhares de pacientes. A partir de seu surgimento, a bactéria *vibrio cholerae* sofreu muitas mutações, causando novos ciclos epidêmicos de tempos em tempos. Por isso, a doença ainda é considerada uma pandemia[(119)].

A transmissão acontece a partir da ingestão de água ou de alimentos contaminados, sendo que os casos mais comuns são notificados em países subdesenvolvidos. A exemplo dessa situação está o Haiti, que, em 2010, foi duramente atingido pela doença.

Deixando de lado a primeira pandemia (1817-1824) com origem na Índia, foi durante a segunda pandemia (1829-1837) que a comunidade científica aventou suas primeiras hipóteses. No entanto, ainda imperava a teoria do século XVII, atribuindo a transmissão da cólera aos "odores fétidos".

---

(118) Disponível em: <https://agencia.fiocruz.br/historiador-investiga-epidemia-de-peste-no-rio-de-janeiro-em-1900>. Acesso em: 26 maio 2021.

(119) Disponível em: <https://www.ictq.com.br/farmacia-clinica/2485-5-principais-pandemias-da-historia>. Acesso em: 26 maio 2021.

Foi apenas durante a terceira pandemia (1846-1860) que uma resposta científica rigorosa e contundente foi dada: como a doença é transmitida de fato e como evitá-la e contê-la. Em 1846 morreram milhares de pessoas em Mecca e a cólera aportou à Inglaterra em 1848, sendo que o pior surto da doença na história de Londres foi no ano seguinte.

Nesse momento entra em cena o médico vitoriano, John Snow (1813-1858), que já era conhecido por seus trabalhos em anestesiologia. Preocupado com a cólera, Snow aos poucos formulou a hipótese (que se verificou correta) de que a cólera seria transmitida por água contaminada por fezes e a contaminação se daria então por via oral. Assim, medidas simples e efetivas poderiam ser tomadas, como, por exemplo, ferver a água antes de consumi-la. Mas faltava confirmar a hipótese.

O médico estudou os dados sobre as pandemias anteriores e analisou a frequência de casos nos diferentes bairros em comparação com o abastecimento de água deles. Obteve evidências de que captação de água nos rios perto de onde era despejado o esgoto resultava em um número maior de casos. O artigo de Snow sobre isso, "Sobre o modo de contaminação da cólera", publicado em 1849[(120)], valendo destacar o penúltimo parágrafo do artigo: *"se a opinião do autor for correta, a cólera pode ser controlada por medidas simples (...) A medida sanitária mais necessária seria o suprimento de água de alguma fonte distante do esgoto"*. No meio desse trecho aparece a recomendação sobre lavar as mãos a ferver a água.

No Brasil já houve vários surtos de cólera, principalmente em áreas com menos recursos do Nordeste. No Iêmen, em 2019, a doença levou mais de 40 mil pessoas à óbito.

Atualmente, existe uma vacina para a doença, entretanto ela não é 100% eficaz. Já o tratamento é realizado por meio de antibióticos.

5.1.5. Gripe Suína (H1N1)

O vírus H1N1, responsável por causar a popularmente conhecida gripe suína, foi o primeiro patógeno a causar uma pandemia no século 21.

---

(120) *On the mode of communication of cholera | National Library of Medicine (NLM)*. Disponível em: <https://www.unicamp.br/unicamp/ju/artigos/peter-schulz/apontamentos-do-seculo-xix-em-tempos-de-colera-para-covid-19>. Acesso em: 26 maio 2021.

Após seu surgimento em porcos, em 2009, ele se disseminou em ritmo acelerado por outros países, matando cerca de 16 mil pessoas[121].

No entanto, o vírus influenza causa epidemias recorrentes de doença respiratória febril há pelo menos 400 anos. Além disso, causam pandemias associadas à variações do vírus ao qual a população em geral não tem imunidade. Embora não seja possível predizer a ocorrência de uma nova pandemia, desde o século XVI o mundo experimentou uma média de três pandemias por século, ocorrendo em intervalos de 10 a 50 anos[122]. A maior delas historicamente registrada, conhecida como gripe espanhola e causada pelo vírus influenza AH1N1, ocorreu em 1918-1919, determinando alta morbidade e mortalidade (mais de 20 milhões de mortes em todo o mundo)[123].

Esse vírus persiste na população e continua a causar epidemias e pandemias. Para entender melhor o que aconteceu desde 1918 com o vírus influenza AH1N1, destaca-se que esse patógeno dispõe de mecanismo de reprodução que facilita frequentes mutações. Seu material genético é fragmentado e ao se dividir compartilha material com outros vírus. Em especial no caso dos suínos, susceptíveis aos vírus influenza de várias espécies, existe a possibilidade de ocorrer infecção simultânea com vários vírus diferentes. Nessa situação, havendo troca de material genético, uma nova cepa poderá aparecer com ou sem mais virulência.

Os vírus da influenza suína tipo A com triplo rearranjo contendo genes de humanos, de suínos e de aves vêm sendo identificados nos EUA desde 1998. No período de 2005-2009, 12 casos de infecção humana por esses vírus foram identificados nos EUA. Em abril de 2009, os Centers for Disease Control and Prevention (CDC) identificaram dois casos de infecção humana com o vírus influenza A de origem suína de características singulares. No século passado, outras duas pandemias aconteceram em 1957 causadas por vírus A (H2N2) e em 1968 (A- H3N2), ambos descendentes da cepa H1N1.

---

(121) Disponível em: <http://rmmg.org/artigo/detalhes/467>. Acesso em: 26 maio 2021.

(122) Zimmer SM, Burke DS. Historical perspective: emergence of Influenza A (H1N1) viruses. *N Engl J Med.* 2009 July 16;361(3):279-85. [Cited 2009 July 07]. Disponível em: <http://content.nejm.org/cgi/reprint/NEJMra0904322v1.pdf>. Acesso em: 26 maio 2021.

(123) Disponível em: <https://pt.wikipedia.org/wiki/Gripe_espanhola>. Acesso em: 26 maio 2021.

Em 1977, um surto de infecção pelo vírus A/H1N1 ocorreu nos EUA, atingindo principalmente pessoas jovens, com significativa morbidade. Apesar de localizada, houve decisão de vacinação em massa (40 milhões doses), ocasionando 532 casos da síndrome de Guillain-Barré e 32 mortes.

Das 144 combinações possíveis das proteínas, apenas três (H1N1, H2N2 e H3N2) são capazes de infectar humanos. Outras combinações, como o H5N1, causador da gripe aviária, podem ocasionalmente atingir humanos, porém com capacidade reduzida de se disseminar.

As sucessivas epidemias do século passado reduziram a mortalidade do vírus, situação que pode ainda ser reflexo da melhora nos cuidados dos pacientes, das condições sanitárias da população e da evolução viral a favor de melhor transmissibilidade com mínima patogenicidade.

A pandemia de influenza geralmente tem mais de uma onda. Na pandemia de 1957 a segunda ocorreu três meses após a primeira e a de 1968 teve sua segunda onda 12 meses depois da primeira. Assim, é necessário manter a vigilância e todos os cuidados, reforçando hábitos de vida saudáveis, como, por exemplo, higiene frequente das mãos, não fumar, hidratação oral frequente.

Apesar da vigilância, expandida nacional e globalmente, de melhores métodos diagnósticos, medicamentos e cuidados de saúde e até da maior capacidade de desenvolver e produzir vacinas permanecem os riscos de expansão desse vírus. Entre outros fatores, a grande mobilidade populacional por meios de transportes, especialmente avião, propicia a disseminação rápida desse patógeno.

As estratégias de enfrentamento são de difícil avaliação, pois a evidência de eficácia das medidas são muitas vezes históricas e sem estudos sistematizados. Serão necessários recursos para pesquisas nas diversas áreas.

A implementação de cada intervenção depende da fase da epidemia. Por exemplo, no período de alerta pré-pandêmico, foram justificadas medidas mais intensivas (como isolamento, vigilância mais ampla).

Entretanto, no desenrolar da epidemia, as tomadas de decisões devem ser acompanhadas par-e-passo à dinâmica do processo de disseminação, com atuação ágil, transparente e com parcerias em todos os níveis. Durante a pandemia o foco muda para medidas populacionais que diminuam a disseminação.

Além disso, os contaminados com o vírus possuem direito a:

- não discriminação, privacidade, confidencialidade e respeito à pessoa humana, por toda a equipe de saúde;
- decidir como serão divulgados os dados relativos à sua doença;
- serem encorajadas a manter atividades sociais e de trabalho compatíveis com os limites impostos pela doença;
- serem cuidados pelos profissionais de saúde com competência, mesmo aqueles gravemente enfermos; a negação do atendimento é considerada atitude não ética.

Em suma, são garantias que refletem no campo da dignidade da pessoa humana. Além disso, todos os princípios dos Códigos Brasileiros de Ética das diversas profissões da saúde devem obviamente ser aplicados para o cuidado de pessoas infectadas pelo vírus H1N1, cabendo a esses Conselhos zelar por sua aplicação(124).

5.2. Crises militares

Grandes crises de natureza militar trouxeram à evidência a necessidade de tutela da dignidade da pessoa humana, bem como de uma visão solidária entre os povos. Além disso, ficou evidente a importância da via diplomática para o deslinde de questões transnacionais.

Surgiu assim a necessidade de criação de órgãos internacionais objetivando a solução de conflitos e a pacificação das relações.

Se de um lado os conflitos deram ensejo a uma corrida armamentista, em especial a denominada Guerra Fria(125) ocorrida após a Segunda Grande Guerra Mundial, por outro propiciaram uma série de avanços tecnológicos, que em muito beneficiaram a sociedade.

---

(124) Disponível em: <http://rmmg.org/artigo/detalhes/467>. Acesso em: 26 maio 2021.

(125) Disponível em: <https://www.historiadomundo.com.br/idade-contemporanea/guerra-fria.htm>. Acesso em: 26 maio 2021.

Atualmente os conflitos possuem um caráter mais econômico, de competição pela conquista de mercados e de domínio de tecnologia. Mas o risco de uma nova corrida armamentista(126) nunca será totalmente descartado, o que evidencia a importância dos órgão internacionais de fiscalização e controle.

5.2.1. Primeira Guerra Mundial

A Primeira Guerra Mundial foi um conflito global centrado na Europa, que começou em 28 de julho de 1914 e durou até 11 de novembro de 1918(127).

O conflito envolveu as grandes potências de todo o mundo, que se organizaram em duas alianças opostas: os aliados (com base na Tríplice Entente entre Reino Unido, França e Rússia) e os Impérios Centrais, a Alemanha e a Áustria-Hungria.

Originalmente a Tríplice Aliança(128) era formada pela Alemanha, Áustria-Hungria e a Itália; mas como a Áustria-Hungria tinha tomado a ofensiva, violando o acordo, a Itália não entrou na guerra pela Tríplice Aliança. Estas alianças reorganizaram-se (a Itália lutou pelos Aliados) e expandiram-se com mais nações que entraram na guerra.

Em última análise, mais de setenta milhões de militares, incluindo sessenta milhões de europeus, foram mobilizados em uma das maiores guerras da história(129). Mais de nove milhões de combatentes foram mortos, em grande parte por causa de avanços tecnológicos que determinaram um crescimento enorme na letalidade de armas, mas sem melhorias correspondentes em proteção ou mobilidade. Foi o sexto conflito mais mortal

---

(126) Disponível em: <https://www.todamateria.com.br/corrida-armamentista/>. Acesso em: 26 maio 2021.

(127) Disponível em: <https://www.historiadomundo.com.br/idade-contemporanea/primeira-guerra-mundial.htm>. Acesso em: 26 maio 2021.

(128) Disponível em: <https://operamundi.uol.com.br/hoje-na-historia/29098/hoje-na-historia-1882-triplice-alianca-e-formada-na-europa>. Acesso em: 26 maio 2021.

(129) Disponível em: <https://www.dw.com/pt-002/primeira-guerra-mundial/t-38527228>. Acesso em: 26 maio 2021.

na história da humanidade e que posteriormente abriu caminho para várias mudanças políticas, como revoluções em muitas das nações envolvidas[130].

O poder industrial e econômico dos alemães havia crescido muito depois da unificação e da fundação do império em 1871. Desde meados da metade dos anos 1890, o governo de Guilherme II usou essa base para dedicar significativos recursos econômicos para a edificação do Marinha Imperial Alemã, criada pelo almirante Alfred von Tirpitz, em rivalidade com a Marinha Real Britânica na supremacia naval mundial. Como resultado, cada nação se esforçou em superar o outro em termos de navios importantes.

Com o lançamento do *HMS Dreadnought*, em 1906, o Império Britânico expandiu a sua vantagem sobre seu rival alemão. A corrida armamentista entre Reino Unido e Alemanha acabou sendo ampliada ao resto da Europa, com todas as grandes potências dedicando a sua base industrial para produzir o equipamento e as armas necessárias para um conflito pan-europeu. Entre 1908 e 1913, os gastos militares das potências europeias aumentou em 50%.

Entre as causas da guerra incluem-se as políticas imperialistas estrangeiras das grandes potências da Europa, como o Império Alemão, o Império Austro-Húngaro, o Império Otomano, o Império Russo, o Império Britânico, a Terceira República Francesa e a Itália. Em 28 de junho de 1914, o assassinato do arquiduque Francisco Fernando da Áustria, o herdeiro do trono da Áustria-Hungria, pelo nacionalista iugoslavo Gavrilo Princip, em Sarajevo, na Bósnia, foi o gatilho imediato da guerra, o que resultou em um ultimato da Áustria-Hungria contra o Reino da Sérvia[131].

Diversas alianças formadas ao longo das décadas anteriores foram invocadas, com o que, dentro de algumas semanas, as grandes potências estavam em guerra; através de suas colônias, o conflito logo se espalhou ao redor do planeta.

---

(130) Disponível em: <https://pt.wikipedia.org/wiki/Wikip%C3%A9dia:Artigos_destacados/arquivo/Primeira_Guerra_Mundial>. Acesso em: 26 maio 2021.

(131) Disponível em: <https://pt.wikipedia.org/wiki/Primeira_Guerra_Mundial>. Acesso em: 02 jun. 2021.

Em 28 de julho, o conflito iniciou-se com a invasão austro-húngara da Sérvia, seguida pela invasão alemã da Bélgica, Luxemburgo e França, e um ataque russo contra a Alemanha. Depois da marcha alemã até Paris ter levado a um impasse, a Frente Ocidental se transformou em uma batalha de atrito estático com uma linha de trincheiras que pouco mudou até 1917. Na Frente Oriental, o exército russo lutou com sucesso contra as forças austro-húngaras, mas foi forçado a recuar da Prússia Oriental e da Polônia pelo exército alemão. Frentes de batalha adicionais abriram-se depois que o Império Otomano entrou na guerra em 1914, Itália e Bulgária em 1915 e a Romênia em 1916[(132)].

Depois de uma ofensiva alemã em 1918 ao longo da Frente Ocidental, os Aliados forçaram o recuo dos exércitos alemães em uma série de ofensivas de sucesso e as forças dos Estados Unidos começaram a entrar nas trincheiras. A Alemanha, que teve o seu próprio problema com os revolucionários, neste ponto, concordou com um cessar-fogo em 11 de novembro de 1918, episódio mais tarde conhecido como Dia do Armistício. A guerra terminou com a vitória dos Aliados[(133)].

Os eventos nos conflitos locais eram tão tumultuosos quanto nas grandes frentes de batalha, tentando os participantes mobilizar a sua mão de obra e recursos econômicos para lutar uma guerra total. Até o final da guerra, quatro grandes potências imperiais — os impérios Alemão, Russo, Austro-Húngaro e Otomano — deixaram de existir. Os Estados sucessores dos dois primeiros perderam uma grande quantidade de seu território, enquanto os dois últimos foram completamente desmontados. O mapa da Europa central foi redesenhado em vários novos países menores.

A Liga das Nações, organização precursora das Nações Unidas, foi formada na esperança de evitar outro conflito dessa magnitude[(134)]. Esses esforços falharam, exacerbando o nacionalismo nos vários países, a depressão

(132) Disponível em: <https://www.dw.com/pt-002/primeira-guerra-mundial/t-38527228>. Acesso em: 02 jun. 2021.

(133) Disponível em: <https://vestibular.uol.com.br/resumo-das-disciplinas/atualidades/primeira-guerra-mundial-fim-do-conflito-completa-100-anos.htm>. Acesso em: 31 maio 2021.

(134) Disponível em: <https://www.dw.com/pt-br/1946-fim-da-liga-das-na%C3%A7%C3%B5es/a-306975>. Acesso em: 31 maio 2021.

econômica, as repercussões da derrota da Alemanha e os problemas com o Tratado de Versalhes, que foram fatores que contribuíram para o início da Segunda Guerra Mundial.

A Primeira Guerra Mundial alterou radicalmente o mapa geopolítico da Europa, com a derrota dos Impérios Centrais (Áustria-Hungria, Alemanha e Império Otomano) e a tomada do poder pelos bolcheviques em 1917 na Rússia. Os aliados vitoriosos, como França, Bélgica, Itália, Grécia e Romênia ganharam territórios, enquanto novos Estados foram criados a partir do colapso da Áustria-Hungria e dos impérios russo e otomano(135).

Apesar do movimento pacifista após o fim da guerra, as perdas causaram um nacionalismo irredentista e revanchista em vários países europeus. O irredentismo(136) e revanchismo eram fortes na Alemanha por causa das significativas perdas territoriais, coloniais e financeiras incorridas pelo Tratado de Versalhes. Pelo tratado, a Alemanha perdeu cerca de 13% do seu território e todas as suas colônias ultramarinas, foi proibida de anexar outros Estados, teve que pagar indenizações e sofreu limitações quanto ao tamanho e a capacidade das suas forças armadas(137). Enquanto isso, a Guerra Civil Russa levava à criação da União Soviética.

5.2.1.1. A Liga das Nações

A Sociedade das Nações (do Francês, *Société des Nations*), também conhecida como Liga das Nações (do Inglês, *League of Nations*), foi uma organização internacional, idealizada em 28 de abril de 1919, em Versalhes, nos subúrbios de Paris, onde as potências vencedoras da Primeira Guerra

(135) Disponível em: <https://brasilescola.uol.com.br/guerras/primeira-guerra-mundial.htm>. Acesso em: 30 maio 2021.

(136) Significados: 1. Visão Histórica, Política: movimento surgido em Itália no final do século XIX que defendia a incorporação naquele país de todos os territórios sob domínio estrangeiro que lhe estivessem ligados pela língua e pelos costumes; 2. Visão Política: qualquer doutrina ou movimento que defenda a unificação de territórios politicamente separados mas unidos por laços históricos, étnicos ou culturais; 3. Visão Política: qualquer doutrina ou movimento que defenda a anexação, por parte de uma nação, de territórios que lhe tenham sido tomados no passado. Disponível em: <https://www.infopedia.pt/dicionarios/lingua-portuguesa/irredentismo>. Acesso em: 02 jun. 2021.

(137) Disponível em: <https://encyclopedia.ushmm.org/content/pt-br/map/german-territorial-losses-treaty-of-versailles-1919>. Acesso em: 30 maio 2021.

Mundial se reuniram para negociar um acordo de paz[(138)]. Sua última reunião ocorreu em abril de 1946.

Um dos pontos do amplo tratado referiu-se à criação de uma organização internacional, cujo papel seria o de assegurar a paz. Em 28 de junho de 1919, foi assinado o Tratado de Versalhes, que na sua Parte 1 estabelecia a criação da Sociedade das Nações, cuja Carta foi nessa data assinada por 44 Estados[(139)].

O Conselho da Sociedade das Nações reuniu-se pela primeira vez em Paris no dia 16 de janeiro de 1920, seis dias depois da entrada em vigor do Tratado de Versalhes. A sede da organização passou em Novembro de 1920 para a cidade de Genebra, na Suíça.

Sua criação foi baseada na proposta de paz conhecida como Quatorze Pontos, feita pelo presidente estadunidense Woodrow Wilson, em mensagem enviada ao Congresso dos Estados Unidos em 8 de janeiro de 1918. Os Quatorze Pontos propunham as bases para a paz e a reorganização das relações internacionais ao fim da Primeira Guerra Mundial, e o pacto para a criação da Sociedade das Nações constituíram os 30 primeiros artigos do Tratado de Versalhes[(140)].

Curiosamente, com a recusa do Congresso estadunidense em ratificar o Tratado de Versalhes, os Estados Unidos não se tornaram membro do novo organismo. Eram cinco membros permanentes e seis rotativos, tendo estes o mandato vencido em três anos, com a possibilidade de reeleição.

Em setembro de 1939, Adolf Hitler, o ditador nazista da Alemanha, desencadeou a Segunda Guerra Mundial. A Liga das Nações, tendo fracassado em manter a paz no mundo, foi formalmente dissolvida em 18 de

(138) Disponível em <https://cpdoc.fgv.br/producao/dossies/AEraVargas1/anos20/CentenarioIndependencia/LigaDasNacoes>. Acesso em: 26 maio 2021.

(139) Disponível em: <https://pt.wikipedia.org/wiki/Sociedade_das_Nacoes>. Acesso em: 31 maio 2021.

(140) Disponível em: <https://mundoeducacao.uol.com.br/historiageral/os-14-pontos-wilson.htm>. Acesso em: 27 maio 2021.

abril de 1946, sendo certo que deixou de exercer suas funções de fato em 1942(141).

5.2.1.2. O Brasil e a "Guerra de 14"

No Brasil, o confronto foi conhecido popularmente, até a Segunda Guerra Mundial, como a "Guerra de 14", em alusão ao ano de 1914.

No dia 5 de abril de 1917, o vapor brasileiro Paraná, que navegava de acordo com as exigências feitas a países neutros, foi torpedeado, supostamente por um submarino alemão.

No dia 11 de abril o Brasil rompeu relações diplomáticas com os países do bloco liderado pela Alemanha. Em 20 de maio, o navio Tijuca foi torpedeado perto da costa francesa.

Nos meses seguintes, o governo brasileiro confiscou 42 navios alemães, austro-húngaros e turco-otomanos que estavam em portos brasileiros, como uma indenização de guerra.

No dia 23 de outubro de 1917, o cargueiro nacional Macau, um dos navios arrestados, foi torpedeado por um submarino alemão, perto da costa da Espanha, e seu comandante feito prisioneiro.

Com a pressão popular contra a Alemanha, no dia 26 de outubro de 1917, o país declarou guerra aos Poderes Centrais(142).

A partir deste momento, por um lado sob a liderança de políticos como Rui Barbosa, recrudesceram agitações de caráter nacionalista, com comícios exigindo a imperiosa necessidade de se apoiar os Aliados com ações para pôr fim ao conflito. Por outro lado, sindicalistas, anarquistas e intelectuais como Monteiro Lobato criticavam essa postura e a possibilidade de grande convocação militar, pois segundo estes, entre outros efeitos negativos isto desviava a atenção do país em relação a seus problemas internos.

---

(141) Disponível em: <https://www.dw.com/pt-br/1946-fim-da-liga-das-na%C3%A7%C3%B5es/a-306975>. Acesso em: 31 maio 2021.

(142) Disponível em: <https://www.bn.gov.br/es/node/135>. Acesso em: 1º jun. 2021.

Assim, devido a várias razões, de conflitos internos à falta de uma estrutura militar adequada, a participação militar do Brasil no conflito foi muito pequena, resumindo-se, em 1918, no envio ao front ocidental de um grupo de aviadores (do Exército e da Marinha) que foram integrados à Força Aérea Real Britânica, e de um corpo médico-militar composto por oficiais e sargentos do exército, que foram integrados ao exército francês, tendo seus membros tanto prestado serviços na retaguarda, como participado de combates no front.

À Marinha coube a maior participação militar brasileira no conflito, com o envio de uma esquadra naval com a incumbência de patrulhar a costa noroeste da África a partir de Dakar, e o Mediterrâneo desde o estreito de Gibraltar, evitando a ação de submarinos inimigos(143).

5.2.1.3. Crimes de guerra — Na 1ª Grande Guerra Mundial

Em 19 de agosto de 1915, o submarino alemão U-27 foi afundado pelo navio britânico *HMS Baralong*. Todos os sobreviventes alemães foram executados sumariamente pela equipe do Baralong sob as ordens do tenente Godfrey Herbert, o capitão do navio. O fuzilamento foi divulgado aos meios de comunicação por cidadãos estadunidenses que estavam a bordo do Nicosia, um cargueiro britânico que levava suprimentos de guerra, que foi interrompido pelo U-27 poucos minutos antes do incidente.

Em 24 de setembro, o Baralong destruiu o U-41, que estava no processo de afundar o navio de carga Urbino. De acordo com Karl Goetz, o comandante do submarino, o Baralong continuou a navegar com a bandeira dos Estados Unidos depois de disparar contra o U-41 e depois afundou o bote salva-vidas, que carregava os sobreviventes alemães.

O navio hospitalar canadense HMHS Llandovery Castle foi torpedeado pelo submarino alemão SM U-86 em 27 de junho de 1918 em violação do direito internacional. Apenas 24 dos 258 médicos e pacientes sobreviveram. Sobreviventes relataram que o U-boot surgiu e correu por

---

(143) Disponível em: <https://www.historiadomundo.com.br/idade-contemporanea/o-brasil-na-primeira-guerra-mundial.htm>. Acesso em: 1º jun. 2021.

baixo dos botes salva-vidas, metralhando os sobreviventes na água. O capitão do submarino alemão, Helmut Brümmer-Patzig, foi acusado de crimes de guerra na Alemanha após o fim do conflito, mas escapou da acusação indo para a Cidade Livre de Danzig, além da jurisdição dos tribunais alemães[(144)].

5.2.2. Segunda Guerra Mundial

A Segunda Guerra Mundial entra para a história pelo fim dos planos genocidas e racistas de Adolf Hitler — líder nazista da Alemanha. Ele se suicidou assim que teve certeza da derrota. O avanço das tropas russas, aliadas e dos Estados Unidos deixaram o nazista sem saída.

Mas além disso, a Segunda Guerra foi responsável pela última reconfiguração geopolítica do mundo até hoje. Os Estados Unidos viram sua supremacia mundial aumentar com o poder bélico e o Plano Marshall, estratégia de recuperação econômica que ajudou inclusive na recuperação de países europeus que sofriam com os reflexos do pós-guerra. Na África, países como a Nigéria alcançaram a independência, mas se mantiveram sob o domínio econômico dos EUA e da própria União Soviética[(145)].

A Segunda Guerra Mundial foi um conflito militar global que durou de 1939 a 1945, envolvendo a maioria das nações do mundo — incluindo todas as grandes potências — organizadas em duas alianças militares opostas: os Aliados e o Eixo. Foi a guerra mais abrangente da história, com mais de 100 milhões de militares mobilizados. Em estado de "guerra total", os principais envolvidos dedicaram toda sua capacidade econômica, industrial e científica a serviço dos esforços de guerra, deixando de lado a distinção entre recursos civis e militares. Marcado por um número significante de ataques contra civis, incluindo o Holocausto e a única vez em que armas nucleares foram utilizadas em combate, foi o conflito mais letal da história da humanidade, resultando entre 50 e mais de 70 milhões de mortes[(146)].

---

(144) Disponível em: <https://pt.wikipedia.org/wiki/Primeira_Guerra_Mundial>. Acesso em: 1º jun. 2021.

(145) Disponível em: <https://mundoeducacao.uol.com.br/historiageral/segunda-guerra-mundial.htm>. Acesso em: 1º jun. 2021.

(146) Disponível em: <https://www.dw.com/pt-002/segunda-guerra-mundial/t-38527231>. Acesso em: 1º jun. 2021.

Geralmente considera-se o ponto inicial da guerra como sendo a invasão da Polônia pela Alemanha Nazista em 1º de setembro de 1939 e subsequentes declarações de guerra contra a Alemanha pela França e pela maioria dos países do Império Britânico e da Commonwealth. Alguns países já estavam em guerra nesta época, como Etiópia e Reino de Itália na Segunda Guerra Ítalo-Etíope e China e Japão na Segunda Guerra Sino-Japonesa[(147)].

Muitos dos que não se envolveram inicialmente acabaram aderindo ao conflito em resposta a eventos como a invasão da União Soviética pelos alemães e os ataques japoneses contra as forças dos Estados Unidos no Pacífico em Pearl Harbor e em colônias ultramarítimas britânicas, que resultou em declarações de guerra contra o Japão pelos Estados Unidos, Países Baixos e o Commonwealth Britânico.

A guerra terminou com a vitória dos Aliados em 1945, alterando significativamente o alinhamento político e a estrutura social mundial. Enquanto a Organização das Nações Unidas (ONU) era criada para estimular a cooperação global e evitar futuros conflitos, a União Soviética e os Estados Unidos emergiam como superpotências rivais, preparando o terreno para uma Guerra Fria que se estenderia pelos próximos quarenta e seis anos (1945-1991). Nesse ínterim, a aceitação do princípio de autodeterminação acelerou movimentos de descolonização na Ásia e na África, enquanto a Europa ocidental dava início a um movimento de recuperação econômica e integração política.

5.2.2.1. Crimes de guerra — Na 2ª Grande Guerra Mundial

As estimativas para o total de mortos na guerra variam, pois muitas mortes não foram registradas. A maioria sugere que cerca de 60 milhões de pessoas morreram no conflito, incluindo cerca de 20 milhões de soldados e 40 milhões de civis.

Somente na Europa, houve 36 milhões de mortes, sendo a metade de civis. Muitos civis morreram por causa de doenças, fome, massacres, bombardeios e genocídios deliberados. A União Soviética perdeu cerca de 27

(147) Disponível em: <https://mundoeducacao.uol.com.br/historiageral/invasao-polonia-inicio-segunda-guerra-mundial.htm>. Acesso em: 1º jun. 2021.

milhões de pessoas durante a guerra, quase metade de todas as mortes da Segunda Guerra Mundial. Um em cada quatro cidadãos soviéticos foram mortos ou feridos nesse conflito[(148)].

Do total de óbitos na Segunda Guerra Mundial cerca de 85 por cento, na maior parte soviéticos e chineses, foram do lado dos Aliados e 15 por cento do lado do Eixo. Muitas dessas mortes foram causadas por crimes de guerra cometidos pelas forças alemãs, japonesas e soviéticas nos territórios ocupados. Estima-se que entre 11 e 17 milhões de civis morreram como resultado direto ou indireto das políticas ideológicas nazistas, incluindo o genocídio sistemático de cerca de seis milhões de judeus durante o Holocausto, juntamente com mais cinco milhões de ciganos, eslavos, homossexuais e outras minorias étnicas e grupos minoritários. Aproximadamente 7,5 milhões de civis morreram na China durante a ocupação japonesa e os sérvios foram alvejados pela Ustaše, organização croata alinhada ao Eixo[(149)].

As forças do Eixo fizeram uso de armas biológicas e químicas. Os italianos usaram gás mostarda durante a conquista da Abissínia, enquanto o Exército Imperial Japonês usou vários tipos de armas biológicas durante a invasão e ocupação da China e nos conflitos iniciais contra os soviéticos. Tanto os alemães quanto os japoneses testaram tais armas contra civis e, em alguns casos, sobre prisioneiros de guerra. A Alemanha nazista e o Império Japão realizaram experiências utilizando seres humanos como cobaias. Temendo punições, vários criminosos de guerra fugiram da Europa após término do conflito. As rotas de fuga usadas por estes criminosos ficaram conhecidas como as "linhas de ratos" (Ratlines)[(150)].

Embora muitos dos atos do Eixo tenham sido levados a julgamento nos primeiros tribunais internacionais, muitos dos crimes causados pelos Aliados não foram julgados. Entre os exemplos de ações dos Aliados estão as transferências populacionais na União Soviética e o internamento de

(148) Disponível em: <https://pt.wikipedia.org/wiki/Segunda_Guerra_Mundial>. Acesso em: 1º jun. 2021.

(149) Disponível em: <https://www.dw.com/pt-br/a-segunda-guerra-mundial-em-n%C3%BAmeros/a-50212146>. Acesso em: 1º jun. 2021.

(150) Disponível em: <https://saltcoverpedia.fandom.com/pt-br/wiki/Segunda_Guerra_Mundial>. Acesso em: 1º jun. 2021.

estadunidenses-japoneses em campos de concentração nos Estados Unidos; a Operação Keelhaul, a expulsão dos alemães após a Segunda Guerra Mundial, os estupros em massa de mulheres alemãs pelo Exército Vermelho Soviético; o Massacre de Katyn cometido pela União Soviética, para o qual os alemães enfrentaram contra-acusações de responsabilidade. O grande número de mortes por fome também pode ser parcialmente atribuído à guerra, como a fome de 1943 em Bengala(151) e a fome de 1945 no Vietnã(152).

Também tem sido sugerido como crimes de guerra por alguns historiadores o bombardeio em massa de áreas civis em território inimigo, incluindo Tóquio e mais notadamente nas cidades alemãs de Berlim, Dresden, Hamburgo e Colônia pelos Aliados ocidentais, que resultou na destruição de mais de 160 cidades e matou um total de mais de 600 mil civis alemães.

Os nazistas foram responsáveis pelo Holocausto(153), a matança de cerca de seis milhões de judeus (esmagadoramente asquenazes(154)), bem como dois milhões de poloneses e quatro milhões de outros que foram considerados "indignos de viver" (incluindo os deficientes e doentes mentais, prisioneiros de guerra soviéticos, homossexuais, maçons, testemunhas de jeová e ciganos), como parte de um programa de extermínio deliberado. Cerca de 12 milhões, a maioria dos quais eram do Leste Europeu, foram empregados na economia de guerra alemã como trabalhadores forçados.

(151) Disponível em: <https://pt.melayukini.net/wiki/Bengal_famine_of_1943>. Acesso em: 1º jun. 2021.

(152) Disponível em: <https://pt.wikipedia.org/wiki/Fome_de_1945_no_Vietna>. Acesso em: 1º jun. 2021.

(153) Disponível em: <https://www.historiadomundo.com.br/idade-contemporanea/holocausto.htm>. Acesso em: 1º jun. 2021.

(154) Asquenazes ou asquenazim (do hebraico אַשְׁכְּנַזִּי "ashkenazi"; plural אַשְׁכְּנַזִּים ashkenazim) são os judeus provenientes da Europa Central e Europa Oriental. O termo provém do termo do hebraico medieval para a Alemanha, chamada Ashkenaz (אשכנז). Uma exemplificação de alguns dos sobrenomes asquenazes mais comuns entre a população judaica da Europa Central são: Stern, Stein, Bronstein, Sternberg, Feldman, Feldstein, Grinstein, Egert, Bloch e notórios como da família Freud. Nos dias de hoje, o termo asquenazita é utilizado para tratar das tradições religiosas dos judeus que viviam na Europa Oriental, assim como as de seus descendentes, espalhados por todo mundo após o Holocausto. Disponível em: <https://pt.wikipedia.org/wiki/Asquenazes>. Acesso em: 1º jun. 2021.

5.2.2.2. Bomba atômica

A Segunda Guerra Mundial teve outro desdobramento marcante: as bombas atômicas que dizimaram as cidades de Hiroshima e Nagasaki, no Japão. O ataque, que completou 74 anos em 2019, foi de autoria dos Estados Unidos e serviu de resposta da gestão do presidente Harry Truman à ofensiva japonesa na base norte-americana de Pearl Harbor.

O ataque surpresa foi promovido pelo Serviço Aéreo Imperial da Marinha Japonesa contra os Estados Unidos (que na época era um país neutro), na base naval de Pearl Harbor em Honolulu, no Território do Havaí, na manhã de 7 de dezembro de 1941.

O Japão declarou guerra aos Estados Unidos no mesmo dia (8 de dezembro em Tóquio), mas a declaração não foi entregue até o dia seguinte. No dia seguinte, 8 de dezembro, o Congresso dos Estados Unidos declarou guerra ao Japão. Em 11 de dezembro, a Alemanha Nazista e a Itália declararam guerra aos Estados Unidos, que responderam com uma declaração de guerra contra a Alemanha Nazista e a Itália. Assim os Estados Unidos ingressaram oficialmente na Segunda Guerra Mundial.

A ação militar do Japão no pacífico sem qualquer sinalização prévia, especialmente enquanto as negociações de paz ainda estavam aparentemente em andamento, levou o Presidente Franklin D. Roosevelt a proclamar em 7 de dezembro de 1941, "uma data que viverá na infâmia". O ataque a Pearl Harbor foi posteriormente considerado nos Julgamentos de Tóquio como um crime de guerra[155].

Depois de uma série de bombardeios que destruiu várias cidades japonesas, os Aliados preparavam-se para uma invasão do Japão. A guerra na Europa terminou quando a Alemanha nazista assinou o acordo de rendição em 8 de maio de 1945, mas a Guerra do Pacífico continuou.

Juntamente com Reino Unido e China, os Estados Unidos pediram a rendição incondicional das forças armadas japonesas na Declaração de Potsdam em 26 de julho de 1945. Na ausência da rendição, os aliados

(155) Disponível em: <https://pt.wikipedia.org/wiki/Ataque_a_Pearl_Harbor>. Acesso em: 02 jun. 2021.

sinalizaram que ocorreria uma "destruição rápida e total". Não obstante, o Japão não se rendeu.

Em agosto de 1945 o Projeto Manhattan[156] dos Aliados tinha testado com sucesso um artefato atômico e produzido armas com base em dois projetos alternativos. A bomba atômica de urânio (*Little Boy*) foi lançada sobre Hiroshima em 6 de agosto de 1945, seguido por uma explosão de uma bomba nuclear de plutônio (*Fat Man*) sobre a cidade de Nagasaki em 9 de agosto. Quatro meses após os ataques foram contabilizadas entre 90 mil e 166 mil pessoas em Hiroshima e 60 mil e 80 mil seres humanos em Nagasaki; cerca de metade das mortes em cada cidade ocorreu no dia do ataque. Em seguida, as mortes ocorreram em virtude de queimaduras, envenenamento radioativo e outras lesões, que foram agravadas pelos efeitos da radiação. Em ambas as cidades, a maioria dos mortos eram civis, embora Hiroshima tivesse muitos militares.

Em 15 de agosto, poucos dias depois do bombardeio de Nagasaki e da declaração de guerra da União Soviética, o Japão anunciou sua rendição aos Aliados. Em 2 de setembro, o governo japonês assinou o acordo de rendição, encerrando a Segunda Guerra Mundial[157].

O desenvolvimento e a utilização de bombas atômicas é objeto de debates até hoje, dada a magnitude dos ataques e os efeitos em relação à população civil, totalmente inaceitáveis pelos preceitos atuais da fraternidade, pois os conflitos, as mais das vezes, decorrem de decisões governamentais, e não contando com o engajamento total da população.

Além disso, a evolução tecnológica obtida pelos Estados Unidos deu origem a uma corrida armamentista, que gerou um crescimento desmedido

(156) O Projeto Manhattan foi o projeto desenvolvido pelos Estados Unidos da América com a finalidade de construir as primeiras bombas atômicas da história. Cientistas, engenheiros, militares e diversos outros profissionais estiveram mobilizados em torno desse empreendimento de 13 de agosto de 1942 a 15 de agosto de 1947. A primeira bomba atômica construída recebeu o nome de Trinity, e foi testada em 16 de julho de 1945, no deserto de Los Alamos, Novo México — onde se situava a base secreta do Projeto Manhattan. Um mês depois, outras duas bombas semelhantes à primeira foram lançadas sobre as cidades japonesas de Hiroshima e Nagasaki, vitimando mais de 240 mil pessoas. Disponível em: <https://brasilescola.uol.com.br/o-que-e/historia/o-que-foi-projeto-manhattan.htm>. Acesso em: 02 jun. 2021.

(157) Disponível em: <https://pt.wikipedia.org/wiki/Bombardeamentos_de_Hiroshima_e_Nagasaki>. Acesso em: 02 jun. 2021.

do arsenal nuclear no mundo, com o risco de desenvolvimento de armas nucleares por diversas nações.

5.2.2.3. A divisão pós-guerra

A divisão do mundo após a Segunda Grande Guerra foi formalizada, em síntese, por duas alianças militares internacionais, norteadas por diferentes sistemas de governo, a saber: a Organização do Tratado do Atlântico Norte (OTAN), liderada pelos Estados Unidos (capitalista); e, o Pacto de Varsóvia, liderado pela União Soviética (socialista).

O longo período de tensões políticas e militares proveniente do conflito e da concorrência entre esses dois grupos, denominado Guerra Fria, seria acompanhado de uma corrida armamentista sem precedentes e guerras por procuração[(158)].

A Guerra Fria teve início após a Segunda Guerra Mundial (1939-1945), mais precisamente em 1947, quando o presidente americano Henry Truman fez um discurso no Congresso americano, afirmando que os Estados Unidos poderia intervir em governos não democráticos.

Durante a Guerra Fria, Estados Unidos e União Soviética nunca se enfrentaram em um conflito bélico propriamente dito, daí porque a denominação Guerra Fria. A situação mais próxima de um confronto efetivo foi a crise da Baía dos Porcos, em Cuba[(159)].

---

(158) Uma guerra por procuração (em inglês: proxy war) é um conflito armado no qual dois países se utilizam de terceiros — os proxies — como intermediários ou substitutos, de forma a não lutarem diretamente entre si. Embora as superpotências tenham muitas vezes utilizado governos nacionais como proxies, grupos insurgentes ou outros são mais comumente empregados. Espera-se que tais grupos possam derrotar o oponente, sem que haja uma escalada a uma guerra de grandes proporções. Guerras por procuração também podem ocorrer paralelamente a conflitos de grandes proporções. Durante a Guerra Irã-Iraque, por exemplo, ambas as nações armaram facções rivais na Guerra Civil do Líbano e incitaram-nas uma contra a outra. É quase impossível existir uma guerra por procuração pura, uma vez que os grupos que combatem por uma superpotência geralmente também têm interesses próprios, muitas vezes divergentes daqueles a que servem. Por exemplo, após a Guerra do Afeganistão, grupos apoiados pelos Estados Unidos viraram-se contra os próprios Estados Unidos, tornando-se os núcleos do Talibã e da Alcaida. Disponível em: <https://pt.wikipedia.org/wiki/Guerra_por_procuracao>, Acesso em: 02 jun. 2021.

(159) A Invasão da Baía dos Porcos (conhecida em Cuba como La Batalla de Girón) foi uma tentativa frustrada de invadir a costa sudoeste de Cuba empreendida em abril de 1961 por um grupo paramilitar de exilados cubanos anticastristas (a chamada Brigada de Asalto 2506). O

O fim da Guerra Fria ocorreu com a Queda do Muro de Berlim (1989) — que dividia a Alemanha Ocidental (capitalista) e a Alemanha Oriental (socialista) — e a dissolução da União Soviética (1991), diante da crise econômica que passou a enfrentar a partir da década de 1970. O último presidente soviético, Mikhail Gorbachev, realizou reformas de abertura do país, sobretudo econômicas. Estas levaram ao desmantelamento da União Soviética. Em 25 de dezembro de 1991, a União Soviética foi dissolvida, marcando assim o fim da Guerra Fria[(160)].

5.2.2.4. Organização do Tratado do Atlântico Norte (OTAN)

A Organização do Tratado do Atlântico Norte (OTAN), por vezes chamada Aliança Atlântica, é uma aliança militar intergovernamental baseada no Tratado do Atlântico Norte, que foi assinado em 4 de abril de 1949. A organização constitui um sistema de defesa coletiva através do qual os seus Estados-membros concordam com a defesa mútua em resposta a um ataque por qualquer entidade externa à organização[(161)].

A sede da OTAN localiza-se em Bruxelas, na Bélgica, um dos 30 países-membros em toda a América do Norte e Europa, sendo que o mais recente (a Macedónia do Norte) concluiu o processo de adesão em 29 de março de 2020. Um adicional de 21 países participam da Parceria para a Paz da OTAN, com 15 outros países envolvidos em programas de diálogo

grupo fora treinado e dirigido pela CIA, com apoio das Forças Armadas dos Estados Unidos. O objetivo da operação era derrubar o governo socialista de Fidel Castro. O plano foi lançado em abril de 1961, menos de três meses depois de John F. Kennedy ter assumido a Presidência dos Estados Unidos. A arriscada ação terminou em fracasso. As forças armadas cubanas, treinadas e equipadas pelas nações do Bloco do Leste, derrotaram os combatentes do exílio em três dias e a maior parte dos agressores se rendeu. Através da CIA, o governo estadunidense treinou 1 297 exilados cubanos, a maioria deles baseados em Miami, para destituir o governo de Fidel Castro. Como o planejado apoio da Força Aérea Americana fora vetado pelo presidente Kennedy, temendo envolver o governo dos Estados Unidos de forma institucional e aberta, a operação foi lançada com pouco apoio logístico dos Estados Unidos e acabou fracassando. Castro, temendo uma nova invasão americana, decidiu apoiar a ideia russa de instalar mísseis nucleares no seu país, o que gerou uma nova crise na região, desta vez com proporções bem maiores. Disponível em: <https://pt.wikipedia.org/wiki/Invasao_da_Baia_dos_Porcos>. Acesso em: 02 jun. 2021.

(160) Disponível em: <https://www.educabras.com/enem/materia/historia/historia_geral/aulas/fim_da_guerra_fria>. Acesso em: 02 jun. 2021.

(161) Disponível em: <https://www.dw.com/pt-002/organiza%C3%A7%C3%A3o-do-tratado-do-atl%C3%A2ntico-norte-nato-ou-otan/t-19553691>. Acesso em: 02 jun. 2021.

institucionalizado. O gasto militar combinado de todos os membros da organização constitui mais de 70% do total de gastos militares de todo o mundo. Os gastos de defesa dos países-membros devem ser superiores a 2% do PIB(162).

A OTAN era pouco mais que uma associação política, até a Guerra da Coreia consolidar os Estados-membros da organização e uma estrutura militar integrada ser construída sob a direção de dois comandantes dos Estados Unidos. A Guerra Fria levou a uma rivalidade com os países do Pacto de Varsóvia, que foi formado em 1955. As dúvidas sobre a força da relação entre os países europeus e os Estados Unidos eram constantes, junto com questionamentos sobre a credibilidade das defesas da OTAN contra uma potencial invasão da União Soviética, o que levou ao desenvolvimento da dissuasão nuclear francesa independente e a retirada da França da estrutura militar da organização em 1966 por 30 anos(163).

Após a queda do Muro de Berlim, em 1989, a organização foi levada a intervir na dissolução da Iugoslávia e conduziu suas primeiras intervenções militares na Bósnia em 1992-1995 e, posteriormente, na Iugoslávia em 1999(164). Politicamente, a organização procurou melhorar as relações com países do antigo Pacto de Varsóvia, muitos dos quais acabaram por se juntar a aliança em 1999 e 2004(165).

O art. 5º do Tratado do Atlântico Norte requer que os Estados-membros auxiliem qualquer membro que esteja sujeito a um ataque armado, compromisso que foi convocado pela primeira e única vez após os ataques de 11 de setembro de 2001 contra os Estados Unidos, quando tropas foram mobilizadas para o Afeganistão sob a Força Internacional de Assistência para Segurança (ISAF), liderada pela OTAN. A organização tem operado

(162) Disponível em: <https://jornal.usp.br/atualidades/gasto-militar-e-importante-para-as-nacoes-do-ponto-de-vista-de-defesa-e-de-economia/>. Acesso em: 02 jun. 2021.

(163) Disponível em: <https://brasilescola.uol.com.br/geografia/otan.htm>. Acesso em: 02 jun. 2021.

(164) Disponível em: <https://brasilescola.uol.com.br/guerras/guerra-bosnia.htm>. Acesso em: 02 jun. 2021.

(165) Disponível em: <https://pt.wikipedia.org/wiki/Organizacao_do_Tratado_do_Atlantico_Norte>. Acesso em: 02 jun. 2021.

uma série de funções adicionais desde então, incluindo o envio de instrutores ao Iraque, auxílio em operações contra pirataria e a imposição de uma zona de exclusão aérea sobre a Líbia, em conformidade com a Resolução n. 1.973 do Conselho de Segurança da ONU em 2011.

O art. 4º do tratado é menos potente, visto que apenas invoca a consulta entre os membros da OTAN. Pode-se citar cinco vezes nas quais este artigo foi convocado: pela Turquia, em 2003, por conta da Guerra do Iraque; novamente pelos turcos, em 2012, por conta da Guerra Civil Síria, após a derrubada de um caça turco F-4 de reconhecimento desarmado; de novo pela Turquia, quando um morteiro foi disparado contra o território turco a partir da Síria; pela Polônia, em 2014, após a intervenção militar russa na Crimeia e, por fim, pela Turquia, depois de vários ataques terroristas no seu território pelo Estado Islâmico do Iraque e do Levante(166).

5.2.2.5. Pacto de Varsóvia

O Pacto de Varsóvia ou Tratado de Varsóvia foi uma aliança militar formada em 14 de maio de 1955 pelos países socialistas do Leste Europeu e pela União Soviética, países estes que também ficaram conhecidos como bloco do leste. O tratado correspondente foi firmado na capital da Polônia, Varsóvia, e estabeleceu o alinhamento dos países-membros com Moscou, criando um compromisso de ajuda mútua em caso de agressões militares e legalizando na prática a presença de milhões de militares soviéticos nos países do leste europeu desde 1945(167). O organismo militar foi alegadamente instituído em contraponto à OTAN.

Os países que fizeram parte do Pacto de Varsóvia eram alguns nos quais foram instituídos governos socialistas pela União Soviética, após a Segunda Guerra Mundial. Os membros da aliança foram a União Soviética, Polônia, República Democrática Alemã, Checoslováquia, Hungria, Romênia, Bulgária, Albânia (esta última retirou-se em 1968), sendo que a estrutura militar seguia as diretrizes soviéticas. A Iugoslávia, por oposição do Marechal Tito, se recusou a ingressar no bloco.

---

(166) Disponível em: <https://meuartigo.brasilescola.uol.com.br/historia-geral/organizacao-do-tratado-do-atlantico-norte.htm>. Acesso em: 02 jun. 2021.

(167) Disponível em: <https://pt.wikipedia.org/wiki/Pacto_de_Varsovia>. Acesso em: 02 jun. 2021.

Porém, as principais ações do Pacto foram dentro dos países-membros para a repressão de revoltas internas. Em 1956, tropas reprimiram manifestações populares na Hungria e Polônia, e em 1968, na Tchecoslováquia, na chamada Primavera de Praga que pediam a descentralização parcial da economia e a democratização.

As mudanças no cenário geopolítico da Europa Oriental no final da década de 1980, com a queda dos governos socialistas, o fim do Muro de Berlim, o fim da Guerra Fria e a crise na União Soviética levaram à extinção do Pacto em 31 de março de 1991. O fim do Pacto de Varsóvia representou, também, o fim da Guerra Fria[(168)].

Seis anos depois, a OTAN convida a República Tcheca, Hungria e Polônia a ingressarem na organização, demonstrando uma nova configuração das forças militares na Europa pós-Guerra Fria.

5.2.2.6. Organização das Nações Unidas (ONU)

A Organização das Nações Unidas (ONU), ou simplesmente Nações Unidas, é uma organização intergovernamental criada para promover a cooperação internacional. Uma substituição à Liga das Nações, a organização foi criada em 24 de outubro de 1945, após o término da Segunda Guerra Mundial, com a intenção de impedir outro conflito como aquele. Na altura de sua fundação, a ONU tinha 51 estados-membros; hoje são 193 estados-membros[(169)].

A sua sede está localizada em Manhattan, Nova York, e possui extraterritorialidade. Outros escritórios situam-se em Genebra, Nairóbi e Viena. A organização é financiada com contribuições avaliadas e voluntárias dos países-membros. Os seus objetivos incluem manter a segurança e a paz mundial, promover os direitos humanos, auxiliar no desenvolvimento econômico e no progresso social, proteger o meio ambiente e prover ajuda humanitária em casos de fome, desastres naturais e conflitos armados.

(168) Disponível em: <https://www.politize.com.br/pacto-de-varsovia/>. Acesso em: 02 jun. 2021.

(169) Disponível em: <https://meuartigo.brasilescola.uol.com.br/historia/organizacao-das-nacoes-unidas.htm>. Acesso em: 02 jun. 2021.

Durante a Segunda Guerra, o presidente estadunidense, Franklin Delano Roosevelt, começou a discutir a criação de uma agência que sucederia a Liga das Nações, e a Carta das Nações Unidas foi elaborada em uma conferência em abril-junho de 1945. A carta entrou em vigor a 24 de outubro de 1945, e a ONU começou a operar. A sua missão de promover a paz foi complicada nas suas primeiras décadas de existência, por culpa da Guerra Fria, entre Estados Unidos, União Soviética e seus respectivos aliados. Teve participação em ações importantes na Coreia e no Congo--Léopoldville, além de ter aprovado a criação do estado de Israel em 1947.

O número de integrantes cresceu bastante após o grande processo de descolonização na década de 1960, ocorrido principalmente na África, na Ásia e na Oceania, e, na década seguinte, seu orçamento para programas de desenvolvimento social e econômico ultrapassou em muito seus gastos com a manutenção da paz. Após o término da Guerra Fria, a ONU assumiu as principais missões militares e de paz ao redor do globo, com diferentes níveis de envolvimento e de sucesso.

A organização foi laureada com o Nobel da Paz em 2001, e alguns de seus oficiais e agências também ganharam o prêmio. Outras avaliações da eficácia da ONU são mistas. Alguns analistas afirmam que as Nações Unidas são uma força importante no que se refere à manutenção da paz e ao estímulo do desenvolvimento humano, enquanto outros adjetivam-na de ineficiente, corrupta ou tendenciosa.

Seis órgãos principais compõem as Nações Unidas: a Assembleia Geral (assembleia deliberativa principal); o Conselho de Segurança (para decidir resoluções de paz e segurança); o Conselho Econômico e Social (para auxiliar na promoção da cooperação econômica e desenvolvimento social); o Conselho de Direitos Humanos (para promover e fiscalizar a proteção dos direitos humanos e propor tratados internacionais); o Secretariado (para fornecimento de estudos, informações e facilidades necessárias para a ONU) e o Tribunal Internacional de Justiça (o órgão judicial principal). Além desses, há órgãos complementares de todas as outras agências do Sistema das Nações Unidas, como a Organização Mundial de Saúde (OMS), o Programa Alimentar Mundial (PAM) e o Fundo das Nações

Unidas para a Infância (UNICEF). O cargo mais alto ocupado na ONU é o de secretário-geral(170)(171).

5.2.2.7. Plano Marshall

O *Plano Marshall* (conhecido oficialmente como Programa de Recuperação Europeia), um aprofundamento da Doutrina Truman, foi o principal plano dos Estados Unidos para a reconstrução dos países aliados da Europa nos anos seguintes à Segunda Guerra Mundial. A iniciativa recebeu o nome do Secretário de Estado dos Estados Unidos, George Marshall.

Os americanos deram uma ajuda econômica no valor aproximado de 14 bilhões de dólares em valores da época (equivalente a cerca de 100 bilhões de dólares em 2018 ajustado pela inflação), que foram entregues para ajudar na recuperação dos países europeus que se juntaram à Organização Europeia para a Cooperação e Desenvolvimento Econômico(172).

Substituindo o anterior *Plano Morgenthau*, operou por quatro anos a partir de 2 de abril de 1948. Os objetivos dos Estados Unidos eram reconstruir regiões devastadas pela guerra, remover barreiras comerciais e modernizar a indústria, gerando prosperidade no continente europeu e, principalmente, impedindo a disseminação do comunismo.

O *Plano Marshall* exigiu uma redução das barreiras internacionais, uma queda de muitos regulamentos e encorajou um aumento da produtividade, bem como o sindicalismo e os novos modelos de negócios "modernos".

A ajuda do Plano foi dividida entre os países beneficiários em uma base *per capita*. Maiores quantidades foram dadas às grandes potências industriais, já que a principal ideia era de que seu renascimento seria essencial para a prosperidade geral da Europa. Essas nações aliadas receberam um pouco mais de ajuda per capita do que os ex-membros do Eixo ou os países

---

(170) Disponível em: <https://meuartigo.brasilescola.uol.com.br/historia/organizacao-das-nacoes-unidas.htm>. Acesso em: 02 jun. 2021.

(171) Disponível em: <https://pt.wikipedia.org/wiki/Organizacao_das_Nacoes_Unidas>. Acesso em: 02 jun. 2021.

(172) Disponível em: <https://brasilescola.uol.com.br/o-que-e/historia/o-que-e-plano-marshall.htm>. Acesso em: 02 jun. 2021.

que permaneceram neutros. O maior beneficiário do dinheiro do *Plano Marshall* foi o Reino Unido (que recebeu cerca de 26% do total), seguido da França (18%) e da Alemanha Ocidental (11%). Cerca de dezoito países europeus receberam benefícios do Plano(173).

A União Soviética recusou-se a participar do programa, com o objetivo de manter sua independência econômica. Além disso, bloqueou a participação de países da Europa Oriental, como a Alemanha Oriental, Checoslováquia, Hungria e Polônia.

O papel do *Plano Marshall* — e dos Estados Unidos — na recuperação rápida da economia europeia tem sido debatido. Muitos sustentam que as evidências mostram que uma recuperação geral já estava em andamento. Além disso, as subvenções do *Plano Marshall* não eram muito significativas, e representavam menos de três por cento da renda nacional combinada dos países receptores entre 1948 e 1951, o que significaria um aumento no crescimento do PIB de apenas 0,3%(174).

5.2.3. Ataques terroristas de 11 de setembro de 2001

O maior símbolo de poder dos Estados Unidos, o *World Trade Center*, foi atacado numa manhã quente de verão em Nova York, em 11 de setembro de 2001.

Tudo acontecia dentro da normalidade no centro financeiro do planeta até que, pouco antes das 9h da manhã, um avião partiu ao meio um dos prédios do complexo de escritórios. Alguns minutos depois, a segunda torre sentiu o baque de um jato invadindo sua estrutura.

Os Estados Unidos estavam sob ataque. O presidente norte-americano, George Bush, recebeu a notícia durante uma ação em uma escola. Sua cara em estado de paralisia é uma das imagens mais emblemáticas do século. Ao menos 3 mil pessoas foram mortas e outras 6 mil ficaram feridas na ação comandada por Osama Bin Laden, que só foi morto em maio de 2011, quando Barack Obama estava na Casa Branca(175).

---

(173) Disponível em: <https://pt.wikipedia.org/wiki/Plano_Marshall>. Acesso em: 02 jun. 2021.

(174) Disponível em: <https://pt.wikipedia.org/wiki/Plano_Marshall>. Acesso em: 02 jun. 2021.

(175) Disponível em: <https://mundoeducacao.uol.com.br/historiageral/11-setembro.htm>. Acesso em: 02 jun. 2021.

A tragédia por si só já foi impactante o suficiente para mudar os rumos do planeta e enfiar os Estados Unidos em um caminho de guerras — Iraque e Afeganistão — que geraram perdas astronômicas. Apenas no Iraque, 4.421 soldados norte-americanos tinham morrido, entre eles 3.492 em ação. Estima-se que os EUA perderam US$ 975 bilhões no Iraque e outros US$ 975 bilhões no Afeganistão[(176)].

Além disso, muitos dos primeiros socorristas morreram por doenças crônicas e os que ainda sobrevivem travam uma árdua batalha para que o governo garanta um seguro emergencial para o resto de suas vidas.

O custo da guerra é outra área na qual os números variam muito.

O Serviço de Pesquisa do Congresso, um serviço que é respeitado e considerado apartidário, estimava que, no final do ano fiscal de 2011, os Estados Unidos teriam gastado quase US$ 802 bilhões para financiar a guerra. O economista vencedor do prêmio Nobel Joseph Stiglitz, e a professora de Harvard Linda Bilmes, afirmam que o custo real chega a US$ 3 trilhões se os impactos adicionais no orçamento e na economia dos Estados Unidos forem levados em conta[(177)].

Mas há ainda de se destacar os impactos humanitários.

A violência sectária do conflito no Iraque começou a aumentar no começo de 2005. No entanto, a destruição de um importante templo xiita em fevereiro de 2006 levou a um aumento grande dos ataques ocorridos entre milícias sunitas e xiitas, fazendo com que muitas famílias iraquianas abandonassem a suas casas, e mudando-se para outras áreas do país ou fugindo do Iraque.

A Organização Internacional de Migração (IOM, na sigla em inglês), que monitora o número de famílias que abandonaram suas casas, estima que nos quatro anos entre 2006 e 2010, até 1,6 milhão de iraquianos tiveram que deixar seus domicílios, mas permaneceram no país, o que representa 5,5% da população. Deste total, cerca de 400 mil pessoas voltaram

---

(176) Disponível em: <https://www.bbc.com/portuguese/noticias/2011/12/111215_eua_iraque_numeros_fn>. Acesso em: 02 jun. 2021.

(177) Disponível em: <https://www.bbc.com/portuguese/noticias/2011/12/111215_eua_iraque_numeros_fn>. Acesso em: 02 jun. 2021.

no meio de 2010, primeiramente para Bagdá, Diyala, Ninewa e Anbar, segundo a IOM[178].

5.3. Crise ambiental

A crise ambiental tem origem no modelo capitalista de desenvolvimento, cada vez mais arraigado nas sociedades atuais, que gerou uma crise ambiental global sem precedentes, tanto em relação ao impacto, como quanto à velocidade da degradação.

A questão do meio ambiente ganhou evidência a partir de 1970. Governos e entidades não governamentais passaram a avaliar os efeitos de diversas atividades e da exploração de recursos naturais no meio ambiente.

Segundo o relatório "Panorama Ambiental Global (Geo-5)", se nenhuma medida for tomada para deter o aquecimento global, em 50 anos a temperatura da terra aumentará em 3°C, causando secas, falta de água, derretimento de geleiras, o aumento da temperatura e do nível dos oceanos, entre outras várias consequências ambientais. Outros dados do relatório apontam que o desmatamento anual soma 13 milhões de hectares de florestas devastadas, que cerca de 20% das espécies invertebradas estão ameaçadas e que o uso mundial de água triplicou nas últimas cinco décadas[179].

A floresta amazônica — que constitui um dos mais importantes biomas do mundo — perderá pelo menos um terço de sua área devido a queimadas e secas em menos de 100 anos.

Em agosto de 2019, o aumento dos focos de incêndio no Brasil e na Bolívia chamou a atenção do mundo novamente em relação à preservação da Amazônia. Segundo pesquisadores do Instituto de Pesquisa Ambiental da Amazônia (Ipam), o fogo estava diretamente ligado ao desmatamento.

No mesmo período em 2020, o fogo na floresta voltou às manchetes, apesar das promessas governamentais de que o desmatamento seria contido. Nos dois países, a grilagem de terras e a expansão da fronteira

---

(178) Disponível em: <https://www.bbc.com/portuguese/noticias/2011/12/111215_eua_iraque_numeros_fn>. Acesso em: 02 jun. 2021.

(179) Disponível em: <https://www.pensamentoverde.com.br/meio-ambiente/saiba-mais-sobre-crise-ambiental-global-e-o-futuro-planeta/>. Acesso em: 02 jun. 2021.

agropecuária são apontadas por especialistas como as principais causas do aumento da destruição da floresta, algo que os governos negam. Juntamente com a mineração, a retirada de madeira e a exploração econômica descontrolada, essas atividades estão por trás das taxas de desmatamento crescentes em todos os nove países amazônicos (contando com a Guiana Francesa, território ultramarino da França).

O desmatamento que acontece nesses países afeta o ecossistema de toda a região, inclusive dos países que não têm a Floresta Amazônica. Isso acontece por causa do papel essencial que a floresta desempenha: distribuir a umidade que vem do Oceano Atlântico por toda a América do Sul, regular o clima da região e capturar grandes quantidades de dióxido de carbono, o principal gás causador do efeito estufa[(180)].

Embora o ritmo de desenvolvimento econômico e da consequente degradação da natureza seja diferente nas diversas regiões, as consequências para o futuro do planeta atingem a todos. Nos países subdesenvolvidos os impactos da crise ambiental são mais agressivos, mesmo que a maior parte deles seja responsável por apenas uma pequena parcela do problema.

Em 2018, o Brasil foi o 14º país que mais emitiu dióxido de carbono (CO2), o principal gás responsável pelo efeito estufa, no mundo[(181)].

O impacto ambiental decorrente da alteração do meio ambiente em virtude de determinada ação ou atividade do ser humano, causado pelo desequilíbrio provocado pelo choque da relação do homem com o meio ambiente, é cada vez maior.

A mineração, a agropecuária e a extração de petróleo são exemplos de atividades que causam vários danos de difícil reversão.

A atividade mineradora é causadora de vários impactos ambientais no Brasil. Um pequeno garimpo irregular pode provocar contaminação por mercúrio nas águas de rios, lagos e também no solo.

---

(180) Disponível em: <https://www.bbc.com/portuguese/brasil-51377232>. Acesso em: 03 jun. 2021.

(181) Disponível em: <https://www.bbc.com/portuguese/brasil-51377232>. Acesso em: 03 jun. 2021.

A agropecuária tem causado impactos ambientais significativos no cerrado, no pantanal e na floresta amazônica. Grandes áreas verdes têm sido desmatadas para a criação de gado e plantio de soja. Tal situação têm prejudicado os ecossistemas destas regiões, além de diminuir as áreas verdes que deveriam ser preservadas. Alguns climatologistas afirmam que o desmatamento na floresta amazônica pode estar relacionado com a diminuição das chuvas na região sudeste do Brasil[(182)].

Extração de petróleo é uma atividade intensa no litoral sudeste do Brasil. Acidentes em plataformas de petróleo ou navios petroleiros podem provocar sérios danos ao meio ambiente como, por exemplo, mortandade em larga escala de peixes, aves marinhas e outras espécies de animais marinhos[(183)].

Quando descartados de modo inadequado, determinados tipos de resíduos que vêm de estabelecimentos comerciais e industriais se infiltram pelo solo e podem contaminar a terra e os lençóis freáticos que abastecem as bacias hidrográficas, poluindo o meio ambiente e água utilizada para consumo. A natureza é uma das principais vítimas do descarte inadequado de resíduos. Rios, riachos, córregos, canais e lagoas e todos os seus ecossistemas sofrem com a poluição causada pelo acúmulo e descarte inadequado de lixo.

Em virtude da conscientização da sociedade, existem maneiras de reduzir os danos ambientais. Podem e devem ser adotadas atitude que propiciem a economia de água, reduzam o consumo de energia, permitam separar os lixos orgânicos e recicláveis, diminuam o uso de automóveis, levem as pessoas a consumir apenas o necessário e a evitar compras compulsivas, incentivem a utilização de produtos ecológicos e biodegradáveis e a não jogar lixo nas ruas.

O Direito pode e deve intervir, de forma a premiar condutas favoráveis, com incentivos fiscais, por exemplo, e penalizar atitudes que afetem o meio ambiente, ganhando destaque o Direito Penal Ambiental.

---

(182) Disponível em: <https://meuresiduo.com/categoria-1/7-atitudes-para-evitar-o-impacto-ambiental/>. Acesso em: 03 jun. 2021.

(183) Disponível em: <https://cesmac.edu.br/admin/wp-content/uploads/2014/11/TEMAS-DA-ATUALIDADE_Caderno-3_MEIO-AMBIENTE_revLUZ.pdf>. Acesso em: 03 jun. 2021.

O uso consciente dos recursos naturais, a conscientização das gerações futuras sobre a preservação ambiental e a criação de leis que garantam a preservação do meio ambiente são as principais medidas para diminuir o impacto ambiental. Como todos os desafios que se encontram, a conscientização deve começar do indivíduo e um a um partir para a sociedade. O mundo é repleto de coisas boas, é preciso saber aproveitar tudo o que é oferecido de maneira digna para criar equilíbrio entre natureza e ser humano[(184)].

O futuro do planeta — e de todos nós — depende de uma modificação global de pensamento e atitudes. Segundo a ONU, apenas com a criação de políticas públicas internacionais e de modelos de desenvolvimento sustentáveis será possível combater a crise ambiental global que assombra o planeta.

5.3.1. Rio+20

A Conferência das Nações Unidas sobre Desenvolvimento Sustentável (CNUDS), também conhecida como Rio+20, foi realizada entre os dias 13 e 22 de junho de 2013 na cidade brasileira do Rio de Janeiro, com o objetivo de discutir sobre a renovação e a ampliação — por parte dos países envolvidos — do compromisso político com o desenvolvimento sustentável.

Participaram do evento, chefes de Estado e de Governo de 188 nações (das quais, 185 dentre os 193 países-membros da ONU, além de representantes do Vaticano, da Palestina e da Comunidade Europeia) que reiteraram seus compromissos com o desenvolvimento sustentável, sobretudo quanto ao modo como estão sendo usados os recursos naturais do planeta.

A Rio+20 foi marcada pelo esforço de se promover a participação social na construção e na implementação dos compromissos pela sustentabilidade. De forma inédita, a Rio+20 concedeu a palavra aos representantes dos nove grupos sociais distinguidos na Agenda 21 (os denominados *Major Groups*) para se manifestarem na Plenária de Alto Nível — na qual tradicionalmente somente se manifestam os Chefes de Estado e de Governo

(184) Disponível em: <https://meuresiduo.com/categoria-1/7-atitudes-para-evitar-o-impacto-ambiental/>. Acesso em: 03 jun. 2021.

dos países-membro da ONU. A "plena participação da sociedade civil" está realçada no primeiro parágrafo do documento resultante da Rio+20 intitulado "O Futuro que Queremos". No entanto, tal participação social nos resultados da Rio+20 foi questionada por diversos grupos sociais, gerando críticas ao texto da Conferência(185).

Observe-se que, no que se refere à questão ambiental, as discussões concluíram não existia nenhuma organização internacional com real poder regulatório.

> *"O Programa das Nações Unidas para o Meio Ambiente (Pnuma) é um dos com menor orçamento na ONU e depende de adesões voluntárias. Não é essencial dentro do sistema, participa quem quer. Pode encaminhar, no máximo, estudos, recomendações, mas sem poder regulatório."*(186)

Como primeiro passo, uma das propostas que foram defendidas pela sociedade civil foi a criação de uma agência ambiental internacional, por meio do aprimoramento do funcionamento do Pnuma ou por meio de sua união com outras agências. Segundo Aron Belinky(187), as entidades enxergam que existe uma necessidade tanto ética quanto política e econômica de tirar as pessoas da pobreza. No entanto "Isso não significa que deverão ter padrão de consumo insustentável, como o norte-americano e europeu. Não é objetivo estender a sociedade perdulária", advertiu.

À época, as expectativas sobre os resultados da Rio+20 caminhavam na direção de dois extremos:

> *"Será uma grande oportunidade ou nulidade. A conferência pode fazer uma convergência, desatar nós ou, então, se não se dispuser, será um ponto de jogar conversa fora. Mas de qualquer forma, a*

---

(185) Disponível em: <http://www.rio20.gov.br/documentos/documentos-da-conferencia/o-futuro-que-queremos/>. Acesso em: 03 jun. 2021.

(186) Disponível em: <https://www.wikiwand.com/pt/Rio+20>. Acesso em: 03 jun. 2020.

(187) Aron Belinky foi coordenador de Processos Internacionais do Instituto Vitae Civis, que representa o Fórum Brasileiro de ONGs e Movimentos Sociais para o Meio Ambiente e o Desenvolvimento (FBOMS) na Coordenação Nacional do Comitê Facilitador da Sociedade Civil Brasileira para a Rio+20.

> *mobilização de propostas da sociedade civil será um avanço. Ou os governos são capazes de mostrar relevância no mundo contemporâneo ou são incapazes de acompanhar o ritmo que a sociedade avança, se tornando um empecilho."*(188)

Segundo posicionamento oficial do Ministério das Relações Exteriores do Brasil(189), os principais resultados da Rio+12 foram:

> *"Realizada em 2012, a Conferência das Nações Unidas sobre Desenvolvimento Sustentável (Rio+20) constituiu um dos maiores eventos da história da ONU, contando com a participação de 193 delegações, além de representantes da sociedade civil. O amplo diálogo com a sociedade brasileira fez-se presente desde a preparação do evento, por meio da Comissão Nacional para a Rio+20, que empreendeu consultas com os diversos atores internos para que se chegasse a uma posição brasileira coesa na conferência.*
>
> *A atuação do Brasil como presidente do evento contribuiu para que o documento final "O Futuro que Queremos" alcançasse resultado equilibrado, atendendo às aspirações de países desenvolvidos e em desenvolvimento. Dentre os principais resultados da Conferência, destaque-se o compromisso assumido pelos Estados com a erradicação da pobreza extrema. Merecem igual atenção o lançamento de processo intergovernamental para a criação dos Objetivos de Desenvolvimento Sustentável (ODS), a criação do Foro Político de Alto Nível sobre Desenvolvimento Sustentável e o incentivo ao fortalecimento do Programa das Nações Unidas para o Meio Ambiente (PNUMA)."*

5.3.2. Acordo de Paris

Em 12 de dezembro de 2015, durante a COP 21 (21ª Conferência das Nações Unidas sobre as Mudanças Climáticas), foi firmado o Acordo de Paris, um compromisso firmado entre 195 países com meta na redução

(188) Disponível em: <https://pt.wikipedia.org/wiki/Rio+20>. Acesso em: 03 jun. 2021.

(189) Disponível em: <http://antigo.itamaraty.gov.br/pt-BR/politica-externa/desenvolvimento-sustentavel-e-meio-ambiente/131-a-rio-20-e-seus-resultados>. Acesso em: 03 jun. 2021.

da emissão de gases do efeito estufa. O Acordo entrou em vigor em 4 de novembro de 2016.

A principal meta do Acordo de Paris é manter o aumento da temperatura do planeta bem abaixo dos 2ºC, para garantir um futuro com baixa emissão de carbono, adaptável, próspero e justo para todos[(190)].

A emissão de certos gases tem provocado o agravamento do efeito estufa e do aquecimento global. Essas emissões ocorrem em razão da intensa queima de combustíveis fósseis (petróleo, gás e carvão mineral) para o uso industrial, transporte urbano e geração de energia elétrica, por atividades agrícolas e pelo desmatamento de florestas tropicais.

Assim, os países signatários do Acordo criaram suas Contribuições Nacionais Determinadas (NDC, na sigla em inglês), ou seja, compromissos para colaborar com a meta global de redução de emissões.

O Brasil comprometeu-se à época a reduzir até 2025 suas emissões de gases de efeito estufa em até 37% (comparados aos níveis emitidos em 2005), estendendo essa meta para 43% até 2030.

As principais metas do governo brasileiro são: aumentar o uso de fontes alternativas de energia; aumentar a participação de bioenergias sustentáveis na matriz energética brasileira para 18% até 2030; utilizar tecnologias limpas nas indústrias; melhorar a infraestrutura dos transportes; diminuir o desmatamento; e restaurar e reflorestar até 12 milhões de hectares[(191)].

Desses acordos firmados pelos países, a cada cinco anos os governos devem comunicar de forma voluntária o andamento de suas metas. Se já estiverem alcançando as metas previstas, devem criar mecanismos para elevá-las, tornando-as mais ambiciosas.

O objetivo é atingir uma economia com baixo índice de emissão de carbono — e sustentável nos pilares econômico, social e ambiental — com projetos de matriz elétrica limpa, agricultura de baixo carbono, eletrificação do setor de transportes, entre outros.

(190) Disponível em: <https://www.wwf.org.br/informacoes/noticias_meio_ambiente_e_natureza/?77471/Acordo-de-Paris-completa-cinco-anos-com-licoes-aprendidas>. Acesso em: 03 jun. 2021.

(191) Disponível em: <https://www.politize.com.br/acordo-de-paris/>. Acesso em: 03 jun. 2021.

Fato relevante foi a saída dos Estados Unidos da América do Acordo de Paris, por iniciativa do governo republicando de Donald Trump, situação revertida em 2021, no início do governo democrata de Joe Biden, em cumprimento à promessa de campanha eleitoral(192).

O Acordo de Paris ainda hoje é visto como uma oportunidade de concretizar uma economia sustentável, de baixa emissão de carbono, revertendo os danos causados ao meio ambiente.

Segundo Alexandre Prado, diretor de Economia Verde do WWF-Brasil:

> *"Os benefícios que uma economia de baixo carbono podem trazer para os países estão claros para uma parcela cada vez maior da sociedade (...)*
>
> *O problema é conseguir que todos esses projetos saiam do papel. Para isso, é preciso que o governo federal os estados e os municípios tenham uma atuação mais forte, tanto na valorização de florestas em pé —combatendo desmatamento e queimadas, por exemplo — quanto facilitando a adaptação da indústria e da agricultura para a economia do século XXI (...) Nós só seremos capazes de cumprir com essas metas se definitivamente assumirmos como sociedade um novo padrão de desenvolvimento, de baixo carbono e sustentável nos pilares econômico, social e ambiental."*(193)

Geralmente os governos trabalham por medidas de curto, no máximo médio prazo, na busca de resultados eleitorais. A defesa do meio ambiente exige planejamento de longo prazo, que, portanto, ultrapassa o limite temporal de um ou dois mandatos eleitorais. Esse é um grande desafio: tratar a questão ambiental como integrante da dignidade da pessoa humana, dentro de um capitalismo humanista, de forte a constituir legado à humanidade.

---

(192) Disponível em: <https://www.bbc.com/portuguese/internacional-55740588>. Acesso em: 03 jun. 2021.

(193) Disponível em: <https://www.wwf.org.br/informacoes/noticias_meio_ambiente_e_natureza/?77471/Acordo-de-Paris-completa-cinco-anos-com-licoes-aprendidas>. Acesso em: 03 jun. 2021.

Capítulo 6

Pandemia Coronavírus (Covid-19)

A pandemia do Coronavírus (Covid-19) surgiu como um divisor de águas, que trouxe diversos desdobramentos na saúde, na economia, na política e na sociedade mundial. Notícias sobre a pandemia predominam nos noticiários e nas redes sociais em tempo real. Assim, um fato é inquestionável: o mundo que existia até 2019 acabou.

Em uma sociedade globalizada, as interrelações são cada vez mais intensas e os países buscam ocupar um papel de destaque na economia mundial. A circulação de pessoas é intensa, seja por questões profissionais ou por turismo. Nesse ponto surge um grave problema.

No começo de janeiro de 2020, quando foi identificada uma quantidade maior de casos, surgiu a informação de que a transmissão do vírus poderia ocorrer entre pacientes sem sintomas, diversamente do que ocorreu na epidemia de síndrome aguda respiratória grave (Sars), em 2003, quando era possível segurar a transmissão a partir do isolamento dos casos identificados, pois a transmissão ocorria a partir de um paciente sintomático. No entanto, quando se soube que esse novo Coronavírus era transmissível numa fase assintomática, já foi possível perceber que seria muito difícil brecar a pandemia(194).

A história ainda explicará melhor a pandemia, mas existem fatos e circunstâncias que já são conhecidos.

Com início na China, e se espalhando pelo mundo inteiro, a pandemia ainda não está sob efetivamente sob controle. Surgem novas vacinas, mas a efetividade de cada uma ainda está à prova. Além disso, nem todos os países estão com o mesmo percentual de vacinação e utilizam as mesmas

(194) Disponível em: <https://saude.abril.com.br/medicina/coronavirus-o-brasil-transformou-a-crise-sanitaria-em-crise-politica/>. Acesso em: 03 jun. 2021.

vacinas, ou vacinas com o mesmo grau de eficácia. Volta e meia surgem novas variantes do vírus, e ainda não se sabe o grau de eficácia das vacinas em relação a tais variantes.

Seis são as principais vacinas usadas na imunização contra Covid-19, desenvolvidas em vários países, inclusive mediante parcerias transnacionais. Em abril de 2021, ainda existem várias que continuam sendo testadas e esperam aprovação. Destaque-se as principais características das seis principais[(195)]:

• Pfizer-Biontech (BNT162b2): desenvolvida pela alemã Biontech e produzida pela americana Pfizer, é uma vacina de RNA mensageiro (mRNA). Seu princípio é fazer o próprio corpo produzir a proteína do vírus. Depois que o material é injetado no corpo humano, ele instrui o organismo a produzir a proteína, incentivando a fabricação de anticorpos contra Sars-Cov-2. O produto exige a aplicação de duas doses;

• AstraZeneca (AZD1222 ou ChAdOx1 nCoV-19): a tecnologia usada chama-se vetor viral recombinante, que usa um adenovírus incapaz de causar doenças. No corpo humano, a vacina incentiva a produção da proteína do Coronavírus, que o sistema imune reconhece como ameaça e destrói. Quando o Sars-Cov-2 infecta o organismo de verdade, o corpo reconhece e combate o vírus. São necessárias duas doses;

• Moderna (mRNA-1273): também usa a tecnologia de RNA mensageiro, que imita a proteína spike, específica do vírus Sars-CoV-2, que ajuda na invasão das células humanas. A cópia não é nociva como o vírus, mas desencadeia uma reação das células do sistema imune. Ela também deve ser aplicada em duas doses. Como todas as vacinas contra covid-19, é aplicada em forma de injeção intramuscular;

• Janssen, da Johnson&Johnson (Ad26.COV2-S): o produto da farmacêutica Janssen exige a aplicação de apenas uma dose. Sua tecnologia é

(195) Disponível em: <https://saude.abril.com.br/medicina/coronavirus-o-brasil-transformou-a-crise-sanitaria-em-crise-politica/>. Acesso em: 03 jun. 2021.

baseada em vetores de um tipo de vírus que causa resfriado comum. Na vacina, parte da proteína das espículas do vírus é colocada no adenovírus (que é o transportador). No corpo vacinado, inicia-se um processo de defesa, com a produção de anticorpos contra o invasor e a criação de uma "memória" contra o vírus;

• Sputnik V (Gam-COVID-Vac): do laboratório russo Gamaleya, é uma vacina de vetor viral, que usa outros vírus manipulados para serem inofensivos ao organismo, mas podem induzir o combate à Covid-19. Injetados no corpo, eles entram nas células e as fazem produzir e exibir essa proteína. Isso alerta e aciona o sistema imune. A Sputnik usa adenovírus diferentes na primeira e segunda doses, para reforçar a resposta imunológica; e,

• SinoVac (CoronaVac): a vacina da farmacêutica chinesa Sinovac é fabricada no Brasil pelo Instituto Butantan. Sua tecnologia se baseia na manipulação em laboratório de células humanas infectadas com Sars-Cov-2. A vacina é produzida com fragmentos inativados do vírus, ou seja, ele não pode se reproduzir. Depois de receber a dose, o sistema imunológico começa a produzir anticorpos para combater o Sars-Cov-2.

Assim, surge a importante intervenção do direito, ao assegurar a regra para parcerias, tanto no desenvolvimento como na distribuição de vacinas.

Além disso, ainda não existe um tratamento eficaz para a infecção.

Quando se fala do uso da cloroquina, por exemplo, isso não está baseado em evidência científica. Seus apoiadores querem mostrar ao povo que existe uma "bala de prata", algo que possa servir de pretexto para uma falsa sensação de segurança.

Os primeiros estudos sobre o uso da cloroquina contra o Coronavírus eram promissores. Surgia a possibilidade de algo para usar na prática. Mas quando analisados de forma mais acurada, foi constatado que os estudos eram de baixa qualidade, e não traziam evidências concretas de efetividade da droga. Conforme eram concluídas novas pesquisas, com mais rigor e critério, mais se concluía pela ineficácia da cloroquina.

Alguns defendem o uso da cloroquina logo na fase inicial e em indivíduos de baixo risco. Mas trata-se de uma medicação que traz efeitos colaterais conhecidos. E isso pode fazer mais mal que bem. Para usar uma droga de forma ampla assim como está proposto, seriam necessários estudos de segurança muito rigorosos, que acompanhassem milhares de voluntários por anos. Segundo o pneumologista Fred Fernandes, "fazer isso agora beira o irresponsável. Temos vários exemplos na história para indicar que isso não vai terminar bem"(196).

Nesse ambiente, não há espaço para soluções individuais, de países ou grupos de países. Nenhum país tem a capacidade de produzir vacinas na velocidade exigida. Nenhum país consegue isolar-se totalmente dos demais. Existe o fluxo de comércio, de pessoas e de turismo. A economia também não pode parar completamente.

O capitalismo deverá assumir uma visão humanista. E a fraternidade deverá ser uma premissa inquestionável.

Seguem-se ainda novas ondas da doença, com novos patamares de mortes. No Brasil, em maio de 2021, chegou-se a atingir 3.000 mortes por dia, praticamente o número de mortes dos atentados terroristas de 11 de setembro nos Estados Unidos, média se repete por vários dias, por vários meses.

A dignidade da pessoa humana e os aspectos sanitários estão sendo postos a prova. Na Índia, mortos por suspeita de Covid-19 são "cremados" em locais coletivos, sem a menor infra-estrutura.

Em diversos países, os efeitos econômicos são extremamente impactantes, causando uma retração de toda atividade, em virtude das medidas restritivas na circulação, do fechamento de atividades não essenciais e de *lockdows*. Em pleno século XXI, são repetidas cenas vistas na Gripe Espanhola, do início do século XXI.

No Brasil, desemprego e fome crescem e atingem muitos cidadãos, que dependem da solidariedade para sobreviver, visto que o Governo não

(196) Disponível em: <https://saude.abril.com.br/medicina/coronavirus-o-brasil-transformou-a-crise-sanitaria-em-crise-politica/>. Acesso em: 03 jun. 2021.

possui capacidade econômica de prestar auxílio na medida exigida. Cabe às organizações não governamentais e a campanhas de solidariedade o auxílio à população necessitada.

Além disso, o inicial negacionismo da gravidade da doença por parte de alguns e a busca por tratamentos alternativos, sem eficácia comprovada, somente postergou o efetivo combate à pandemia, politizando de forma desnecessária uma questão que deve ser enfrentada a partir de estudos científicos.

O cenário da atual crise exige empatia. Mas, mais que isso, solidariedade e fraternidade entre os países, que devem atuar de forma coordenada, para enfrentar a pandemia com medidas efetivas e planejadas, de forma a não esquecer dos países mais pobre e da população mais carente.

Os países ricos devem auxiliar os mais pobres, que também devem assumir determinados compromissos e contrapartidas, tudo mediante acordos multilaterais, que visem a disponibilização de insumos, remédios e vacinas a preço de custo, com uma legislação que permita inclusive a quebra de patentes em virtude da situação de emergência mundial.

Nesse ambiente, cresce a importância da visão fraternal do Direito. O Direito da solidariedade, que defenda os interesses da humanidade, para preservá-la da melhor forma e evitar sofrimentos e perdas desnecessárias.

O capitalismo sobreviverá a esse desafio, mas com uma nova visão predominante, de um capitalismo humanista, de viés fraternal.

6.1. Surgimento

O Coronavírus pertence a uma família de vírus que causam infecções respiratórias. Os primeiros registros de Coronavírus em humanos ocorreram em meados da década de 1960. É normal a infecção por variantes de Coronavírus ao longo da vida. Os Coronavírus mais comuns que infectam humanos são o alpha Coronavírus 229E e NL63 e o beta Coronavírus OC43 e HKU1[(197)].

(197) Disponível em: <https://www.saude.sc.gov.br/coronavirus/doenca.html>. Acesso em: 03 jun. 2021.

A divulgação da descoberta do novo agente do Coronavírus (nCoV-2019) ocorreu em dezembro de 2019, diante do registro de casos na província de Wuhan, na China[(198)].

Importante destacar a linha do tempo de eventos relacionados à Covid-19, que culminaram com a confirmação do primeiro caso em território brasileiro, em 26 de fevereiro de 2020, em São Paulo, de uma pessoa vinda da Itália[(199)].

08 dez 2019 Primeiros casos — Pneumonia em hospital de Wuhan/China;

29 dez 2019 Identificação do vírus — Divulgado o código genético do Coronavírus na China;

30 dez 2019 Notificação para OMS — Cluster de casos de "pneumonia de causa desconhecida";

03 jan 2020 Ministério da Saúde detecta pneumonia de causa desconhecida" na China — Solicitação de esclarecimento — Brasil pede informações à OMS;

05 jan 2020 1º Comunicado da OMS — 44 casos de "pneumonia de causa desconhecida" relacionada ao Mercado de Frutos do Mar de Wuhan/China;

09 jan 2020 Identificação do vírus — Divulgado o código genético do Coronavírus na China;

10 jan 2020 Monitoramento — Comitê de Monitoramento de Eventos do Ministério da Saúde é acionado;

16 jan 2020 Boletim Epidemiológico — Ministério da Saúde publica a primeira informação sobre o que se sabia sobre a doença;

(198) Disponível em: <https://www.scielosp.org/article/ress/2020.v29n1/e2020002/pt/>. Acesso em: 03 jun. 2021.

(199) Disponível em: <https://g1.globo.com/ciencia-e-saude/noticia/2020/01/22/cronologia-da-expansao-do-novo-coronavirus-descoberto-na-china.ghtml>. Acesso em: 03 jun. 2021.

20 jan 2020 OPAS/OMS — Reunião para alinhamento da estratégia internacional de resposta;

21 jan 2020 1º Boletim Epidemiológico da OMS — Risco moderado;

22 jan 2020 Ativação do COE-nCoV — Comitê de Operações de Emergência (COE) é ativado em nível 1 de alerta, sem casos suspeitos;

27 jan 2020 1º caso suspeito — Alteração do COE para nível 2 (perigo iminente) com mudança na definição de caso;

28 jan 2020 OMS ALTERA POSICIONAMENTO — Organismo admite erro e eleva risco para "alto";

30 jan 2020 ESPII — OMS declara Emergência Internacional;

31 jan 2020 GEI-ESP — Acionado o Grupo Executivo Interministerial;

03 fev 2020 Emergência Nacional — Brasil declara Emergência de Saúde Pública de Importância Nacional (ESPIN) — 1ª Reunião GEI-ESPII — Realizada primeira reunião do Grupo Executivo Interministerial em Saúde Pública (GEI-ESPII);

04 fev 2020 Projeto de Lei de Quarentena — Ministério da Saúde envia Projeto de Lei ao Congresso Nacional;

05 fev 2020 Congresso Nacional aprova Projeto de Lei — Legislativo aprova lei sobre quarentena;

05 fev 2020 Brasil realiza missão para repatriamento de 34 brasileiros que viviam na cidade de Wuhan, na China;

06 fev 2020 CIT sobre o Coronavírus — Reunião na Comissão Intergestores Tripartite (CIT) sobre o Coronavírus com secretários de saúde dos Estados e capitais;

07 fev 2020 Sancionada Lei de Quarentena — Presidente da República sanciona Lei de Quarentena – Ministério da Saúde e Fiocruz realizam capacitação técnica de

	representantes de 9 países das Américas do Sul e Central para diagnóstico laboratorial do Coronavírus — Operação Regresso — Decolagem de Wuhan com destino ao Brasil (início da quarentena);
09 fev 2020	Chegada ao Brasil dos 58 envolvidos na Operação Regresso;
19 fev 2020	Brasil apresenta ações para enfrentamento ao Coronavírus durante reunião dos ministros da Saúde do Mercosul em Assunção, no Paraguai;
21 fev 2020	Ampliação para mais sete países em alerta para casos suspeitos da doença, além da China;
23 fev 2020	Os brasileiros repatriados, que estavam de quarentena na base militar de Anápolis (GO), são liberados;
24 fev 2020	Ampliação da lista de países em alerta para casos suspeitos para mais 8 países, totalizando 16 países;
24 fev 2020	Ampliação da lista de países em alerta para casos suspeitos para mais 8 países, totalizando 16 países;
26 fev 2020	Confirmado o primeiro caso de Coronavírus no Brasil, em São Paulo.

6.2. Principais características

A Covid-19 é uma infecção respiratória aguda causada pelo Coronavírus SARS-CoV-2, de elevada transmissibilidade e potencialmente grave(200).

O SARS-CoV-2 é um betacoronavírus descoberto em amostras de lavado broncoalveolar obtidas de pacientes com pneumonia de causa desconhecida na cidade de Wuhan, província de Hubei, China, em dezembro de 2019. É o sétimo Coronavírus conhecido a infectar seres humanos.

(200) Disponível em: <https://www.gov.br/saude/pt-br/coronavirus/o-que-e-o-coronavirus>. Acesso em: 03 jun. 2021.

Os Coronavírus são uma família de vírus presente em diferentes espécies diferentes de animais, incluindo o homem, gado e morcegos. No entanto, raramente os Coronavírus de animais podem infectar pessoas e depois se espalhar entre seres humanos, como já ocorreu com o SARS-CoV-2, cujo reservatório silvestre ainda não foi definitivamente identificado.

A infecção pelo SARS-CoV-2 pode variar de casos assintomáticos e manifestações clínicas leves, até quadros moderados, graves e críticos, que exigem inclusive cuidados em unidades de terapia intensiva, sendo necessária atenção especial aos sinais e sintomas que indicam o quadro clínico do infectado.

Embora a maioria das pessoas com Covid-19 desenvolvam sintomas leves ou moderados 80%, aproximadamente 15% desenvolvem sintomas graves e cerca de 5% apresentam a forma crítica da doença, com complicações como falência respiratória e/ou falência múltipla de órgãos, requerendo assim cuidados intensivos. Em muitos casos, manifestações neurológicas foram relatadas mesmo em pacientes sem sintomas respiratórios.

De acordo com as evidências mais atuais, o SARS-CoV-2, da mesma forma que outros vírus respiratórios, é transmitido principalmente por três modos: contato, gotículas ou por aerossol.

A epidemiologia do SARS-CoV-2 indica que a maioria das infecções se espalha por contato próximo (menos de 1 metro), principalmente por meio de gotículas respiratórias. Não há evidência de transmissão eficiente para pessoas em distâncias maiores ou que entram em um espaço horas depois que uma pessoa infectada esteve lá.

6.3. Mudança de hábitos

Portanto, em tese uma quantidade suficiente de vírus pode permanecer presente em determinado espaço, de forma a causar infecções até mesmo em pessoas que estiverem a mais de 1 metro de distância ou que passaram por aquele espaço, logo após a saída da pessoa infectada. Tal situação pode ocorrer em espaços fechados, dentro dos quais várias pessoas podem ter sido expostas a uma pessoa infectada ao mesmo tempo, ou logo após a saída da pessoa infectada deste espaço.

Outro fator de risco é a exposição prolongada a partículas respiratórias, muitas vezes geradas por esforço respiratório (gritar, cantar, fazer exercícios) que aumentam a concentração de gotículas respiratórias em suspensão.

Além disso, o risco pode ser gerado por ventilação ou tratamento de ar inadequados, de forma a permitir o acúmulo de pequenas gotículas e partículas respiratórias em suspensão.

Alguns procedimentos médicos em vias aéreas também podem produzir aerossóis, que são capazes de permanecer suspensas no ar por períodos mais longos. Quando tais procedimentos são realizados em pessoas com Covid-19 em unidades de saúde, esses aerossóis podem conter o vírus, que poderão ser inalados por outras pessoas que não estejam utilizando equipamento de proteção individual (EPI) apropriado.

A suscetibilidade é geral, por ser um novo vírus e de potencial pandêmico. Sobre a imunidade, ainda não se sabe por quanto tempo a infecção em humanos irá gerar imunidade contra novas infecções e se essa imunidade pode durar por toda a vida. Evidências atuais sugerem a possibilidade de reinfecção pelo vírus SARS-CoV-2. Entretanto, reinfecções são incomuns no período de 90 dias após a primeira infecção.

Surge então a necessidade de mudança de hábitos sociais.

Uma das formas mais importantes de prevenir a disseminação do SARS-CoV-2 é a etiqueta respiratória, que consiste em um conjunto de medidas que devem ser adotadas para evitar ou ao menos reduzir a disseminação de pequenas gotículas oriundas do aparelho respiratório, buscando evitar possível contaminação de outras pessoas que estão em um mesmo ambiente.

A etiqueta respiratória consiste nas seguintes ações[(201)]:

• cobrir nariz e boca com lenço de papel ou com o antebraço, e nunca com as mãos ao tossir ou espirrar. Descartar adequadamente o lenço utilizado;

(201) Disponível em: <https://www.gov.br/saude/pt-br/coronavirus/como-se-proteger>. Acesso em: 03 jun. 2021.

• evitar tocar olhos, nariz e boca com as mãos não lavadas. Se tocar, sempre higienize as mãos como já indicado;

• manter uma distância mínima de cerca de 1 metro de qualquer pessoa tossindo ou espirrando;

• evitar abraços, beijos e apertos de mãos. Adote um comportamento amigável sem contato físico;

• higienizar com frequência os brinquedos das crianças e aparelho celular. Não compartilhar objetos de uso pessoal, como talheres, toalhas, pratos e copos; e,

• evitar aglomerações, principalmente em espaços fechados e manter os ambientes limpos e bem ventilados.

A mudança de atitude comportamental, mediante uma nova etiqueta social, poderia e deveria ser espontânea.

No entanto, diante da diversidade social, cultural, política e econômica da sociedade, nem todas as pessoas passaram a adotar os cuidados exigidos, apenas por ser o mais recomendável.

Nesse momento surge a importância do Direito, que deve, dentro de uma visão maior de caráter fraternal, conter dispositivos com medidas indutoras e punitivas, devendo agir, principalmente, como instrumento de conscientização da importância da mudanças dos hábitos que envolviam as interações sociais até 2019.

Seja no trabalho ou no lazer, tudo está e será diferente. Além disso, toda essa mudança trará repercussões de ordem psicológica, com novas questões que deverão ser enfrentadas, com muito respeito e empatia, de forma fraternal.

6.4. Legislação brasileira

O enfrentamento à pandemia e o Direito devem andar juntos. O Direito fornece o substrato jurídico formal para o enfrentamento dessa crise.

Para ilustrar tal assertiva, buscou-se identificar os principais normativos editados em virtude da Pandemia. Vale registrar que a quantidade de dispositivos legais nas esferas federal, estadual e municipal é inimaginável.

Na esfera federal, por exemplo, existem as mais diversas espécies de normas, exemplificativamente: emenda constitucional; lei complementar; medida provisória; lei; decreto; decreto legislativo; resolução; portaria; e, recomendação.

Além disso, tais dispositivos trataram das mais diversas matérias — em virtude da necessidade de enfrentamento da pandemia — de maior ou menor complexidade, valendo salientar, de forma exemplificativa:

- declaração do estado de Emergência em Saúde Pública de Importância Nacional (ESPIN);
- criação do Gabinete Integrado de Acompanhamento à Epidemia do Coronavírus-19 (GIAC-Covid-19);
- autorização de habilitação de leitos de Unidades de Terapia Intensiva — UTI, para atendimento exclusivo dos pacientes Covid-19;
- criação e regulamentação do auxílio emergencial;
- criação de medidas excepcionais para aquisição de vacinas e de insumos e à contratação de bens e serviços de logística, de tecnologia da informação e comunicação, de comunicação social e publicitária e de treinamentos destinados à vacinação contra a Covid-19;
- restrição excepcional e temporária de entrada no País de estrangeiros, de qualquer nacionalidade, conforme recomendação da Agência Nacional de Vigilância Sanitária — Anvisa;
- criação de medidas emergenciais para atenuar os efeitos da crise decorrente da pandemia da Covid-19 nos setores de turismo e de cultura;
- criação de barreiras sanitárias protetivas de áreas indígenas;
- criação de acordos de redução proporcional de jornada de trabalho e de salário e de suspensão temporária de contrato de trabalho;

• disposições sobre a obrigatoriedade do uso de máscaras de proteção individual para circulação em espaços públicos e privados acessíveis ao público, em vias públicas e em transportes públicos, sobre a adoção de medidas de assepsia de locais de acesso público, inclusive transportes públicos, e sobre a disponibilização de produtos saneantes aos usuários durante a vigência das medidas para enfrentamento da emergência de saúde pública de importância internacional decorrente da pandemia da Covid-19;

• fixação do prazo de 72 (setenta e duas) horas para que a Agência Nacional de Vigilância Sanitária (Anvisa) autorize a importação e distribuição de quaisquer materiais, medicamentos, equipamentos e insumos da área de saúde registrados por autoridade sanitária estrangeira e autorizados à distribuição comercial em seus respectivos países;

• disposições sobre a substituição das aulas presenciais por aulas em meios digitais enquanto durar a situação de pandemia do Novo Coronavírus — Covid-19; e

• criação de crédito extraordinário ao Ministério da Saúde para enfrentamento da crise.

Nesse sentido, demonstra-se a importância do Direito, ao regulamentar de várias questões, de maior impacto e abrangência a questões que, num primeiro momento, podem parecer de menor impacto, como por exemplo, o Decreto n. 10.538, de 3.11.2020, *"que desobriga o conscrito dispensado do Serviço Militar Obrigatório de participar da cerimônia de juramento à Bandeira Nacional, em caráter emergencial e temporário, durante a vigência da declaração de emergência de saúde pública de importância internacional decorrente da Covid-19"*.

6.5. Principais desafios

Na Europa, vale registrar o exemplo da Alemanha. No início da pandemia, a chanceler Angela Merkel fez um pronunciamento destacando a gravidade da situação, buscando conscientizar o povo da necessidade do isolamento social, diante da inexistência — à época — de qualquer medicamento ou vacina.

Vale registrar ainda os exemplos bem-sucedidos da Nova Zelândia e da Coreia do Sul, nos quais houve a atenção precoce e a valorização das medidas de contenção, testagem e rastreio dos pacientes.

O principal desafio é não transformar a crise sanitária em uma crise política. Para tanto, deve ser adotado um plano nacional único e coordenado com as unidades federativas, com divulgação à população das medidas a serem observadas.

Durante as diversas fases da pandemia, é certo que a vida social será diferente, com o uso de máscaras, distanciamento, sem aglomerações, pois as vacinas não impedem a contaminação pelo Coronavírus, sendo mais eficazes — por enquanto — para evitar casos com sintomas mais graves.

Bill Gates publicou um artigo no *The New England Journal of Medicine* sobre o desenvolvimento de vacinas, em que destaca que para as futuras pandemias é necessário melhorar — e muito — a agilidade na pesquisa e na produção de vacinas. É preciso criar um programa de contingência para, nas hipóteses, se possa identificar rapidamente quais são as vacinas ideais e conseguir produzi-las em larga escala. Isso até foi pensado nas epidemias de Sars e Mers, mas acabou ignorado. A vinda de uma nova pandemia era uma certeza; no entanto, a Covid-19 surpreendeu a todos. "É hora de aprender com isso e se preparar para o futuro" [(202)].

Bill Gates, em entrevista (por videoconferência) dada a Trevor Noah (Daily Show, programa da Comedy Central), em 2020, afirmou que a Covid-19 era causada por *"um vírus causado pela própria Natureza, e por muito mau que seja, desde que as pessoas tenham acesso a tratamento razoável, estamos a falar de uma taxa de mortalidade de 1% ou à volta disso"*. O risco é que *"no futuro possam surgir epidemias que sejam piores do que esta, incluindo algumas que não tenham tido origem na Natureza, ou seja, bio-terrorismo"*.

No entanto, salienta que o lado positivo da Covid-19 é que *"esta epidemia está a causar mudanças tão grandes no mundo que, desta vez, não será visto como foi o ébola — que era só um problema que se verificava em algumas*

---

(202) Disponível em: <https://saude.abril.com.br/medicina/coronavirus-o-brasil-transformou-a-crise-sanitaria-em-crise-politica/>. Acesso em: 03 jun. 2021.

partes de África. Desta vez, vamos certamente preparar-nos melhor para a próxima epidemia".

De fato, todos os países devem se preparar para enfrentar a atual e futuras pandemias que irão surgir. E o enfrentamento envolve aspectos científicos, políticos e econômicos, entre outros.

O tema é tão sensível que no Brasil, desconsiderando-se qualquer viés político, em 13.04.2021 o presidente do Senado, Rodrigo Pacheco (DEM-MG), leu o requerimento de criação da Comissão Parlamentar de Inquérito (CPI) da Covid-19, o primeiro passo para sua instalação. Na sequência foi a CPI instalada, com a indicação de seus membros e início de seus trabalhos, que se encontram em andamento(203).

Na Inglaterra, premiê britânico Boris Johnson abandonou a postura negligente do início da pandemia, para comandar uma das vacinações mais rápidas do mundo.

Johnson mudou de ideia sobre a pandemia ao longo do tempo.

Um mês após o registro do primeiro caso no Reino Unido, em 3 de março de 2020, o premiê britânico apertava as mãos de pacientes contaminados com a Covid-19 nos hospitais de Londres.

Em 12 de março de 2020, Johnson dizia que muitas famílias iriam perder seus entes queridos antes do que pensavam. O alerta foi entendido como um sinal de que a estratégia do governo envolvia a "imunidade de rebanho", expressão utilizada para designar o momento em que o número alto de pessoas contaminadas cria um nível de imunidade elevado no conjunto da população.

A aparente aposta na estratégia da "imunidade de rebanho" durou pouco, diante do crescimento de casos no Reino Unido, que assumia então a liderança na Europa. Em 23 de março de 2020 Boris Johnson declarou que se muitas pessoas ficarem severamente doentes ao mesmo tempo, o sistema nacional de saúde não terá mais capacidade; assim, mais pessoas

---

(203) Disponível em: <https://www.conjur.com.br/2021-abr-13/presidente-senado-oficializa-criacao-cpi-covid>. Acesso em: 03 jun. 2021.

morrerão — não apenas pelo Coronavírus, mas também em virtude de outras doenças.

A guinada de Johnson se completou após sua internação no Hospital St. Thomas, em Londres, em 5 de abril de 2020, dez dias depois de ter recebido o diagnóstico positivo para Covid-19. Johnson permaneceu sob os cuidados do sistema de saúde pública do Reino Unido, o NHS.

Quando ele foi internado, o vírus já tinha contaminado 1,2 milhão de pessoas no mundo, deixando um rastro de 69 mil mortos. Só no Reino Unido, os contaminados chegavam a 47.806, e os mortos, a 4.934 até aquela data.

A partir de então, o Reino Unido passo a privilegiar a estratégia de vacinação, tendo atingido o patamar de 27% da população em fevereiro de 2021, contra 6% da Comunidade Europeia, situação que levou o premiê a anunciar o levantamento paulatino de uma fase de *lockdown*[(204)], a partir do dia 8 de março de 2021[(205)].

6.6. Organização Mundial de Saúde (OMS)

A Organização Mundial de Saúde (em inglês: *World Health Organization — WHO*) é uma agência especializada em saúde, fundada em 7 de abril de 1948 e subordinada à Organização das Nações Unidas. Sua sede é em Genebra, na Suíça. O diretor-geral é, desde julho de 2017, o etíope Tedros Adhanom[(206)].

Segundo sua constituição, a OMS tem por objetivo desenvolver ao máximo possível o nível de saúde de todos os povos. A saúde sendo definida nesse mesmo documento como um estado de completo bem-estar físico, mental e social, que não consiste apenas na ausência de uma doença ou enfermidade.

---

(204) Significado de *Lockdown*: substantivo masculino Bloqueio que, imposto pelo Estado ou por uma ação judicial, restringe a circulação de pessoas em áreas e vias públicas, incluindo fechamento de fronteiras, geralmente ocorre em situações de pandemia com o intuito de evitar a disseminação do vírus; confinamento: alguns estados brasileiros já se encontram em *lockdown*. Etimologia (origem da palavra *lockdown*). Do inglês *lockdown*, "confinamento". Disponível em: <https://www.dicio.com.br/lockdown/>. Acesso em: 03 jun. 2021.

(205) Disponível em: <https://www.bbc.com/portuguese/internacional-56651444>. Acesso em: 03 jun. 2021.

(206) Disponível em: <https://pt.wikipedia.org/wiki/Organizacao_Mundial_da_Saude>. Acesso em: 03 jun. 2021.

6.6.1. Atividade

Além de coordenar os esforços internacionais para controlar surtos de doenças, como a malária, a tuberculose, a OMS também patrocina programas para prevenir e tratar doenças.

A OMS apoia o desenvolvimento e a distribuição de vacinas, diagnósticos farmacêuticos e medicamentos, por meio do Programa Ampliado de Imunização.

Depois de mais de duas décadas de luta contra a varíola, em 1980 a OMS declarou que a doença havia sido erradicada. Foi a primeira doença na história a ser erradicada pelo esforço humano. A OMS tem como objetivo erradicar a pólio entre os próximos anos.

A OMS publica regularmente um Relatório Mundial da Saúde, incluindo uma avaliação de especialistas sobre a saúde global. Entre suas atividades, realiza pesquisas em diversos países. Em uma delas entrevistou 308 mil pessoas com 18 anos, 81000 pessoas com idade entre 18-50 anos de 70 países, em estudos conhecidos como *Study on Global Ageing and Adult Health (SAGE)* e *WHO Quality of Life Instrument (WHOQOL).*

Além disso, a OMS realiza diversas campanhas de saúde, como exemplo, para aumentar o consumo de frutas e vegetais e desencorajar o uso do tabaco. A OMS realiza ainda pesquisas sobre doenças transmissíveis, não transmissíveis e tropicais, buscando ainda melhorar o acesso à pesquisa em saúde para os países em desenvolvimento.

Importante destacar que, embora questionada por alguns países quanto a seus posicionamentos, a OMS conta com a participação de cientistas de renome mundial.

6.6.2. Constituição e história

A Constituição da OMS afirma que seu objetivo "é a realização para todas as pessoas do mais alto nível possível de saúde". A bandeira possui o Bordão de Asclépio como um símbolo para a cura[207].

(207) Disponível em: <https://amp.pt.autograndad.com/43054/1/organizacao-mundial-da-saude.html>. Acesso em: 03 jun. 2021.

A Organização Mundial de Saúde (OMS) é uma das agências originais das Nações Unidas, sendo que sua constituição formal entrou em vigor no primeiro Dia Mundial da Saúde, (7 de abril de 1948), quando foi ratificada pelo 26º Estado-Membro.

Jawaharlal Nehru, um grande lutador pela liberdade da Índia, deu um parecer para começar a OMS. Antes dessas operações, bem como as restantes atividades da Organização Mundial de Saúde da Liga das Nações, estavam sob o controle de uma Comissão Provisória após uma Conferência Internacional de Saúde no verão de 1946. A transferência foi autorizada por uma resolução da Assembleia Geral das Nações Unidas. O serviço epidemiológico dos franceses da *Office International d'Hygiène Publique* foi incorporado à Comissão Interina da Organização Mundial de Saúde em 1º de janeiro de 1947[(208)].

6.6.3. Estrutura

A OMS é composta por 193 Estados-membros, onde se incluem todos os Estados-Membros da ONU exceto Liechtenstein e os Estados Unidos, e inclui dois não membros da ONU, Niue e as Ilhas Cook. Os territórios que não são Estados-membros da ONU podem tornar-se Membros Associados (com acesso total à informação, mas com participação e direito de voto limitados) se assim for aprovado em assembleia: Porto Rico e Tokelau são Membros Associados. Existe também o estatuto de Observador; alguns exemplos incluem a Palestina (um Observador da ONU), a Santa Sé, a Ordem Soberana e Militar de Malta, o Vaticano (um observador não membro da ONU), Taipé Chinesa (uma delegação convidada) ou Taiwan[(209)].

Os Estados-membros da OMS nomeiam delegações para a Assembleia Geral da Saúde Mundial, que é o corpo decisório supremo. Todos os Estados-membros da ONU são elegíveis para pertencer à OMS e, de acordo com o afirmado no website da OMS, Podem ser admitidos outros países

(208) Disponível em: <https://www.passeidireto.com/arquivo/48904861/introdu-110>. Acesso em: 03 jun. 2021.

(209) Disponível em: <https://pt.wikipedia.org/wiki/Organizacao_Mundial_da_Saude>. Acesso em: 03 jun. 2021.

como membros sempre que a sua aplicação seja aprovada por uma maioria simples de votos na Assembleia Geral da Saúde Mundial(210).

A OMS é financiada por contribuições dos Estados-membros e doadores vários. Nos últimos anos, o trabalho da OMS tem envolvido de forma crescente a colaboração com entidades externas; existem atualmente cerca de 80 parcerias com organizações não governamentais e indústria farmacêutica, bem como com fundações como a Fundação Bill e Melinda Gates e a Fundação Rockefeller. Com efeito, as contribuições voluntárias para a OMS por governos locais e nacionais, fundações e ONGs, outras organizações da ONU e o próprio sector privado excedem atualmente as contribuições estabelecidas (quotas) pelos 193 Estados-membros.

6.6.4. O papel da OMS na saúde pública

A OMS possui as seguintes funções essenciais:

- liderar o enfrentamento de questões críticas para a saúde e envolvimento em parcerias onde a ação comum é importante;
- determinar a agenda de pesquisa e estimular a geração, difusão e utilização de conhecimentos valiosos;
- estabelecer normas e promover e acompanhar a sua aplicação prática;
- desenvolver opções políticas éticas e científicas de base;
- prestar apoio técnico, catalisando mudanças e capacitação institucional sustentável;
- acompanhar a situação de saúde e avaliação das tendências de saúde;
- colaborar com os serviços de coleta de lixo.

Essas funções básicas estão descritas no 11º Programa Geral de Trabalho, que estabelece o quadro para o programa de trabalho, orçamento,

(210) Disponível em: <https://www.passeidireto.com/arquivo/88127246/apostila-gestao-em-saude-publica/7>. Acesso em: 03 jun. 2021.

recursos e resultados em toda a organização. Intitulado "Empreender para a Saúde", o programa abrange o período de dez anos, de 2006 a 2015.

6.6.5. Enfrentamento da pandemia

A Organização Mundial da Saúde expressou muita preocupação com a pandemia do Covid-19 no Brasil e pediu a coordenação das esferas de governo no combate à crise.

A promessa do quarto Ministro da Saúde do Brasil, Marcelo Queiroga[(211)], na pandemia não passou despercebida; uma política sanitária baseada em ciência era tudo que a OMS gostaria de ouvir.

"Acho que a mensagem extremamente importante é que ele já se posicionou é sobre as políticas de saúde serem baseadas em evidência científica", disse Mariângela Simão, diretora de acesso a remédios, vacinas e produtos farmacêuticos, que desejou ainda ao novo ministro "competência e firmeza na condução de um enorme desafio", bem como mais coordenação entre os governos municipal, estadual e federal[(212)].

Segundo a OMS, a pandemia exerce pressão em todas as regiões do país, visto que a média da ocupação das UTIs chegou a passar de 80% em 25 dos 27 estados. A OMS declarou que tenta garantir que não falte oxigênio para quem precisa.

O diretor do Programa de Emergências reafirmou a confiança na experiência brasileira em lidar com doenças infecciosas. Mark Ryan desejou ao novo ministro brasileiro da Saúde o foco na ciência, mas também um pouquinho de sorte.

O diretor-geral da OMS manifestou publicamente que espera trabalhar muito perto de Marcelo Queiroga. Tedros Adhanom destacou a gravidade do cenário de março de 2021, mês em que o número de óbitos semanais dobrou para 15 mil.

---

(211) Disponível em: <https://agenciabrasil.ebc.com.br/saude/noticia/2021-03/marcelo-queiroga-e-nomeado-ministro-da-saude>. Acesso em: 03 jun. 2021.

(212) Disponível em: <https://g1.globo.com/jornal-nacional/noticia/2021/03/22/oms-pede-coordenacao-das-esferas-de-governo-no-combate-a-pandemia-no-brasil.ghtml>. Acesso em: 03 jun. 2021.

"A pandemia precisa ser levada a sério por todo o Brasil: o que deve ser feito pelo governo fica com governo, e o que deve ser feito pelos cidadãos, fica com a população"[(213)], disse.

O diretor-geral da OMS afirmou que só com um esforço conjunto, de forma estruturada e planejada, o Brasil reverte essa tendência. O viés não pode ser político: deve ser científico e, antes de tudo, colaborativo e fraternal.

(213) Disponível em: <https://epocanegocios.globo.com/Mundo/noticia/2021/03/oms-pede-ao-brasil-resposta-coordenada-para-combater-pandemia.html>. Acesso em: 03 jun. 2021.

Capítulo 7
Nova Visão do Direito para Enfrentar Crises

O Direito atual deve ser um instrumento de tutela de direitos, apto a ser acionado para resguardar garantias individuais e coletivas, dentro de uma visão cada vez mais humanista. O sistema deve prever normas garantidoras de cunho social, para assegurar e realizar direitos, objetivando uma sociedade mais justa, entendendo-se como tal uma visão fraternal de convivência, dentro da nova proposta do capitalismo humanista.

O capitalismo humanista, tal qual proposto por Sayeg e Balera, é um objetivo a ser de fato atingido, não apenas uma escola de direito ou uma tese a ser defendida.

A Constituição Federal de 1988, denominada de constituição cidadã, já abarca uma visão sistêmica de cunho fraternal. Mas é de suma importância registrar que está em tramitação a PEC n. 383/2014, que objetiva a inclusão de um inciso em seu art. 170, de forma a constitucionalizar o conceito de capitalismo humanista e, por certo, de um caráter fraterno. A cidade de São Paulo, por sua vez, já se autoproclamou capitalista humanista.

A sociedade alcançou elevado grau de desenvolvimento tecnológico, social e econômico. Mas esse desenvolvimento foi desigual, e assim cresceram as desigualdades, os extremos, a pobreza. A pobreza ainda é um desafio a ser vencido. E com ela, a criminalidade, a falta de escolaridade, a subnutrição, a fome e o surgimento de um bolsão de excluídos, no Brasil, ou em vários outros países, com destaque para grande parte da África, em muitos casos representados por ex-colônias, atualmente esquecidas pelas nações mais ricas e que se encontram sob o governo de ditaduras ou regimes instáveis.

Mesmo em países desenvolvidos, ainda existem questões a serem enfrentadas. Nos Estados Unidos, por exemplo, a questão racial ainda não está resolvida: situações específicas servem de estopim para manifestações e crises de repercussão mundial.

No entanto, uma coisa é certa: mais crises ainda vão surgir, de diferentes origens e impactos.

Desde o final de 2019, o mundo está enfrentando uma de suas maiores crises, a pandemia do Coronavírus (Covid-19), que afetou as interrrelações humanas e, principalmente, exigiu uma nova forma de enfrentamento de crises, na qual o direito terá uma função essencial para garantir a realização de garantias de cunho fraternal, com a efetiva análise da situação que se apresenta e de seus impactos sociais.

A visão de liberdade de locomoção mudou. A humanidade passou a lidar com termos como *lockdown*, isolamento social, obrigatoriedade de uso de máscaras, horário de funcionamento e limitação de atendimento por parte do comércio, algo inimaginável numa visão capitalista convencional.

A febre espanhola, enfrentada no início do século XX, também foi uma crise que gerou milhões de mortos, com estatísticas imprecisas. No entanto, os recursos tecnológicos eram escassos. Não existiam vacinas, exames de diagnóstico, antibióticos, leitos e equipamentos eficazes de oxigenação, por exemplo, de sorte a se impossibilitar que a garantia ao acesso a determinados meios. Em muitos países os corpos dos mortos eram deixados nas ruas e coletados com carroças para então serem enterrados. Não existia o conceito de dignidade da pessoa humana. Era difícil inclusive adotar medidas de caráter meramente sanitário.

O Direito não conseguiu atuar para compartilhar instrumentos para enfrentamento da crise, por um motivo simples: não existiam recursos a serem compartilhados. A Gripe Espanhola teve término, ao que se imagina, quando alcançada a dita imunidade de rebanho.

Nas últimas décadas a evolução tecnológica da humanidade foi impressionante. Mudaram os meios de comunicação, o acesso à informação e a velocidade da interrelação entre as pessoas. No século XX e XXI tais mudanças foram ainda mais impressionantes. Internet, notícia em termo real e, em breve, o mundo terá acesso à tecnologia 5G, uma nova revolução na velocidade e qualidade de transmissão de dados. E ainda há muitos fatos e desafios a serem enfrentados: se de um lado a China já domina a tecnologia 5G, de outro foi na China que surgiu a Covid-19, sem adentrar no mérito e em polêmicas quanto à origem propriamente dita (problemas sanitários ou falha de controles laboratoriais?).

No caso da transmissão da Covid-19, o tempo entre a identificação do primeiro caso e a decretação da pandemia foi extremamente curto. Ainda assim, atualmente o mundo não está preparado para crises de tal magnitude, que geram centenas de milhares de mortos.

Deve haver colaboração entre as nações. Não há espaço para competição, disputas. Se a Covid-19 não for controlada mundialmente, todas as nações serão afetadas, com mortes e impactos na economia.

Portanto é um direito de cunho fraternal, no âmbito de um capitalismo humanista que colaborará para o enfrentamento de crises da espécie. Isto porque a prioridade é o enfrentamento da pandemia pela humanidade, e o direito deve buscar regulamentar situações para auxiliar tais medidas. Como exemplo, pode ser estabelecida a quebra de patentes de medicamentos e de vacinas. A iniciativa privada será preservada; mas o lucro relativo ao domínio da patente não. O lucro poderá ser obtido pela produção, pela transferência de tecnologia, mas sem a preservação da patente, que poderia gerar um lucro desmedido e dificultar assim o enfrentamento da pandemia. O lucro pode inclusive ser obtido mediante benefícios fiscais governamentais, dentre outras hipóteses.

Mas a aplicação de uma visão fraternal do Direito e do capitalismo humanista não é uma tese a ser meramente apresentada, discorrida, sob pena de não ter validade como pesquisa científica. O raciocínio deve ser desenvolvido de forma embasada, fundamentada, de forma a buscar alicerce na evolução da sociedade, dos sistemas de governo e do Direito como instrumento para assegurar e realizar garantias individuais. A própria construção do conceito de garantias individuais deve ser objeto de avaliação.

Assim, na presente obra foi feita uma digressão acerca de vários aspectos históricos, para ao final chegar-se ao cenário atual, e então aprofundar a questão do direito fraternal, do capitalismo humanista e do enfretamento de crises — com foco na pandemia do Covid-19 — e outras que ainda devem surgir.

Discorreu-se acerca da evolução histórica do direito, desde o Egito Antigo (3.000 a.C.) até o ambiente pós Segunda Guerra Mundial.

Isto porque no antigo Egito (3.000 a.C.), ainda que sob origens místicas, já existiam tribunais e o registro de decisões proferidas, que serviam então de jurisprudência, se utilizada a terminologia moderna.

Com a finalidade de pacificar conflitos sociais, destaque-se ainda o Código de Hamurabi, datado de 1.792 a.C.

Mas não se objetivava assegurar direitos individuais ou fortalecer um vínculo fraternal em prol da evolução da sociedade. Ao contrário, o objetivo era fortalecer o poder central, legitimar e assegurar sua permanência, provocando um temor de retaliação na sociedade.

É o direito surgido como instrumento de legitimação de poder.

No feudalismo, diga-se de passagem, não havia que se falar em direito. Mas sim na vontade, da Igreja e do senhor feudal, que diziam o direito ao declarar suas vontades e compreensão dos fatos.

De suma importância o surgimento do capitalismo no século XV, regime que segue na sociedade atual, aperfeiçoado e supostamente mais adequado às necessidades identificadas na sociedade.

O capitalismo trouxe uma nova matriz nas relações humanas. A princípio, existia apenas a necessidade de produção de riquezas, a qualquer custo, sem limite de jornadas, sem condições adequadas, sem restrição a idades e sem benefícios sociais. Não havia, até o século XX, um direito preocupado em solucionar tais situações — nem tampouco em assegurar direitos individuais.

Na presente obra, buscou-se ainda apresentar as principais escolas do direito dentro de um contexto histórico. Optou-se por denominar tais escolas de marcos jurídicos.

Destaca-se então a visão das escolas jusnaturalista e positivista, cujo distanciamento da realidade social levou, após séculos, à necessidade de tutela dos indivíduos como seres humanos, a identificação de sua importância e, após grandes momentos impactantes (Revolução Industrial) e crises (Segunda Guerra Mundial), por exemplo, ao surgimento da visão dos direitos humanos em decorrência da realidade social e da importância dos indivíduos e de sua satisfação, mediante garantias mínimas.

Após o fracasso da Liga das Nações, foi criada a Organização das Nações Unidas — ONU. Embora o objetivo fosse desde a origem resolver conflitos, em muitos casos suas ações não lograram êxito. Como exemplo, em 1947, uma sessão especial da Assembleia Geral da ONU — presidida pelo brasileiro Oswaldo Aranha — apoiou a partição da Palestina Britânica em dois estados, um árabe e outro judeu. Em 1948 foi criado o Estado de Israel. Mas o estado árabe não foi efetivamente criado (a Faixa de Gaza e a Autoridade Palestina não formam um país reconhecido propriamente dito) e a ONU ainda não foi capaz de solucionar o conflito, passado mais de meio século, após várias situações de combate, com inúmeras mortes, lado a lado.

Assim, não há dúvida da importância de um Direito Fraternal, ou seja, uma visão do direito que envolva valores, virtudes e princípios, denominada de altruísta, solidária ou, na acepção mais aceita, fraternal. O regime econômico, por sua vez, deve respeitar os direitos humanos, e a preservação de tais direitos deve ser um objetivo, tutelado pela legislação.

O Direito Fraterno busca uma nova hipótese de análise do Direito, fundamentada em pressupostos vinculados à amizade, à quebra da obsessão da identidade, ao jurar conjuntamente, ao cosmopolitismo do ser humano e à paz.

Assim, é de suma importância pensar as políticas públicas de forma fraternal, para que sejam efetivas e eficazes, de forma a não mascarar a exclusão social ou os próprios problemas de fundo.

Considerando as grandes crises enfrentadas pela sociedade, muitas vezes de alcance mundial, o futuro da humanidade exige fraternidade. Essa fraternidade, portanto, deve estar refletida no conjunto normativo, de forma a garantir a dignidade da pessoa humana mediante uma visão fraternal do Direito, que deve se refletir no conteúdo do regramento das interações sociais.

O mundo enfrentou diversas crises, nos mais diversos cenários históricos, jurídicos e políticos. No atual momento, em que o mundo enfrenta a Pandemia da Covid-19, a abordagem do Direito Fraternal, e o conceito de capitalismo humanista podem atuar de forma a auxiliar com grande impacto. Nas novas crises que se apresentarão, a fraternidade entre os povos — o compartilhamento de insumos, de conhecimento e de tecnologia — será o primeiro passo para um enfrentamento efetivo. Colaboração e coordenação, sem viés político.

O Direito não deve ser apenas uma visão do presente em virtude da experiência do passado. Com o viés assumido pelo Direito Fraterno, o Direito é a transformação do presente, que por sua vez, deve ser responsável pela atuação construção no futuro de uma sociedade mundial, humana, solidária e fraternal.

O Direito Fraterno, dito integrador, holístico, altruísta, transformador, solidário e humanista é, portanto, um paradigma social e epistemológico que constrói, traduz e traz em si uma eticidade para um mundo em que se buscará harmonizar cada vez mais as relações interpessoais, principalmente no tocante à conscientização dos seus direitos e deveres, passando-se assim de uma era de um paternalismo estatal assistencialista, para uma sociedade intercultural, pluralista, fraternalmente provida de dignidade humana.

O capitalismo humanista, vertente do regime econômico baseada no humanismo antropofilíaco, apresenta-se como uma possibilidade da economia sob a influência da igualdade, liberdade e fraternidade, respeitando a dignidade da pessoa humana e voltada para a efetivação dos direitos humanos. Decorre, consoante acima exposto, de uma interpretação sistemática da nossa Constituição Federal, mormente da garantia da dignidade da pessoa humana, a previsão de uma sociedade fraterna e do dispositivo acerca da ordem econômica. É uma meta já constante na Carta Magna, ainda que haja uma PEC em tramitação, com o fito de tornar expresso raciocínio decorrente da interpretação das disposições constitucionais.

O capitalismo humanista é um regime econômico que pensa e considera o sujeito em sua singularidade e de forma coletiva. Há uma preocupação com os reflexos das políticas econômicas na vida das pessoas, pensando em sua dignidade. Desta forma, o capitalismo humanista ultrapassa o que usualmente se entende como desenvolvimento, isto é, mera acumulação de riquezas, na medida em que se preocupa com a vida digna e com a garantia dos direitos humanos. É, sobretudo, um meio de alcançar desenvolvimento preservando-se a dignidade da pessoa humana.

O capitalismo humanista se mostra, então, como um modo de viabilizar o direito ao desenvolvimento, de forma cogente e efetiva, figurando como um instrumento para guiar a atuação do Estado rumo ao desenvolvimento. É possível afirmar que o capitalismo humanista é um elemento para o desenvolvimento.

A verdade é que se faz necessária uma reavaliação sobre o conceito de soberania do Estado, onde não se possa permitir nem inserir o abuso do Poder Estatal em detrimento dos princípios da dignidade, liberdade e igualdade do ser humano global, presentes na legislação pátria de diversos países, bem como nos pactos e convenções internacionais.

Os Estados Democráticos de Direito devem consagrar o Direito Fraternal como princípio maior de respeito à dignidade da pessoa humana, dando juridicidade às necessidades de proteção jurídica dos cidadãos que têm direitos individuais e globais.

O Direito Fraternal, dentro de uma visão humanista do capitalismo, terá a função de materializar a igualdade e a busca da dignidade da pessoa humana, considerando as diferenças econômicas e sociais entre as pessoas e as diversas nações, bem como possibilitar o enfrentamento das grandes crises a serem enfrentadas pela humanidade.

Portanto, pode-se afirmar que o Direito Fraterno é uma nova visão do direito para o enfrentamento de crises. Crises que serão assim enfrentadas e vencidas pela humanidade, da melhor forma – com preservação da vida, da atividade econômica e da dignidade das pessoas.

Referências Bibliográficas

AFONSO DA SILVA, José. *Curso de Direito Constitucional Positivo*. 8. ed. São Paulo: Malheiros, 1992.

ALMEIDA, Guilherme Assis de. *Direitos Humanos e não violência*. São Paulo: Atlas, 2001.

______; PERRONE-MOISÉS, Cláudia. *Direito internacional dos direitos humanos:* instrumentos básicos. São Paulo: Atlas, 2002.

ALTAVILA, Jayme. *Origem dos direitos dos povos*. São Paulo: Ícone, 1989.

AMATO NETO, Vicente; BALDY, J. L. S.; SILVA, L. J. *Imunizações*. 3. ed. São Paulo: Sarvier; 1991.

ANDRADE, José Carlos Vieira de. *Os Direitos Fundamentais na Constituição Portuguesa de 1976*. Coimbra: Almedina, 1987.

AQUINI, Marco. Fraternidade e Direitos Humanos. In: BAGGIO, Antônio Maria (Org.). *O Princípio Esquecido*. Tradução de Durval Cordas, Iolanda Gaspar, José Maria de Almeida. Vargem Grande Paulista, SP: Cidade Nova, 2008.

BALERA, Wagner; SAYEG, Ricardo Hasson. *O capitalismo humanista:* filosofia humanista de direito econômico. Petrópolis: KBR, 2011.

BAUMAN, Zygmunt. *Capitalismo parasitário: e outros temas contemporâneos*. Rio de Janeiro: Jorge Zahar, 2010.

BEVILÁCQUA, Clóvis. *Direito Público Internacional*. São Paulo: Livraria Francisco Alves, 1911.

BILBERY, Norbert. *Democracia para la diversidad*. Barcelona: Ariel, 1999.

BITTAR, Eduardo C. B. *Democracia, justiça e emancipação social*. São Paulo: Quartier Latin, 2013.

______. *Introdução ao Estudo do Direito:* humanismo, democracia e justiça. São Paulo: Saraiva, 2018.

______. *O Direito na pós-modernidade*. Rio de Janeiro: Forense Universitária, 2005.

______. *Linguagem jurídica: Semiótica*, Discurso e Direito. 7. ed. São Paulo: Saraiva, 2017.

______.O Direito na pós-modernidade. 3. ed. São Paulo: Atlas, 2014.

BOBBIO, Norberto. *A Era dos direitos*. Rio de Janeiro: Campus, 1992/2004.

______. *Dicionário de política*. Brasília: Editora da UnB, 1992.

______. *O positivismo jurídico*. São Paulo: Ícone Editora, 1999.

BONAVIDES, Paulo. *Curso de Direito Constitucional*. São Paulo: Malheiros, 1996.

______. *Do Estado Liberal ao Estado Social*. São Paulo: Malheiros, 2004.

BRITTO, Carlos Ayres. *O Humanismo como categoria constitucional*. Belo Horizonte: Fórum, 2007.

BRITTO, Carlos Ayres. *Teoria da Constituição*. Rio de Janeiro: Forense, 2003

BURKE, Peter. *A escola dos Analles (1929-1989):* Revolução Francesa na historiografia. São Paulo: UNESP, 1991.

CAMPOS, João Mota de. *Manual de Direito Comunitário*. Coimbra: Coimbra Editora, 2007.

CANOTILHO, J. J. Gomes. *Direito Constitucional*. Coimbra: Almedina, 1993.

______. *Direito Constitucional e Teoria da Constituição*. Coimbra: Almedina, 2000.

CARDUCCI, Michelle. *Por um Direito Constitucional Altruísta*. Porto Alegre: Livraria do Advogado, 2003.

CASO, Giovanni; CURY, Afife; CURY, Munir; SOUZA, Carlos Aurélio Mota de (Orgs.). *Direito & Fraternidade*. São Paulo: LTr, 2008.

CASTELLS, Manuel. MAJER, Roneide Venancio (Trad.). *A sociedade em rede*. São Paulo: Paz e Terra, 2013.

CASTELLANI, José. *Maçonaria e Astrologia*. São Paulo: Editora Landmark, 2004.

CHORÃO, Mário Bigotte. *Pessoa Humana, Direito e Politica*. Lisboa: Imprensa Nacional – Casa da Moeda, 2006.

COMPARATO, Fábio Konder. *A Afirmação Histórica dos Direitos Humanos*. São Paulo: Saraiva, 2001.

CORTINA, Adela. *Ciudadanos del mundo*. Hacia una teoría de la ciudadania. Madrid: Alianza, 1999.

COUTINHO, Jacinto Nelson de Miranda (Coord.). *O direito e o futuro, o futuro do direito*. Coimbra: Almedina, 2008.

CRETELLA JR., José. *Curso de Direito Romano*. 8. ed. Rio de Janeiro: Forense, 1983.

CUNHA, Paulo Ferreira. *Filosofia do Direito*. Coimbra: Almedina, 2006.

______. *O Tímpano das virtudes*. Coimbra: Almedina, 2004.

______. *O Século de Antígona*. Coimbra: Almedina, 2003.

______. *Faces da Justiça*. Coimbra: Almedina, 2002.

______. *Constituição, Direito e Utopia*. Coimbra: Coimbra Editora, 1996.

______. *Arqueologias Jurídicas (Ensaios Jurídicos-Humanísticos e Jurídicos-Políticos)*. Porto: Lello Editores, 1996.

______. *Direito Constitucional Geral*. São Paulo: Método, 2007.

______. *Neoconstitucionalismo:* de Espectro a Realidade. Coord. de Regina Quaresma, Maria Lucia de Paula Oliveira, Farlei Martins Riccio de Oliveira. Rio de Janeiro: Gen, Forense, 2009. XX. Disponível em: <http://works.bepress.com/pfc/56>.

DE FARIAS, Cristiano Chaves; NETTO, Felipe Braga; ROSENVALD, Nelson. *Manual de Direito Civil* — Volume Único. Salvador: JusPodivm, 2019.

EINSTEIN, Albert. *Como eu vejo o mundo*. Rio de Janeiro: Nova Fronteira, 2017.

FERNANDES, Bernardo Gonçalves. *Curso de Direito Constitucional*. Salvador: JusPodivm, 2019.

GANDHI, Mohandas Karamchand. *Teoria e pratica della non-violenza*. Traduzione di Fabrizio Grillenzoni e Silvia Calamandrei. Einaudi, 1996.

GORIA, Fausto. *Fraternitá e diritto: alcune reflessioni*. Congresso do Movimento Comunhão e Direito. Castelgandolfo: Movimento dos Focolares: 2005. Mimeografado.

GRECO FILHO, Vicente. *Direito Processual Civil Brasileiro*. vol. 1. 22. ed. São Paulo: Saraiva, 2010.

HELD, David; MACGREW, Anthony. *Prós e contras da globalização*. Rio de Janeiro: Jorge Zahar, 2001.

HENDERSON, Donald A.; MOSS Bernard. *Smallpox and vaccinia*. Plotkin SA, Mortimer EA Jr., editors. Vaccines. 3rd ed. Philadelphia: W B Saunders, 1999.

HERVADA, Javier. *Crítica Introdutória ao Direito Natural*. Porto: Resjuridica, 2002.

HOBBES, Thomas. *Leviatã — ou matéria, forma e poder de um estado eclesiástica e civil.* São Paulo: Vozes, 2020.

KANT, Immanuel. *Ideia de uma História Universal de um Ponto de Vista Cosmopolita.* São Paulo: Martins Fontes, 2003.

______. *Doutrina do Direito.* Traduzida por Edson Bini. São Paulo: Ícone, 1993.

KELSEN, Hans. *Teoria pura do direito.* São Paulo: Martins Fontes, 2009.

LAFER, Celso. *A Reconstrução dos Direitos Humanos.* São Paulo: Cia. das Letras, 1988.

LECLERCQ, Jacques. *Do direito natural à sociologia.* Coleção: doutrinas e problemas. vol. IV. Org.: SANTA CRUZ, Editora Duas Cidades, São Paulo, 2012.

PÉREZ LUÑO, A. E. Concepto y concepción de los derechos humanos. In: *Doxa:* Cuadernos de Filosofia del Derecho, 1987.

______. *Derechos humanos, Estado de derecho y constitución.* 5. ed. Madrid: Tecnos, 1995.

______. *Los derechos fundamentales.* 7. ed. Madrid: Tecnos, 1998.

MACHADO, Carlos Augusto Alcântara. *A garantia constitucional da fraternidade: constitucionalismo fraternal.* 2014. 272 f. Tese (Doutorado em Direito) – Pontifícia Universidade Católica de São Paulo, São Paulo, 2014.

______. A fraternidade e o Direito Constitucional brasileiro: Anotações sobre a incidência e aplicabilidade do princípio/valor fraternidade no Direito Constitucional brasileiro a partir de sua referência no preâmbulo da Constituição Federal de 1988. In: *Fraternidade como categoria jurídica.* Vargem Grande, SP: Cidade Nova, 2013. p. 63/79.

MACHADO, CG. Varíola. In: Amato Neto V., Baldy JLS Editores. *Doenças transmissíveis.* São Paulo: Sarvier, 1989.

MADEIRA, Hélcio Maciel França. *Digesto de Justiniano. Introdução do Direito Romano Teoria Geral de Responsabilidade Civil.* São Paulo: Revista dos Tribunais, 2014.

MARITAIN, Jacques. *A razão operária.* Belo Horizonte: PUC, 2001.

______. *Arte e poesia.* Rio de Janeiro: Agir, 1947.

______. *Caminhos para Deus.* Belo Horizonte: Editora Itatiaia, 1962.

______. *Humanismo integral.* São Paulo: Editora Dominus, 1962.

______. *O homem e o Estado*. Rio de Janeiro: Agir, 1952.

______. *Os direitos do homem*. Rio de Janeiro: José Olympio, 1967.

______. *Princípios de uma política humanista*. Rio de Janeiro: Agir, 1960.

______. *Progresso e progressismo*. Rio de Janeiro: Agir, 1970.

______. *Religion y cultura*. Madri: Santa Catalina, 1940.

______. *Rumos da educação*. Rio de Janeiro: Agir, 1968.

______. *Religion y cultura*. Madri: Santa Catalina, 1940.

______. *Significado del ateísmo contemporâneo*. Madri: Eclesia, 1950.

MARRAFON, Marco Aurélio. *A fraternidade como valor universal:* breve diálogo com Eligio Resta sobre o futuro do direito. In: AVELÃS NUNES, Antonio José.

McNEILL, Willian. *Plagues and people*. Garden City: Anchor Press. 1976.

MIRANDA, Jorge. *Escritos Varios sobre Direitos Fundamentais*. Estoril: Princípia Editora, 2006.

MOURA, Paulo César Cursino de. *Manual de Direito Romano*. 1. ed. Rio de Janeiro: Forense, 1998.

NABAIS, José Casalta. *Por uma Liberdade com responsabilidade:* Estudos sobre Direitos e Deveres Fundamentais. Coimbra: Coimbra Editora, 2007.

PEIXOTO, José Carlos de Matos. *Curso de Direito Romano*. Tomo I. 3. ed. Rio de Janeiro: Haddad.

PÉREZ LUÑO, Antonio Enrique. *Derechos Humanos, estado de derecho y Constitución*. Madri: Tecnos, 2002.

______. Antonio Enrique. *La Tercera Generación de Derechos Humanos*. Navarra: Garrigues Cátedra, 2006.

PIOVESAN, Flávia. *Direitos humanos e o direito constitucional internacional*. São Paulo: Saraiva, 2006.

______. *Direitos Humanos e Justiça Internacional*. São Paulo: Saraiva, 2006.

RAMOS, André de Carvalho. *Curso de Direitos Humanos*. São Paulo: Saraiva, 2019.

RESTA, Eligio. *Il diritto fraterno*. Roma-Bari: Laterza, 2006.

______. *L'ambiguo diritto*. Milano: Franco Angeli Editore, 1984.

______. *O direito fraterno*. Tradução Sandra Regina Martini Vial. Santa Cruz do Sul: EDUNISC, 2004.

______. *Poteri e diritti*. Torino: G. Giappichelli Editore, 1996.

SAMPAIO, José Adércio Leite. *Direitos fundamentais: retórica e historicidade*. Belo Horizonte: Del Rey, 2004.

SANTOS, Boaventura de Souza. *Reinventar a democracia*. Lisboa: Fundação Maria, 2000.

SARMENTO, Daniel. *Direitos Fundamentais e Relações Privadas*. Rio de Janeiro: Lumen Juris, 2006.

SAYEG, Ricardo Hasson; BALERA, Wagner. *Fator Caph:* capitalismo humanista a dimensão econômica dos direitos humanos. São Paulo: Max Limonad, 2020.

______; ______. *O capitalismo humanista*. São Paulo: Editora KBR, 2011.

SCHREIBER W.; MATHYS FK. *Infectio*. Basileia: Editores Roche; 1991.

SEN, Amartya. *Desenvolvimento como liberdade*. São Paulo: Cia. das Letras, 2010.

SIDEKUM, Antonio. *Multiculturalismo:* desafios para a educação na América Latina. Pelotas: FURG/UFPel, 2002.

SILVA, Roberto Luiz. *Direito Internacional Público*. Belo Horizonte: Del Rey, 2005.

SOARES, Mário Lúcio Quintão. *Direitos Fundamentais e direito comunitário:* por uma metódica de direitos fundamentais aplicada às normas comunitárias. Belo Horizonte: Livraria Del Rey, 2000.

SOARES, Guido Fernando Silva. *Curso de Direito Internacional Público*. São Paulo: Atlas, 2004.

STRECK, Lenio Luiz; MORAIS, José Luís Bolzan de. *Ciência Política e Teoria Geral do Estado*. Porto Alegre: Livraria do Advogado, 2001.

______. *Hermenêutica jurídica e(m) crise:* uma exploração hermenêutica da construção do Direito. Porto Alegre: Livraria do Advogado, 2005.

TEIXEIRA, António Braz. *O problema do mal na filosofia portuguesa contemporânea*. Lisboa: Espiral, 1964.

______. *Sentido e Valor do Direito*. Lisboa: Imprensa Nacional – Casa da Moeda, 2006.

TELLES JUNIOR, Goffredo. *Direito quântico:* Ensaio sobre o fundamento da ordem jurídica. 9. ed. São Paulo: Saraiva, 2014.

TEPEDINO, Gustavo J. M. *A Incorporação dos Direitos Fundamentais pelo Ordenamento Brasileiro:* Sua Eficácia nas Relações Jurídicas Privadas. Estudos em Homenagem ao Professor Celso de Alburqueque Duvivier Mello. São Paulo: Renovar, 2005.

TODOROV, Tzvetan. *A Conquista da América:* a questão do outro. Tradução Beatriz Perrone Moisés. 2. ed. São Paulo: Martins Fontes, 1999.

TRINDADE, Antonio Augusto Cançado. *O Direito Internacional em um Mundo em Transformação*. Rio de Janeiro: Renovar, 2002.

______. Na apresentação do livro de Flávia Piovesan.

VIAL, Sandra Regina Martini. Sociedade Complexa e o Direito Fraterno. In: SANTOS, André Leonardo Copett; STRECK, Lenio Luiz; ROCHA, Leonel Severo (Orgs.). *Constituição, Sistemas Sociais e Hermenêutica*. Programa de Pós-Graduação em Direito da Unisinos. Mestrado e Doutorado. Anuário 2006, n. 3. Porto Alegre: Livraria do Advogado, 2007.

VIEIRA DE ANDRADE, J. C. *Os Direitos Fundamentais na Constituição Portuguesa de 1976*. Coimbra: Almedina, 1987

VILLEY, Michel. *A Formação do pensamento jurídico moderno*. São Paulo: Martins Fontes, 2005.

ZINSSER, Hans. *Rats, lice and history*. New York: Routledge; 2007.

Webgrafia

BRASIL. *Proposta de Emenda Constitucional n. 383/2014*. Lex: Brasília, DF, 20 de fevereiro de 2014. Disponível em: <https://www.camara.leg.br/proposicoesWeb/prop_mostrarintegra?codteor=1230534&filename=PEC+383/2014>.

ORGANIZAÇÃO DAS NAÇÕES UNIDAS. *Declaração sobre o direito ao desenvolvimento*. 1986. Disponível em: <http://www.direitoshumanos.usp.br/index.php/Direito-ao-Desenvolvimento/declaracao-sobre-o-direito-ao-desenvolvimento.html>.

OLIVEIRA, Marielza. *O desenvolvimento humano sustentável e os objetivos de desenvolvimento do milênio*. RECIFE/PE. Desenvolvimento humano no Recife: Atlas Municipal. Seção Secretarias – Planejamento Participativo e Obras-Projetos e Ações. Disponível em: <http://www.recife.pe.gov.br/pr/secplanejamento/pnud2006/doc/analiticos/desenvolvimentohumano.pdf>.

PEIXINHO, Manoel Messias; FERRARO, Suzani Andrade. Direito ao desenvolvimento como direito fundamental. In: *XVI Congresso Nacional do CONPEDI. 2007*. p. 6.963. Disponível em: <http://www.publicadireito.com.br/conpedi/manaus/arquivos/anais/bh/manoel_messias_peixinho.pdf>.

PIOVESAN, Flávia Cristina. *Direito ao Desenvolvimento*. 2010. Disponível em: <http://www.dhnet.org.br/direitos/militantes/flaviapiovesan/piovesan_direito_ao_desenvolvimento.pdf>.

SAYEG, Ricardo. Uma proposta de emenda constitucional para o capitalismo humanista na Constituição Federal. *Revista Jurídica da Escola Superior do Ministério Público de São Paulo*, v. 1, p. 09-31, 2012. Disponível em: <http://www.esmp.sp.gov.br/revista_esmp/index.php/RJESMPSP/article/view/14>.

Anexo I

Legislação Brasileira Covid-19 (de 03.02.2020 a 22.04.2021)

<http://www.planalto.gov.br/ccivil_03/Portaria/quadro_portaria.htm>.

Portaria n. 769, de 22.4.2021 – Publicada no DOU de 23.4.2021 – Edição extra. Autoriza leitos de Unidades de Terapia Intensiva – UTI, para atendimento exclusivo dos pacientes Covid-19.

Lei Complementar n. 180, de 14.4.2021 – Altera a Lei Complementar n. 173, de 27 de maio de 2020, que estabelece o Programa Federativo de Enfrentamento ao Coronavírus SARS-CoV-2 (Covid-19).

Portaria n. 622, de 31.3.2021 – Publicada no DOU de 31.3.2021 – Edição extra. Dispõe sobre o calendário de pagamentos e saques do auxílio emergencial 2021, instituído pela Medida Provisória n. 1.039, de 18 de março de 2021.

Decreto n. 10.661, de 26.3.2021 – Publicado no DOU de 26.3.2021 – Edição extra. C Regulamenta a Medida Provisória n. 1.039, de 18 de março de 2021, que institui o Auxílio Emergencial 2021 para o enfrentamento da emergência de saúde pública de importância internacional decorrente do Coronavírus (Covid-19).

Portaria n. 620, de 26.3.2021 – Publicada no DOU de 26.3.2021 – Edição extra. Regulamenta os procedimentos de que trata o Decreto n. 10.661, de 26 de março de 2021, a respeito do Auxílio Emergencial 2021, instituído pela Medida Provisória n. 1.039, de 18 de março de 2021.

Decreto n. 10.659, de 25.3.2021 – Publicado no DOU de 26.3.2021. Institui o Comitê de Coordenação Nacional para Enfrentamento da Pandemia da Covid-19.

Portaria n. 518, de 23.3.2021 – Publicada no DOU de 24.3.2021 – Edição extra. Autoriza leitos de Unidades de Terapia Intensiva – UTI, para atendimento exclusivo dos pacientes Covid-19.

Medida Provisória n. 1.039 de 18.3.2021 – Publicada no DOU de 18.3.2021 – Edição extra. Institui o Auxílio Emergencial 2021 para o enfrentamento da emergência de saúde pública de importância internacional decorrente do Coronavírus (Covid-19).

Medida Provisória n. 1.036 de 17.3.2021 – Publicada no DOU de 18.3.2021 – Altera a Lei n. 14.046, de 24 de agosto de 2020, para dispor sobre medidas emergenciais para atenuar os efeitos da crise decorrente da pandemia da Covid-19 nos setores de turismo e de cultura.

Emenda Constitucional n. 109, de 15.3.2021 - Publicado no DOU 16.3.2021 – Altera os arts. 29-A, 37, 49, 84, 163, 165, 167, 168 e 169 da Constituição Federal e os arts. 101 e 109 do Ato das Disposições Constitucionais Transitórias; acrescenta à Constituição Federal os arts. 164-A, 167- A, 167-B, 167-C, 167-D, 167-E, 167-F e 167-G; revoga dispositivos do Ato das Disposições Constitucionais Transitórias e institui regras transitórias sobre redução de benefícios tributários; desvincula parcialmente o superávit financeiro de fundos públicos; e suspende condicionalidades para realização de despesas com concessão de auxílio emergencial residual para enfrentar as consequências sociais e econômicas da pandemia da Covid-19.

Lei n. 14.125, de 10.3.2021 – Publicada no DOU de 10.3.2021 – Edição extra. Dispõe sobre a responsabilidade civil relativa a eventos adversos pós-vacinação contra a Covid-19 e sobre a aquisição e distribuição de vacinas por pessoas jurídicas de direito privado. Mensagem de veto

Lei n. 14.124, de 10.3.2021 – Publicada no DOU de 10.3.2021 – Edição extra. Dispõe sobre as medidas excepcionais relativas à aquisição de vacinas e de insumos e à contratação de bens e serviços de logística, de tecnologia da informação e comunicação, de comunicação social e publicitária e de treinamentos destinados à vacinação contra a Covid-19 e sobre o Plano Nacional de Operacionalização da Vacinação contra a Covid-19.

Lei n. 14.121, de 1º.3.2021 – Publicada no DOU de 2.3.2021. Autoriza o Poder Executivo federal a aderir ao Instrumento de Acesso Global de Vacinas Covid-19 (Covax Facility) e estabelece diretrizes para a imunização da população. Mensagem de veto.

Portaria n. 268, de 12.2.2021 – Publicada no DOU de 12.2.2021 – Edição extra. Delega competência ao Secretário de Atenção Especializada à Saúde do Ministério da Saúde, para realizar requisição de medicamentos, equipamentos, imunobiológicos e outros insumos, bens e serviços de interesse para saúde, durante a vigência da declaração de emergência em saúde pública de importância internacional decorrente do Coronavírus (Covid-19).

Medida Provisória n. 1.028, de 9.2.2021 – Publicada no DOU de 10.2.2021. Estabelece normas para facilitação de acesso a crédito e mitigação dos impactos econômicos decorrentes da pandemia da Covid-19.

Medida Provisória n. 1.027, de 1º.2.2021 – Publicada no DOU de 1º.2.2021 – Edição extra. Dispõe sobre o estabelecimento de barreiras sanitárias protetivas de áreas indígenas.

Portaria n. 652, de 25.1.2021 – Publicada no DOU de 26.1.2021 – Dispõe sobre a restrição excepcional e temporária de entrada no País de estrangeiros, de qualquer nacionalidade, conforme recomendação da Agência Nacional de Vigilância Sanitária – Anvisa.

Medida Provisória n. 1.026, de 6.1.2021 – Publicada no DOU de 6.1.2021 – Edição extra. Dispõe sobre as medidas excepcionais relativas à aquisição de vacinas, insumos, bens e serviços de logística, tecnologia da informação e comunicação, comunicação social e publicitária e treinamentos destinados à vacinação contra a Covid-19 e sobre o Plano Nacional de Operacionalização da Vacinação contra a Covid-19.

Resolução n. 11, de 25.11.2020 – Publicada no DOU de 26.11.2020 – Institui Grupo de Trabalho para a coordenação das medidas de proteção e a prestação de contas de benefícios, em resposta aos impactos relacionados ao Coronavírus, no âmbito do Comitê de Crise da Covid-19.

Decreto n. 10.538, de 3.11.2020 – Publicado no DOU de 4.11 de 2020 – Desobriga o conscrito dispensado do Serviço Militar Obrigatório de participar da cerimônia de juramento à Bandeira Nacional, em caráter emergencial e temporário, durante a vigência da declaração de emergência de saúde pública de importância internacional decorrente da Covid-19.

Lei n. 14.075, de 22.10.2020 – Publicada no DOU de 23.10.2020 – Dispõe sobre a conta do tipo poupança social digital; e altera as Leis ns. 13.982, de 2 de abril de 2020, e 14.058, de 17 de setembro de 2020.

Decreto n. 10.517, de 13.10.2020 – Publicado no DOU de 14.10 de 2020. Prorroga os prazos para celebrar acordos de redução proporcional de jornada de trabalho e de salário e de suspensão temporária de contrato de trabalho e para efetuar o pagamento dos benefícios emergenciais de que trata a Lei n. 14.020, de 6 de julho de 2020.

Medida Provisória n. 1.005, de 30.9.2020 – Publicada no DOU de 1º.10 de 2020. Dispõe sobre o estabelecimento de barreiras sanitárias protetivas de áreas indígenas.

Medida Provisória n. 1.003, de 24.9.2020 – Publicada no DOU de 24.8.2020 – Edição extra. Autoriza o Poder Executivo federal a aderir ao Instrumento de Acesso Global de Vacinas Covid-19 – Covax Facility.

Lei n. 14.058, de 17.9.2020 – Publicada no DOU de 18.9.2020 – Estabelece a operacionalização do pagamento do Benefício Emergencial de Preservação do Emprego e da Renda e do benefício emergencial mensal de que trata a Lei n. 14.020, de 6 de julho de 2020.

Decreto n. 10.470, de 24.8.2020 – Publicado no DOU de 24.8.2020 – Edição extra – Prorroga os prazos para celebrar acordos de redução proporcional de jornada de trabalho e de salário e de suspensão temporária de contrato de trabalho e para efetuar o pagamento dos benefícios emergenciais de que trata a Lei n. 14.020, de 6 de julho de 2020.

Lei n. 14.043, de 19.8.2020 – Publicada no DOU de 20.8.2020. Institui o Programa Emergencial de Suporte a Empregos; altera as Leis ns. 9.430, de 27 de dezembro de 1996, e 13.999, de 18 de maio de 2020; e dá outras providências. Mensagem de veto

Lei n. 14.040, de 18.8.2020 – Publicada no DOU de 19.8.2020. Estabelece normas educacionais excepcionais a serem adotadas durante o estado de calamidade pública reconhecido pelo Decreto Legislativo n. 6, de 20 de março de 2020; e altera a Lei n. 11.947, de 16 de junho de 2009. Mensagem de veto

Lei n. 14.030, de 28.7.2020 – Publicada no DOU de 29.7.2020 – Dispõe sobre as assembleias e as reuniões de sociedades anônimas, de sociedades limitadas, de sociedades cooperativas e de entidades de representação do cooperativismo durante o exercício de 2020; altera as Leis ns. 5.764, de 16 de dezembro de 1971, 6.404, de 15 de dezembro de 1976, e 10.406, de 10 de janeiro de 2002 (Código Civil); e dá outras providências. Mensagem de veto

Decreto n. 10.422, de 13.7.2020 – Publicado no DOU de 14.7.2020 – Prorroga os prazos para celebrar os acordos de redução proporcional de jornada e de salário e de suspensão temporária do contrato de trabalho e para efetuar o pagamento dos benefícios emergenciais de que trata a Lei n. 14.020, de 6 de julho de 2020.

Lei n. 14.022, de 7.7.2020 – Publicada no DOU de 8.7.2020 – Altera a Lei n. 13.979, de 6 de fevereiro de 2020, e dispõe sobre medidas de enfrentamento à violência doméstica e familiar contra a mulher e de enfrentamento à violência contra crianças, adolescentes, pessoas idosas e pessoas com deficiência durante a emergência de saúde pública de importância internacional decorrente do Coronavírus responsável pelo surto de 2019.

Lei n. 14.021, de 7.7.2020 – Publicada no DOU de 8.7.2020 – Dispõe sobre medidas de proteção social para prevenção do contágio e da disseminação da

Covid-19 nos territórios indígenas; cria o Plano Emergencial para Enfrentamento à Covid-19 nos territórios indígenas; estipula medidas de apoio às comunidades quilombolas, aos pescadores artesanais e aos demais povos e comunidades tradicionais para o enfrentamento à Covid-19; e altera a Lei n. 8.080, de 19 de setembro de 1990, a fim de assegurar aporte de recursos adicionais nas situações emergenciais e de calamidade pública. Mensagem de veto

Lei n. 14.019, de 2.7.2020 – Publicada no DOU de 3.7.2020 – Altera a Lei n. 13.979, de 6 de fevereiro de 2020, para dispor sobre a obrigatoriedade do uso de máscaras de proteção individual para circulação em espaços públicos e privados acessíveis ao público, em vias públicas e em transportes públicos, sobre a adoção de medidas de assepsia de locais de acesso público, inclusive transportes públicos, e sobre a disponibilização de produtos saneantes aos usuários durante a vigência das medidas para enfrentamento da emergência de saúde pública de importância internacional decorrente da pandemia da Covid-19. Mensagem de veto

Decreto n. 10.404, de 22.6.2020 – Publicada no DOU de 23.6.2020 – Altera o Decreto n. 10.277, de 16 de março de 2020, que institui o Comitê de Crise para Supervisão e Monitoramento dos Impactos da Covid-19.

Lei n. 14.006, de 28.5.2020 – Publicada no DOU de 29.5.2020 – Altera a Lei n. 13.979, de 6 de fevereiro de 2020, para estabelecer o prazo de 72 (setenta e duas) horas para que a Agência Nacional de Vigilância Sanitária (Anvisa) autorize a importação e distribuição de quaisquer materiais, medicamentos, equipamentos e insumos da área de saúde registrados por autoridade sanitária estrangeira e autorizados à distribuição comercial em seus respectivos países; e dá outras providências. Mensagem de veto.

Medida Provisória n. 974, de 28.5.2020 – Publicada no DOU de 28.5.2020 – Edição extra Autoriza a prorrogação de contratos por tempo determinado no âmbito do Ministério da Saúde.

Decreto n. 10.384, de 28.5.2020 – Publicado no DOU de 29.5.2020 – Dispõe sobre a prorrogação do prazo para a apresentação obrigatória para o alistamento militar devido ao enfrentamento da pandemia da Covid-19.

Resolução n. 5, de 13.5.2020 – Publicada no DOU de 14.5.2020. Institui Grupo de Trabalho de Apoio aos Brasileiros no Exterior, em resposta aos impactos relacionados ao Coronavírus, no âmbito do Comitê de Crise da Covid19.

Medida Provisória n. 966, de 13.5.2020 – Publicada no DOU de 14.5.2020 – Dispõe sobre a responsabilização de agentes públicos por ação e omissão em atos relacionados com a pandemia da Covid-19.

Emenda Constitucional n. 106, de 7.5.2020 – Publicado no DOU de 8.5.2020 – Institui regime extraordinário fiscal, financeiro e de contratações para enfrentamento de calamidade pública nacional decorrente de pandemia.

Medida Provisória n. 961, de 6.5.2020 – Publicado no DOU de 7.5.2020 – Autoriza pagamentos antecipados nas licitações e nos contratos, adequa os limites de dispensa de licitação e amplia o uso do Regime Diferenciado de Contratações Públicas — RDC durante o estado de calamidade pública reconhecido pelo Decreto Legislativo n. 6, de 20 de março de 2020.

Lei n. 13.995, de 5.5.2020 – Publicada no DOU de 6.5.2020 – Dispõe sobre a prestação de auxílio financeiro pela União às santas casas e hospitais filantrópicos, sem fins lucrativos, que participam de forma complementar do Sistema Único de Saúde (SUS), no exercício de 2020, com o objetivo de permitir-lhes atuar de forma coordenada no combate à pandemia da Covid-19.

Medida Provisória n. 959, de 29.4.2020 – Publicada no DOU de 29.4.2020 – Edição extra – Estabelece a operacionalização do pagamento do Benefício Emergencial de Preservação do Emprego e da Renda e do benefício emergencial mensal de que trata a Medida Provisória n. 936, de 1º de abril de 2020, e prorroga a vacatio legis da Lei n. 13.709, de 14 de agosto de 2018, que estabelece a Lei Geral de Proteção de Dados Pessoais – LGPD.

Medida Provisória n. 958, de 24.4.2020 – Publicada no DOU de 27.4.2020 – Estabelece normas para a facilitação do acesso ao crédito e mitigação dos impactos econômicos decorrentes da pandemia de Coronavírus (Covid-19).

Lei n. 13.993, de 23.4.2020 – Publicada no DOU de 24.4.2020 – Dispõe sobre a proibição de exportações de produtos médicos, hospitalares e de higiene essenciais ao combate à epidemia de Coronavírus no Brasil.

Portaria n. 195, de 20.4.2020 – Publicada no DOU de 20.4.2020 – Edição extra – Prorroga a restrição excepcional e temporária de entrada no País, por via terrestre, de estrangeiros provenientes da República Oriental do Uruguai.

Recomendação n. 01, de 16.4.2020 – Publicada no DOU de 17.4.2020 – Edição extra. Dispõe sobre cuidados a crianças e adolescentes com medida protetiva de acolhimento, no contexto de transmissão comunitária do novo Coronavírus (Covid-19), em todo o território nacional e dá outras providências.

Lei n. 13.989, de 15.4.2020 – Publicada no DOU de 16.4.2020. Dispõe sobre o uso da telemedicina durante a crise causada pelo Coronavírus (SARS-CoV-2). Mensagem de veto

Resolução n. 03, de 15.4.2020 – Publicada no DOU de 16.4.2020. Institui Grupo de Trabalho para a Coordenação de Ações Estratégicas para Construção de Hospitais de Campanha Federais e Logística Internacional de Equipamentos Médicos e Insumos de Saúde, em resposta aos impactos relacionados ao Coronavírus, no âmbito do Comitê de Crise da Covid-19.

Decreto n. 10.318, de 9.4.2020 – Publicada no DOU de 9.4.2020 – Edição extra – Reduz temporariamente as alíquotas da Contribuição para o PIS/Pasep e da Contribuição para o Financiamento da Seguridade Social – Cofins incidentes sobre os produtos que menciona.

Portaria n. 758, de 9.4.2020 – Publicada no DOU de 9.4.2020 – Edição extra – Define o procedimento para o registro obrigatório de internações hospitalares dos casos suspeitos e confirmados de Covid-19, nos estabelecimentos de saúde públicos e privados que prestam serviços no SUS.

Portaria n. 9.471, de 7.4.2020 – Publicada no DOU de 8.4.2020 – Estabelece medida extraordinária e temporária quanto à comercialização de Equipamentos de Proteção Individual — EPI de proteção respiratória para o enfrentamento da emergência de saúde pública decorrente do Coronavírus (Covid-19). (Processo n. 19966.100318/2020-61).

Medida Provisória n. 944, de 3.4.2020 – Publicada no DOU de 3.4.2020 – Edição extra-B – Institui o Programa Emergencial de Suporte a Empregos.

Decreto n. 10.311, de 3.4.2020 – Publicado no DOU de 3.4.2020 – Edição extra-B – Institui o Conselho de Solidariedade para Combate à Covid-19 e aos seus Efeitos Sociais e Econômicos.

Medida Provisória n. 938, de 2.4.2020 – Publicada no DOU de 2.4.2020 – Edição extra-B – Dispõe sobre a prestação de apoio financeiro pela União aos entes federativos que recebem recursos do Fundo de Participação dos Estados — FPE e do Fundo de Participação dos Municípios — FPM, com o objetivo de mitigar as dificuldades financeiras decorrentes do estado de calamidade pública reconhecido pelo Decreto Legislativo n. 6, de 20 de março de 2020, e da emergência de saúde pública de importância internacional decorrente do Coronavírus (Covid-19).

Resolução n. 366, de 2.4.2020 – Publicada no DOU de 2.4.2020 – Edição extra-A – Dispõe sobre a importação de produtos para diagnóstico in vitro de Coronavírus durante a emergência de saúde pública de importância internacional decorrente do Novo Coronavírus.

Medida Provisória n. 936, de 1.4.2020 – Publicada no DOU de 1º.4.2020 – Edição extra-D – Institui o Programa Emergencial de Manutenção do Emprego e da Renda e dispõe sobre medidas trabalhistas complementares para enfrentamento do estado de calamidade pública reconhecido pelo Decreto Legislativo n. 6, de 20 de março de 2020, e da emergência de saúde pública de importância internacional decorrente do Coronavírus (Covid-19), de que trata a Lei n. 13.979, de 6 de fevereiro de 2020, e dá outras providências.

Portaria n. 39, de 31.3.2020 – Publicada no DOU de 3.4.2020 – Estabelece o regime de trabalho remoto, em caráter temporário e excepcional, quanto ao exercício de atividades por servidores e empregados públicos dos órgãos da Presidência da República em razão do estado de emergência de saúde pública de importância internacional decorrente do Coronavírus (Covid-19).

Medida Provisória n. 933, de 31.3.2020 – Publicada no DOU de 31.3.2020 – Edição extra-B – Suspende, pelo prazo que menciona, o ajuste anual de preços de medicamentos para o ano de 2020.

Portaria n. 151, de 30.3.2020 – Publicada no DOU de 30.3.2020 – Edição extra-B – Dispõe sobre o emprego da Força Nacional de Segurança Pública em apoio ao Ministério da Saúde em todo território nacional.

Portaria n. 14, de 27.3.2020 – Publicada no DOU de 27.3.2020 -Edição extra-D – Altera a Portaria n. 8, de 17 de março de 2020, que estabelece o regime de trabalho remoto, em caráter temporário e excepcional, quanto ao exercício de atividades por servidores e empregados públicos dos órgãos da Presidência da República em razão do estado de emergência de saúde pública de importância internacional decorrente do Coronavírus (Covid-19).

Portaria n. 568, de 26.3.2020 – Publicada no DOU de 26.3.2020 – Edição extra. Autoriza a habilitação de leitos de Unidade de Terapia Intensiva Adulto e Pediátrica para atendimento exclusivo dos pacientes com a Covid-19.

Portaria n. 47, de 26.3.2020 – Publicada no DOU de 26.3.2020 – Edição extra. Dispõe sobre a restrição excepcional e temporária de entrada no País de estrangeiros por transporte aquaviário, conforme recomendação da Agência Nacional de Vigilância Sanitária — Anvisa.

Resolução n. 7.648, de 25.3.2020 – Publicada no DOU de 26.03.2020 – Organização Mundial da Saúde — OMS como Pandemia do novo Coronavírus (Covid-19).

Resolução n. 23, de 25.3.2020 – Publicada no DOU de 26.03.2020 – Decide pela suspensão, até 30 de setembro de 2020, por interesse público, dos direitos *anti-dumping* aplicados às importações brasileiras de seringas descartáveis de uso geral, de plástico, com capacidade de 1ml, 3ml, 5ml, 10ml ou 20ml, com ou sem agulhas, originárias da China, e às importações brasileiras de tubos de plástico para coleta de sangue a vácuo, originários da Alemanha, China, Estados Unidos e Reino Unido, tendo por objetivo facilitar o combate à pandemia do Corona Vírus/Covid-19.

Decreto n. 10.292, de 25.3.2020 – Publicado no DOU de 26.3.2020 – Altera o Decreto n. 10.282, de 20 de março de 2020, que regulamenta a Lei n. 13.979, de 6 de fevereiro de 2020, para definir os serviços públicos e as atividades essenciais.

Medida Provisória n. 928, de 23.3.2020 – Publicada no DOU de 23.3.2020 – Edição extra-C. Altera a Lei n. 13.979, de 6 de fevereiro de 2020, que dispõe sobre as medidas para enfrentamento da emergência de saúde pública de importância internacional decorrente do Coronavírus responsável pelo surto de 2019, e revoga o art. 18 da Medida Provisória n. 927, de 22 de março de 2020.

Recomendação n. 2, de 23.3.2020 – Publicada no DOU de 25.3.2020 – Recomenda procedimentos a serem observados pelos médicos responsáveis pela estratégia de saúde da família, das Secretarias Municipais de Saúde, durante o atendimento aos casos do Covid-19 e outras providências.

Medida Provisória n. 927, de 22.3.2020 – Publicada no DOU de 22.3.2020 – Edição extra-L – Dispõe sobre as medidas trabalhistas para enfrentamento do estado de calamidade pública reconhecido pelo Decreto Legislativo n. 6, de 20 de março de 2020, e da emergência de saúde pública de importância internacional decorrente do Coronavírus (Covid-19), e dá outras providências.

Portaria n. 132, de 22.3.2020 – Publicada no DOU de 22.03.2020 – Edição extra-K – Dispõe sobre a restrição excepcional e temporária de entrada no País, por via terrestre, de estrangeiros provenientes da República Oriental do Uruguai, conforme recomendação da Agência Nacional de Vigilância Sanitária – Anvisa.

Medida Provisória n. 926, de 20.3.2020 – Publicada no DOU de 20.3.2020 – Edição extra-G – Altera a Lei n. 13.979, de 6 de fevereiro de 2020, para dispor sobre procedimentos para aquisição de bens, serviços e insumos destinados ao enfrentamento da emergência de saúde pública de importância internacional decorrente do Coronavírus.

Portaria n. 412, de 20.3.2020 – Publicada no DOU de 23.3.2020 – Dispõe sobre a manutenção de direitos dos segurados e beneficiários do INSS em razão das medidas restritivas no atendimento ao público para enfrentamento da emergência de saúde pública de importância internacional decorrente da pandemia do Coronavírus (Covid-19).

Portaria n. 356, de 20.3.2020 – Publicada no DOU de 20.3.2020 – Edição extra-B – Dispõe sobre a atuação dos alunos dos cursos da área de saúde no combate à pandemia do Covid-19 (Coronavírus).

Portaria n. 335, de 20.3.2020 – Publicada no DOU de 20.3.2020 – Edição extra-E. Estabelece medidas emergenciais na gestão do Programa Bolsa Família, criado pela Lei n. 10.836, de 9 de janeiro de 2004, e do Cadastro Único para Programas Sociais do Governo Federal, regulamentado pelo Decreto n. 6.135, de 26 de junho de 2007, em decorrência da Emergência em Saúde Pública de Importância Nacional.

Resolução n. 352, de 20.3.2020 – Publicada no DOU de 20.03.2020 – Edição extra-G – Dispõe sobre a autorização prévia para fins de exportação de cloroquina e hidroxicloroquina e de produtos sujeitos à vigilância sanitária destinados ao combate da Covid-19.

Decreto Legislativo n. 6, de 20.3.2020 – Publicado no DOU de 20.3.2020 – Edição extra-C. Reconhece, para os fins do art. 65 da Lei Complementar n. 101, de 4 de maio de 2000, a ocorrência do estado de calamidade pública, nos termos da solicitação do Presidente da República encaminhada por meio da Mensagem n. 93, de 18 de março de 2020.

Resolução n. 351, de 19.3.2020 – Publicada no DOU de 20.3.2020 – Edição extra-G. Dispõe sobre a autorização prévia para fins de exportação de cloroquina e hidroxicloroquina e de produtos sujeitos à vigilância sanitária destinados ao combate da Covid-19.

Resolução n. 349, de 19.3.2020 – Publicada no DOU de 20.3.2020. Define os critérios e os procedimentos extraordinários e temporários para tratamento de petições de regularização de equipamentos de proteção individual, de equipamentos médicos do tipo ventilador pulmonar e de outros dispositivos médicos identificados como estratégicos pela Anvisa, em virtude da emergência de saúde pública internacional decorrente do novo Coronavírus e dá outras providências.

Portaria n. 151-E, de 19.3.2020 – Publicada no DOU de 20.03.2020. Estabelece, em caráter excepcional, medidas administrativas para a mitigação dos impactos do Covid-19 no setor audiovisual e no que se refere às atribuições da Agência Nacional do Cinema — ANCINE, nos limites de sua competência.

Portaria n. 151, de 19.3.2020 – Publicada no DOU de 20.03.2020. Dispõe sobre a criação do Cadastro Nacional de Profissionais Voluntários (CNPV) para o enfrentamento da crise provocada pela pandemia da Covid-19.

Portaria n. 125, de 19.3.2020 – Publicada no DOU de 19.03.2020 – Edição extra-B. Dispõe sobre a restrição excepcional e temporária de entrada no País de estrangeiros oriundos dos países que relaciona, conforme recomendação da Agência Nacional de Vigilância Sanitária — Anvisa.

Portaria n. 111, de 19.3.2020 – Publicado internamente pela ANTT em 20.3.2020. Instituição do Comitê de Enfrentamento de Crise para supervisão e monitoramento dos impactos do Coronavírus (Covid-19) no âmbito da Agência Nacional de Transportes Terrestres — ANTT

Portaria n. 80, de 19.3.2020 – Publicada no DOU de 20.03.2020. Dispõe sobre medidas temporárias de prevenção ao contágio pelo Coronavírus (Covid-19) na Agência Nacional dos Transportes Aquaviários – Antaq.

Resolução n. 5, de 19.3.2020 – Publicada no DOU de 25.03.2020. Recomenda medidas preventivas a serem adotadas na realização de consultas de nível ambulatorial para enfrentamento do Covid-19.

Medida Provisória n. 925, de 18.3.2020 – Publicada no DOU de 19.3.2020. Dispõe sobre medidas emergenciais para a aviação civil brasileira em razão da pandemia da Covid-19.

Portaria n. 414, de 18.3.2020 – Publicada no DOU de 20.03.2020. Autoriza a habilitação de leitos de Unidade de Terapia Intensiva Adulto e Pediátrico, para atendimento exclusivo dos pacientes Covid-19.

Portaria n. 16, de 18.3.2020 – Publicada no DOU de 19.03.20206. Altera a Portaria n. 19, de 2 julho de 2019, que dispõe sobre a emissão de licenças, autorizações, certificados e outros documentos públicos de exportação por meio do Portal Único de Comércio Exterior do Sistema Integrado de Comércio Exterior — SISCOMEX, para estabelecer a Licença Especial de Exportação de Produtos para o Combate do Covid-19.

Portaria n. 135, de 18.3.2020 – Publicada no DOU de 18.03.2020 – Edição extra-B. Estabelece padrões mínimos de conduta a serem adotados em âmbito prisional visando a prevenção da disseminação do Covid-19.

Portaria n. 7, de 18.3.2020 – Publicada no DOU de 18.03.2020 – Edição extra-B. Dispõe sobre as medidas de enfrentamento da emergência de saúde pública previstas na Lei n. 13.979, de 6 de fevereiro de 2020, no âmbito do Sistema Prisional.

Portaria n. 419, de 17.3.2020 – Publicada no DOU de 19.03.2020. Estabelece medidas temporárias de prevenção à infecção e propagação do novo Coronavírus (Covid-19) no âmbito da Fundação Nacional do Índio – FUNAI.

Resolução n. 348, de 17.3.2020 – Publicada no DOU de 18.03.2020. Define os critérios e os procedimentos extraordinários e temporários para tratamento de petições de registro de medicamentos, produtos biológicos e produtos para diagnóstico *in vitro* e mudança pós-registro de medicamentos e produtos biológicos em virtude da emergência de saúde pública internacional decorrente do novo Coronavírus.

Portaria n. 343, de 17.3.2020 – Publicada no DOU de 18.03.2020. Dispõe sobre a substituição das aulas presenciais por aulas em meios digitais enquanto durar a situação de pandemia do Novo Coronavírus — Covid-19.

Portaria n. 120, de 17.3.2020 – Publicada no DOU de 18.03.2020 – Dispõe sobre a restrição excepcional e temporária de entrada no País de estrangeiros oriundos da República Bolivariana da Venezuela, conforme recomendação da Agência Nacional de Vigilância Sanitária — Anvisa.

Portaria n. 103, de 17.3.2020 – Publicada no DOU de 18.03.2020. Dispõe sobre medidas relacionadas aos atos de cobrança da dívida ativa da União, incluindo suspensão, prorrogação e diferimento, em decorrência da pandemia declarada pela Organização Mundial da Saúde relacionada ao Coronavírus (Covid-19), e dá outras providências.

Portaria n. 8, de 17.3.2020 – Publicada no DOU de 18.03.2020. Estabelece o regime de trabalho remoto, em caráter temporário e excepcional, quanto ao exercício de atividades por servidores e empregados públicos dos órgãos da Presidência da República em razão do estado de emergência de saúde pública de importância internacional decorrente do Coronavírus (Covid-19).

Portaria n. 5, de 17.3.2020 – Publicada no DOU de 17.03.2020 – Edição extra-C. Dispõe sobre a compulsoriedade das medidas de enfrentamento da emergência de saúde pública previstas na Lei n. 13.979, de 06 de fevereiro de 2020.

Decreto n. 10.277, de 16.3.2020 – Publicado no DOU de 16.3.2020 – Edição extra-C. Institui o Comitê de Crise para Supervisão e Monitoramento dos Impactos da Covid-19.

Resolução n. 4.782, de 16.3.2020 – Publicada no DOU de 17.3.2020. Estabelece, por tempo determinado, em função de eventuais impactos da Covid-19 na economia, critérios temporários para a caracterização das reestruturações de operações de crédito, para fins de gerenciamento de risco de crédito.

Portaria n. 59, de 16.3.2020 – Publicada no DOU de 17.03.2020. Instituição do o Gabinete Integrado de Acompanhamento à Epidemia do Coronavírus-19 (GIA-C-Covid-19).

Portaria n. 4, de 15.3.2020 – Publicada no DOU de 17.3.2020. Suspende as visitas sociais, atendimentos de advogados e as escoltas dos presos custodiados nas Penitenciárias Federais do Sistema Penitenciário Federal do Departamento Penitenciário Nacional como forma de prevenção, controle e contenção de riscos do Novo Coronavírus.

Portaria n. 413, de 13.3.2020 – Publicada no DOU de 19.3.2020. Estabelece medidas temporárias de prevenção à infecção e propagação do novo Coronavírus (Covid-19) no âmbito da Fundação Nacional do Índio — FUNAI.

Resolução n. 346, de 12.3.2020 – Publicada no DOU de 13.3.2020. Define os critérios e os procedimentos extraordinários e temporários para a certificação de boas práticas de fabricação para fins de registro e alterações pós-registro de insumo farmacêutico ativo, medicamento e produtos para saúde em virtude da emergência de saúde pública internacional do novo Coronavírus.

Medida Provisória n. 921, de 7.2.2020 – Publicada no DOU de 10.2.2020. Abre crédito extraordinário, em favor do Ministério da Defesa, no valor de R$ 11.287.803,00, para os fins que especifica.

Lei n. 13.979, de 6.2.2020 – Publicada no DOU de 7.2.2020. Dispõe sobre as medidas para enfrentamento da emergência de saúde pública de importância internacional decorrente do Coronavírus responsável pelo surto de 2019.

Portaria n. 188, de 3.2.2020 – Publicada no DOU de 4.2.2020. Declara Emergência em Saúde Pública de importância Nacional (ESPIN) em decorrência da Infecção Humana pelo novo Coronavírus (2019-nCoV).

